农业机械产业创新发展蓝皮书

国家农业机械产业创新发展报告（2018）

邓小明	胡小鹿	柏雨岑	张秋菊	陈凌男	吴海华	吕黄珍		
杨炳南	袁建霞	周海燕	夏晓东	郑筱光	李树伟	高　静	著
刘利军	张丽娜	金　鑫	张　鹏	齐　龙	童俊华	姜永成	
马怀宇	付晓明	张明华	王　卫	缪　宏	韦真博	齐江涛	

顾　问	任露泉	罗锡文	陈学庚	赵春江	贾敬敦	陈　志
	方宪法	刘　清				

机械工业出版社
CHINA MACHINE PRESS

农业的根本出路在于机械化。党的十九大提出实施乡村振兴战略，加快推进农业农村现代化，对农业机械产业科技发展提出了更多、更新、更高的要求。为厘清发展思路，找准发展方向，中国农村技术开发中心组织开展了"国家农业机械产业创新发展研究"并著写了本书。

本书从基于文献的国内外前沿科技研究和基于知识产权的农业机械产品技术应用与转化研究着手，结合"十三五"国家重点研发计划"智能农机装备"重点专项的实施，围绕国家战略需求和产业发展趋势，系统地研究了国内外农业机械产业发展与技术趋势、市场与政策，以全球视野谋划和布局我国农业机械发展方向，并提出有关对策与建议。

本书数据翔实、知识新颖、内容系统，可为行业企业、研究机构和政府管理部门提供决策参考。

图书在版编目（CIP）数据

国家农业机械产业创新发展报告. 2018 / 邓小明等著. —北京：机械工业出版社，2019.8
ISBN 978-7-111-63160-6

Ⅰ.①国… Ⅱ.①邓… Ⅲ.①农机工业-技术革新-研究报告-中国-2018 Ⅳ.①F426.4

中国版本图书馆CIP数据核字（2019）第138368号

机械工业出版社（北京市百万庄大街22号 邮政编码100037）
策划编辑：赵磊磊 高伟 责任编辑：赵磊磊 高伟
责任校对：陈越 封面设计：陈沛
责任印制：郜敏
北京圣夫亚美印刷有限公司印刷
2019年9月第1版 第1次印刷
169mm×239mm・16.75印张・2插页・298千字
0 001—1 500册
标准书号：ISBN 978-7-111-63160-6
定价：98.00元

电话服务 网络服务
客服电话：010-88361066 机 工 官 网：www.cmpbook.com
　　　　　010-88379833 机 工 官 博：weibo.com/cmp1952
　　　　　010-68326294 金 书 网：www.golden-book.com
封底无防伪标均为盗版 机工教育服务网：www.cmpedu.com

序

农业的根本出路在于机械化。国家新型"四化"同步推进,其短板在农业现代化,前提在农业机械化。没有农业的机械化,就没有农业农村的现代化;没有农业农村的现代化,就没有国家的现代化。党的十九大做出了乡村振兴战略总体部署,要求加快推进农业农村现代化,提出了"产业兴旺、生态宜居、乡风文明、治理有效、生活富裕"的总要求。首要的产业兴旺,是要让农业成为有奔头的产业,让农民成为有吸引力的职业,这就必须依靠先进高效的装备设施支撑现代农业,建设宜居农村,实现农民富裕。在此背景下,迫切需要重新认识新时代农业机械化的重要作用与历史使命,厘清发展思路,实现农业机械化全程、全面、高质、高效发展。

习近平总书记在两院院士大会上的重要讲话指出:"实践反复告诉我们,关键核心技术是要不来、买不来、讨不来的。"农业机械行业同样概莫能外。经过21世纪以来的稳步快速发展,我国农业机械行业综合实力大幅提升,农业机械化进入中高级加速发展阶段,成为全球第一农机使用和制造大国。但与农机强国相比,我国在产品技术水平、制造质量、生产效率、国际市场占有率等方面尚有较大差距。突出表现为自主创新能力不足,关键核心技术受制于人,外资品牌垄断高端市场。我们曾经提出用市场换技术,但实际上并没有真正换来技术,反而丢掉了市场。高端产品依赖进口,不仅抬升了农业生产综合成本,还严重威胁着我国粮食安全和农业机械产业的安全。另外,我国地貌多样、农艺复杂、需求多元的国情也不是完全依靠进口设备就能解决的,必须走中国农机人自己的发展道路。

中国人的饭碗一定要牢牢端在自己的手里,中国碗要装中国粮。习近平总书记指出:只有把关键核心技术掌握在自己手中,才能从根本上保障国家经济安全、国防安全和其他安全;努力实现关键核心技术自主可控,把创新主动权、发展主动权牢牢掌握在自己手中。当前,农业农村社会发展面临深刻变革,社会消费结构加快升级,农业科技创新应用的需求由量的增长向质量效益增长转变,进入新一轮技术需求旺盛期和发展机遇期。是同频共振还是擦肩而过?这就要看中国农机人如何作为。树立大农业、大食物观念,建立粮经饲统筹、农林牧渔结合、种养加一体、一二三产业融合的现代农业产业体系,这些都对我国农业机械的领域、功能、种类提出了更多、更新、更高的要求。加强前沿技术和战略领域研究，强化顶层设计，加大统筹实施，建立健全农业机械创新体系，统筹推进全产业链发展，优化产业结构布局，强化质量品牌建设，提升产品供给能力，是农业机械产业创新任务的当务之急。

予人玫瑰，手有余香。《国家农业机械产业创新发展报告》的正式出版，旨在回答疑问，指出方向，给出路径，突出特色。**首先是研究站位比较高远**。从大农业产业和全产业链出发，以全球视野谋划和布局我国农业机械发展的历史方位、目标任务和未来方向，并提出有关对策与建议。**其次是研究视角比较独特**。从基于文献的国内外前沿科技研究和基于知识产权的农业机械产品技术应用与转化研究着手，结合"十三五"国家重点研发计划"智能农机装备"重点专项的实施，围绕国家战略需求和产业前沿核心技术发展趋势，系统研究国内外前沿技术与农业机械产业发展动态、成果产出、专利与应用现状、市场与政策、存在的问题，论理充分，体系完善。**最后是研究团队构成比较合理，研究基础深厚，研究经验丰富**。中国农村技术开发中心联合中国农业机械化科学研究院、中国科学院科技战略咨询研究院、中国技术交易所有限公司以及中国农业机械工业协会等单位，集政策、科研、开发、知识管理与应用转化于一体，系统开展国家农业机械产业科技创新研究。

国家实施乡村振兴战略，加快推进农业农村现代化，需要农业机械更多作为、更加有为。该书的出版恰逢其时，能够为正处于结构调整、转型升级的农业机械行业企业、研究机构和政府行政管理部门提供新时期的决策建议和有益参考。希望该研究团队能够坚持开展此项研究工作，并形成稳定的年度成果输出，则行业幸甚！农业幸甚！

罗锡文

2019年3月27日

目 录

序

第1章 总 论 // 001

1.1 引言 // 001

1.2 国内外农机产业科技进展概况 // 002
    1.2.1 国外农机产业科技进展 // 002
    1.2.2 国内农机产业科技进展 // 004

1.3 农业传感器和农业机器人前沿技术进展 // 006
    1.3.1 产业快速发展，挑战与机遇并存 // 006
    1.3.2 研究论文数量逐年增加，研究热度持续上升 // 008
    1.3.3 专利申请量高速增长，应用领域快速发展 // 009

1.4 对策与建议 // 011
    1.4.1 明确农机产业发展战略与布局 // 011
    1.4.2 制定优化高技术发展政策 // 011
    1.4.3 加强完善资源配置方式 // 012

第2章 基于文献计量的农业传感器与农业机器人国际研究态势分析 // 013

2.1 引言 // 013

2.2 研究数据与方法 // 014
    2.2.1 总体态势分析方法 // 014
    2.2.2 科学研究前沿分析方法 // 015
    2.2.3 工程研究前沿分析方法 // 015

2.3 农业传感器国际研究态势分析 // 015
    2.3.1 总体研究态势分析 // 015
    2.3.2 科学研究前沿分析 // 023
    2.3.3 工程研究前沿分析 // 031

2.4 农业机器人国际研究态势分析 // 047

  2.4.1 总体研究态势分析 // 047

  2.4.2 科学研究前沿分析 // 053

  2.4.3 工程研究前沿分析 // 058

2.5 总结 // 060

  2.5.1 热点研究主题 // 060

  2.5.2 国家竞争态势 // 061

  2.5.3 科学研究前沿 // 061

  2.5.4 工程研究前沿 // 062

  2.5.5 启示 // 063

第3章 农业机械高新技术产业专利分析报告 // 064

3.1 研究方法 // 064

  3.1.1 数据检索 // 064

  3.1.2 数据处理与分析 // 065

3.2 农业传感器专利分析 // 067

  3.2.1 技术发展路线分析 // 067

  3.2.2 重点专利权人技术分析 // 086

3.3 农业机器人专利分析 // 100

  3.3.1 技术发展路线分析 // 100

  3.3.2 重点专利权人技术分析 // 114

3.4 总结 // 129

  附件1 1978年前约翰迪尔重点高被引专利列表 // 130

  附件2 1979—1998年约翰迪尔重点高被引专利列表 // 130

  附件3 1999年至今约翰迪尔重点高被引专利列表 // 131

  附件4 1980年前久保田高被引专利列表 // 132

  附件5 1981—2000年久保田高被引专利列表 // 132

  附件6 2001年后久保田高被引专利列表 // 132

  附件7 久保田高被引专利及其后引专利申请人 // 133

  附件8 检索式 // 137

第4章 农业机械产业科技发展报告 // 141

4.1 引言 // 141
4.2 全球农业机械产业科技发展概况 // 142
- 4.2.1 产业发展概况 // 142
- 4.2.2 国外知名企业发展概况 // 145
- 4.2.3 国外典型农机产品技术进展 // 153
- 4.2.4 国外农机技术与产业发展趋势 // 156

4.3 国内农业机械产业科技进展 // 157
- 4.3.1 产业发展概况 // 157
- 4.3.2 主要产品市场发展情况 // 159
- 4.3.3 农业机械产品贸易情况 // 165
- 4.3.4 智能农机技术进展 // 168
- 4.3.5 智慧农业重点技术进展 // 171
- 4.3.6 农业机械智能制造进展 // 175

4.4 总结 // 179

第5章 智能农机装备重点专项研究进展报告 // 181

5.1 专项概况 // 181
- 5.1.1 专项目标 // 181
- 5.1.2 专项任务 // 181
- 5.1.3 专项指标 // 182

5.2 年度总体进展 // 183
- 5.2.1 项目部署 // 183
- 5.2.2 成果概况 // 183
- 5.2.3 人员及经费投入使用 // 184
- 5.2.4 配套支撑条件 // 184

5.3 取得的重要成果 // 185
5.4 主要研究进展 // 189
5.5 智能农业装备科技创新建议 // 255

附　录　农业传感器与农业机器人文献计量分析检索式 // 257

　　附录 A　农业传感器 SCI 论文检索式 // 257

　　附录 B　农业机器人 SCI 论文检索式 // 257

　　附录 C　农业传感器 EI 论文检索式 // 258

　　附录 D　农业机器人 EI 论文检索式 // 258

参考文献 // 259

第1章 总 论

Chapter One

1.1 引言

农业机械是转变农业发展方式、提高农村生产力的重要基础,是实施乡村振兴战略的重要支撑。没有农业机械化,就没有农业农村现代化。习近平总书记指出,要大力推进农业机械化、智能化,给农业现代化插上科技的翅膀。李克强总理强调,要推进农业机械化全程全面发展,加快我国农机装备产业转型升级。当前,中国特色社会主义进入新时代,国家乡村振兴战略深入实施,加快推进农业农村现代化,对农业机械产业科技发展提出了更高更新的要求。加快推动农业机械技术创新与产业发展,成为推进农业供给侧结构性改革、加快转变农业发展方式的必然选择,是提升产业整体素质、增强农业机械产业国际竞争力的重要举措,也是促进农业增效、农民增收、农村发展,全面建成小康社会,实现乡村振兴的必然要求。

为系统分析总结国内外农业机械产业创新发展状况,更好地满足当前农业农村现代化发展紧迫的需求,并为研究部署未来农业机械产业创新任务提供决策支持,中国农村技术开发中心联合中国农业机械化科学研究院、中国科学院科技战略咨询研究院以及中国技术交易所有限公司等单位,组织研究编写了《国家农业机械产业创新发展报告》,并从2017年起,按年度发布蓝皮书。2018年,本报告围绕国家战略需求和现代农业发展趋势和要求,在深入分析2018年度国内外农业机械行业发展现状的基础上,重点瞄准农业传感器与农业机器人两项前沿核心技术,从基础研究文献和专利知识产权两方面,深入分析国内外前沿技术与产业发展动态,立足全球视野和高度,探索我国农业机械产业创新的未来发展方向和政策条件。

1.2 国内外农机产业科技进展概况

1.2.1 国外农机产业科技进展

1. 产业进展概况

(1) 全球农业机械市场呈现复苏态势　全球重要的农机生产地区主要为欧洲、中国和北美，其中欧洲、中国、北美的农机产量分别占全球产量的 27.3%、21.2% 以及 19.3%。欧洲为全球最大的农机生产地区，中国为全球第一大生产国。全球农机市场在经过持续 3 年的低迷期之后，自 2017 年以来，呈现复苏态势，主要农机生产地区欧洲、北美的农机产量出现较大增长。

欧洲农机市场回暖，奶价上涨为关键因素。2016 年农机市场进入低谷后，2017 年奶制品价格出现大幅攀升，粮食价格则维持平稳。奶制品价格上涨，受益最大的是中欧各国，其中波兰和德国的农机市场增长幅度最大，西欧的法国有所改善。德国农机工业营业额增长 6%；法国农机市场摆脱了 2015 年欧洲农业危机低谷的影响，整体呈积极发展趋势，投资情况得到改善。2017 年，东欧各国尤其是俄罗斯和乌克兰的农机工业营业额增长幅度分别达到 10% 和 25%，成为欧洲农机市场复苏的强大动力。

北美农机市场同样迎来复苏，除部分大型设备外，其他产品的营业额均有所上升。加拿大大型拖拉机及联合收割机的销量很好。受美国疲软的农业经济影响，100 马力（1 马力 = 735.5W）以上拖拉机的销量一直处于低位徘徊，而 100 马力以下拖拉机的销量则保持强劲的增长势头。

(2) 产业进入多元化竞争阶段　随着世界经济技术一体化发展，科技、经济与金融的关联性更加紧密，产业国际化发展进程加快，国际农机装备企业向集中化和专业化方向发展，通过跨国兼并收购、直接建立国外研究与开发机构，以及建立国际技术联盟、知识联盟等形式，将技术创新活动扩展到国外，获得国外资源支持，结合自身技术优势和国外实际需求，针对特定区域生产输出具有国际竞争力的新产品、新技术，成为国际化发展的主要模式。在新一轮国际分工的格局下，发达国家凭借技术领先优势和成熟发展经验，从输出产品到对外直接投资，在更大的范围内配置资源，占领国际市场和全球分工效益。世界三大跨国农机企业约翰迪尔、凯斯纽荷兰和爱科建立了全球化的销售网络和生产基地，拖拉机市场占有率达66%，联合收割机市场占有率达80%以上。

兼并重组是优势农机企业发展壮大的主要手段之一。经过20世纪两次大的并购潮，当今国际农机企业的集中度大为提高。曾经在行业中知名的国外农机品牌大多归入几个大型跨国公司集团的麾下，如菲亚特农机（Fiatagri）、福特（Ford）、纽荷兰（New Holland）、凯斯（Case）等农机品牌进入了凯斯纽荷兰（Case-New Holland，CNH）、阿里斯查尔默斯（Allis-Chalmers）、麦赛福格森（Massey Ferguson）等农机品牌进入爱科集团（AGCO），沙姆（SAME）、道依兹法尔（Deutz-Fahr）、兰博尔吉尼（Lamlborghini）等农机品牌进入了沙姆道依兹法尔集团（SAME Deutz-Fahr）。近年来，全球农机行业总体处于低迷状态，引发了新一轮农机企业并购潮。2015年，约翰迪尔公司（John Deere）以3.05亿美元收购了AI除草创业公司，又收购了世界著名播种机厂家——满胜公司（MONOSEM），美国天宝公司（Trimble）收购了加拿大Agri-Trend公司，日本三菱重工株式会社（Mitsubishi Heavy Industries Ltd）与印度马恒达集团（Mahindra & Mahindra Ltd）建立了股权合作关系，福田雷沃国际重工股份有限公司收购了意大利阿波斯、马特马克和高登尼等知名企业。2016年，爱科集团与农业科技公司Aglytix和Farmobile缔结了发展合作关系，凯斯纽荷兰收购了DLGA集团Kongskilde工业公司旗下的牧草和耕作设备业务部门，日本久保田公司收购了美国大平原公司。2017年，约翰迪尔公司收购了意大利玛佐蒂（MAZZOTTI）植保机械公司，天宝公司收购了德国米勒电子公司（Müller-Electronik）。2018年，德国雷肯公司（LEMKEN）全资收购了荷兰Steketee公司。

2. 技术发展趋势

农业机械是发展现代农业的重要物质支撑，面对科技革命和产业变革，世界主要国家都结合自身科技和产业优势提出了推进农业机械发展战略和发展模式。总体上，随着新一代人工智能技术的广泛渗透及深入应用，农业机械技术发展特点是融合生物、农艺、工程技术，集成先进制造、信息、生物、新材料、新能源等高新技术，深入拓展微生物、养殖、加工等产业领域，向高效化、智能化、网联化、绿色化方向发展，并向提供全链条的农业装备与信息技术解决方案延伸发展。

国外农业机械产品呈现智能化、精准化、高效化、大型化、节能化、服务化趋势，进入了"智慧化"高技术提升应用水平的阶段。国外发达国家的农业机械经过两个多世纪的发展，不仅品种齐全，而且质量精良，农业生产的不同作物品种和各个环节都实现了机械化。技术上，不断融合液压与电信、传感与控制、环境与生物等高新技术成果，实现了大型化、多功能、复式联合作业，充分发挥机器作业的高效率；向着信息化、智能化方向迅猛发展，注重作业过程的精细与节能、环保要求，体现生产和生态的统一与持续；产业上，广泛应用现代数字设计、先进制造、在线检测技术，保障质量可靠性，并通过兼并重组实现全球资源的互融和利用最大化，提升市场占有率和区域实用性竞争力；作业服务上，与农场管理系统融合，进入了基于动植物最佳生理生态、生长活动指征，指导机器自主决策、自动调度、精细作业行为的智慧时代，作业效率提高了50%~60%，农业灌溉水利用系数达到0.7~0.9，航空植保节省农药20%以上，精准施药的农药利用率达到60%以上，氮肥利用率达到50%~55%。

1.2.2　国内农机产业科技进展

1. 产业进展概况

经过多年发展，我国逐步建立起了较完备的农机工业体系，农机制造水平稳步提升，农机装备总量持续增长，农机作业水平快速提高，农业生产已从主要依靠人力畜力转向主要依靠机械动力，进入了机械化为主导的新阶段，为国家粮食安全和现代农业发展做出了积极贡献。2018年，我国规模以上企业有2225家，能够生产4000多种农业装备产品，主要农作物耕种收综合机械化率超过68%，农机总动力突破10亿kW。

我国农业机械行业增速放缓，进入深度调整转型升级期。我国农机行业经历了年增长率持续在15%以上的10年黄金发展期后，自2014年起进入低速发展拐点。2018年继续深度下滑，行业景气度持续低迷，产业下行压力明显，产品结构调整进一步加大。据国家统计局统计，2018年全行业主营业务收入2601.32亿元，同比增长1.67%，规模以上企业利润下降15.76%，一直处于负增长状态。根据农机补贴数据分析，流通企业销售端，各主流农机产品市场销量也均出现大幅度下滑，其中小麦收割机下滑35%，水稻收割机下滑30%，拖拉机下滑25%，插秧机下滑40%，玉米收割机下滑15%。但个别农业生产薄弱环节所需青贮机、畜牧机械、排灌机械、采棉机、果园机械等机具销量有所增长。

我国农业机械行业依然处于发展战略阶段。近来年，我国相继制定了支持鼓励农业机械创新和农业机械化发展的重要政策性文件和配套措施。2015年的《中国制造2025》将农机装备列为十大重点突破领域之一；2016年的《农机装备发展行动方案2016—2025》，2018年的《国务院关于加快推进农业机械化和农机装备产业转型升级的指导意见》等一系列强农惠农富农政策出台，到2020年要全面建成小康社会，新型工业化、信息化、城镇化、农业农村现代化"四化"同步推进，实施乡村振兴战略，保障粮食、食品、生态三大安全，转变农业发展方式，实现一二三产业融合发展，推进供给侧结构性改革，对我国农机工业和农机化提出了新的使命和更高的要求。

2. 技术进展概况

以国家重点研发计划"智能农机装备"重点专项为主体，推进了大型与专用拖拉机、田间作业及收获等主导产品智能技术与智能制造技术研发，逐步构建形成了自主的农业智能化装备技术体系；推进丘陵山区、设施生产及农产品产地处理等装备研发，着力支撑全程全面机械化发展。一是农业装备信息化、智能化应用基础研究紧跟发展趋势。旱生作物栽植技术、农作物生产过程监测与水肥药精量控制科学施用技术，奠定了农机作业与先进农艺技术协调融合的理论基础。二是田间作业装备技术向大型化、多功能化、智能化发展，取得了大型动力、复式整地、变量施肥、精量播种、高效收获等关键技术的突破，形成了适应不同生产规模的粮食全程作业装备配套，技术延伸拓展应用于棉花、番茄、甘蔗、花生、马铃薯等优势经济作物环节装备。三是设施园艺及农产品加工装备技术成套化、集约化、绿色化发展。在低碳环控型温室和高光效轻简温室结构与配套设施、节能与绿色能源利用、环境调控技术，以及精细耕整地、精量播种、育苗嫁接、水肥一体化等高效生产配套装备方面取得突破，提升了设施结构的抗逆性能、能源与资源利用效率、智能化控制水平。

"互联网+"农机、智慧农业与农机智能制造技术发展迅速。随着"互联网+"战略的日益深入，农机企业从提供单一的产品向提供智能整体解决方案转型。中国农业机械化科学研究院（简称"中国农机院"）提出构建现代农业整体解决方案技术体系、标准规范并示范应用，实现农业生产全程机械化、规模养殖智能化、农产品加工精深化、农业剩余物综合利用、农资调度、农特产品全程可溯源安全有效供给。代表知识高度密集型的现代农业高阶形态——智慧农业成为未来发展方向。目前，北京、上海等地已开展了智慧农业的研究应用，如在京郊小汤山智慧农业基地，由北京师范大学遥感与地理信息系统研究中心、中国科学院地理科学与资源研究所热红外遥感实验室和北京市农林科学院联合实施的大型定量遥感联合试验，以及北京农业信息技术研究中心根据国家973项目与智慧农业示范项目的总体要求，在小麦病害的高光谱遥感检测和预测预报试验等方面，都取得了大量试验数据。总体上，智慧农业的研究应用还处于起步阶段。在互联互通和信息融合方面，部分重点企业利用互联网专线、工业物联网和工业云等平台和服务，实现了企业级产品研发异地协同设计、生产需求和库存信息共享协同、农机产品在线查询销售等功能，智能车间应用尚处于起步阶段。

3. 存在的问题和不足之处

我国是世界农业机械生产和使用大国，随着农业农村现代化加速推进，农机产业发展已进入新的历史阶段，主要矛盾由总量不足转变为结构性矛盾。与发达国家相比，我国在产业竞争力、研发能力、制造装备水平等方面尚有较大差距。一是应用基础研究薄弱、关键核心技术创新不足等，80%以上的主要农机技术来源于国外，重大装备关键核心技术对国外技术的依存度更是高达90%以上；二是产业结构性矛盾相对突出，90%以上国产农业装备仍为中低端产品，80%左右农业装备仍为农业田间生产装备，而且有超过3000种装备仍处于空白状态，80%的高端产品主要依赖进口，中低端产品同质竞争、产能过剩；三是农机装备质量较差，农机产品可靠性指标仅为国外的50%左右，作业效率、水肥药利用率等仅为国外的70%左右，能耗水平高于国外先进水平的30%以上，生产过程损失率高于国外先进水平的20%左右；四是薄弱环节、薄弱区域、薄弱作物农机化水平低，林业生产机械化水平不到40%，畜牧业、渔业、农产品初加工、果蔬茶桑、设施农业以及丘陵山区农业生产机械化水平不到30%，产后商品化处理率仅为30%左右；五是农机和农艺融合不够，品种选育、栽培制度、种养方式、产后加工与机械化生产的适应性有待加强，适宜机械化的基础条件建设滞后，存在农机"下田难""作业难"和"存放难"问题。

1.3 农业传感器和农业机器人前沿技术进展

1.3.1 产业快速发展，挑战与机遇并存

1. 农业传感器产业

传感器技术是一项当今世界令人瞩目的迅猛发展起来的高新技术之一，也是

当代科学技术发展的一个重要标志，它与通信技术、计算机技术构成了信息产业的三大支柱。农用传感器是实现农业科学生产、高效生产、精准生产的核心，是农业装备自动化、智能化的应用关键技术，在农业机械装备、农业物联网、农产品加工检测、动植物诊断方面具有广泛应用，将是改变未来农业的重大技术之一。目前，发达国家的农用传感器已普遍研发、初步形成产业，覆盖了农业生产过程中的水、土、大气等环境信息监测，以及动植物生产过程的生理生态监测。例如，土壤湿度传感器在农场灌溉中的使用变得越来越普遍，使得种植过程中灌溉更加精准并可实现按需灌溉；土壤养分传感器、CO_2传感器、虫情检测传感器在农业生产中也得到广泛应用，基于传感器的应用，可以进行科学合理的施肥、灌溉、除虫及疾病控制和收割等作业；叶面蒸腾、茎液输送、果实生长传感器已在植物生理生态监控中得到应用；动物采食、应激、繁殖、疫病、行为检测传感器已在牛、猪、鸡等饲养信息检测处理和设施装备控制中得到试验性应用。

我国农用传感器在技术应用上还远未成熟，缺乏稳定可靠、节能、低成本、具有环境适应性和智能化的设备，无法满足智慧农业发展需求。一是我国农用传感器种类不到世界的10%，在覆盖面、适用性等方面差距大，大部分是针对温度、湿度、水分等环境参数的传感器，产业化应用很少，体现农业生产特殊性的动植物生产过程中的生理生态信息传感器是空白领域；二是传感器产业结构不合理，中高端产品依赖进口，70%为小型企业，产品以低端为主，传感器进口约60%，传感器芯片进口约80%，MEMS芯片基本100%进口；三是国产传感器关键技术未实现突破，测量精度、温度特性、响应时间、稳定性、可靠性等指标与国外差距大，可靠性比国外同类产品低1~2个数量级，寿命短，维护成本高；四是品种不全，在高精度、高敏感度分析、成分分析和特殊应用方面处于空白状态，植物、土壤和气体传感器设备基于单点和静态测定，缺少对植物生长信息、农药残留及农田生态综合环境等的动态实时感知监测设备，缺乏高灵敏度、高选择性、多点同步检测或多组分高通量的信息动态、连续测定设备；五是技术指标不高，传感器的无线可感知化和无线传输水平不高，农业中的无线传感网络拓扑多数是基站星型拓扑结构的应用，并不是真正意义上的无线传感器网络。

随着农业产业化结构调整，物联网、大数据技术在农业大田、温室大棚、水产和畜牧等领域的普遍应用，从传统农业到智慧农业，农业传感器迎来了"蓝海"市场。全球传感器市场主要由美国、日本、德国的几家龙头公司主导。根据BCC Research的数据，2015年全球传感器市场规模为1019亿美元，预计2021年将达到1906亿美元。我国传感器市场也得到了持续快速增长，预计2020年市场规模将突破 1800 亿元。

2. 农业机器人产业

农业机器人技术是现代农业领域近年来发展迅速的一门应用技术，它涉及机械、电子、光学、计算机、传感器、自动控制、人工智能等多个学科和领域，是多种高新技术的综合集成。国际上，美国、英国、德国、丹麦等国家在农业机器人领域处于领先地位。农业机器人是一种以农牧产品为操作对象、兼有人类部分信息感知和四肢行动功能、可重复编程的柔性自动化或半自动化设备，20 世纪 80 年代，发达国家开始研发农业机器人，并相继研制出嫁接机器人、移栽机器人和采摘机器人等多种农业生产机器人，欧美及日本等国家和地区在农田作业和农业生产活动中已对这些机器人进行了广泛的推广应用。

20 世纪 90 年代中期，我国才开始农业机器人技术的研发工作。我国农业机器人的研发起步晚、投资少、发展慢，与发达国家相比差距还较大，落后约 20 年，目前还处于起步阶段。正在研发的农业机器人种类很多，包括播种、收获、植保、耕作及移栽等大田生产农业机器人，嫁接、花卉插枝、蔬菜收获、植物工厂和分拣等设施农业用机器人，以及肉类加工、挤奶、剪羊毛和食品安全等农产品加工与鉴定机器人。但在农业机器人传感测量技术、信息融合技术、系统结构标准化与模块化技术、系统可靠性技术等方面有待突破，需加快研发速度，以引领我国农业机械向高端、智能方向发展。

随着劳动力成本的提高及农业生产安全、环保、高效、智能的需求，从农业机械化到农业智能化，农业机器人领域大有可为。市场在快速发展，大量成熟企业和初创企业正在开发、测试，或发布能执行各种任务的农业机器人系统，以期将其应用到无人驾驶拖拉机、无人机、物料管理、播种和森林管理、土壤管理、牧业管理和动物管理等方面。有数据预测，到 2021 年，全球农业机器人的销量将超 1.4 万台，销售额将超过 20 亿美元。

1.3.2 研究论文数量逐年增加，研究热度持续上升

基于科睿唯安（Clarivate Analytics）科学引文索引数据库（SCI 数据库）和爱思唯尔（Elsevier）工程索引数据库（EI 数据库），利用文献计量方法和内容分析法，对近 5 年（2013—2018 年）国际农业传感器和农业机器人相关研究论文进行分析。

论文数量上，中国和美国在农业传感器和农业机器人研究论文产出上均远远领先其他国家，依次占据了前两位，并且论文数量呈逐年上升趋势。其中，中国增势强劲，表现出较高的研究活跃度。中国和美国也是农业传感器科学研究前沿与工程研究前沿论文数量领先国家。中国和美国是农业机器人科学研究前沿论文主要来源国，但日本是农业机器人工程研究前沿论文水平领先国家。

热点研究主题上，农业传感器热点研究主题主要为生物传感器、电化学传感器、光学传感器和仿生传感器等，其科学研究前沿主要集中在农业生物信息监测、食品安全检测、农田环境监测和食品品质检测等领域传感器的研发上，其工程研究前沿聚焦无线传感器网络的构建与应用。用于自动精准灌溉系统、温室番茄管理系统、蜜蜂养殖监测系统、水产养殖系统及仓库管理体系4个方向；农业机器人热点研究主题主要为挤奶机器人、收获机器人、除草机器人和采摘机器人，以及移动机器人和自主机器人的相关技术方向，其科学研究前沿主要集中在采摘机器人、挤奶机器人、除草机器人和喷药机器人的研发上，其工程前沿主要集中在采摘机器人、除草机器人、种植机器人、盆栽机器人、病虫害监测机器人的相关研究上。

整体上，我国在农业传感器和农业机器人SCI研究论文总量上占有很大的优势，位居第一。在两个领域科学研究前沿的论文产出上也都名列第一，表明我国在这两个领域已经具备了较好的研究基础，但在农业机器人的工程研究前沿上缺乏重要研究，工程前沿研究论文数量有限，未来有待加强。在农业传感器和农业机器人领域的研究主题、前沿研究及研究机构方面，我国更侧重于相关材料、技术、方法等的探索性研究，需加强具有实用性的、能切实在农业实践中发挥作用的农业传感器和机器人的研究；我国论文来源机构数量众多，但每个机构基本上都只有1篇前沿重点论文，研究力量比较分散，缺乏有国际影响力的重点机构。

1.3.3 专利申请量高速增长，应用领域快速发展

下面基于智慧芽全球专利数据库、TOTALPATENT专利数据库、德温特世界专利索引（DERWENT WORLD PATENTS INDEX），利用科技文献数据库进行背景调研，通过智慧芽全球专利数据库进行专利的检索和数据处理，使用国家知识产权局检索系统和CNIPR专利信息服务平台进行国内专利的补充检索和验证，并通过TOTALPATENT和德温特专利数据库进行国外专利的补充和验证。对截至2018

年9月30日的农业传感器、农业机器人全球专利进行分析。

农业传感器领域,专利申请技术主题主要分布在温室/温床管理、浇水装置或管理、畜牧养殖装置或管理、整地装置、杆状/茎类作物收割机械、播种/种植装置或管理等领域。其中,中国专利主要集中在温室(温床)管理、浇水装置或管理、畜牧养殖装置或管理、水产养殖装置或管理技术等方面,美国专利主要集中在畜牧养殖装置或管理、杆状/茎类收割机械、整地装置技术等方面,日本专利主要集中在整地装置、杆状/茎类作物收割机械、播种(种植)装置或管理技术等方面,韩国专利主要集中在温室/温床管理、畜牧养殖装置或管理技术方面,德国专利主要集中在杆状/茎类作物收割机械、整地装置技术方面。专利技术主要布局在日本、美国和德国。美国农业传感器技术在1987—2009年得到了高速的发展,2010年后中国的农业传感器专利量则快速增长。

农业机器人领域,专利申请技术主题主要分布在割草/除草机器人、采摘机器人、挤奶机器人等领域。中国专利主要集中在采摘机器人、割草/除草机器人领域,美国和德国专利主要集中在挤奶机器人领域,日本专利主要集中在挤奶机器人、采摘机器人、收获机器人、嫁接机器人领域,韩国专利主要集中在割草/除草机器人领域。将技术领域专利分布分为四个等级:中国处于第一梯队的有采摘机器人、割草/除草机器人,专利申请量最多,相关专利申请量在300~600件之间;处于第二梯队的有喷洒/喷药/施肥机器人、修剪机器人、动物养殖/饲喂机器人、驱赶动物机器人、植保/管理机器人、种植/移栽机器人,专利申请量较多,处于100~300件之间;处于第三梯队的有水产养殖管理机器人、收获机器人、拾取/分拣机器人、农耕机器人、捕捞机器人,专利申请量处于50~80件之间;清洁机器人、播种机器人、挤奶机器人、嫁接机器人的专利申请量均低于50件。

整体上,在2010年后,融合了先进信息技术的农业传感器和农业机器人技术均进入了高速发展期,我国农业传感器和农业机器人技术也获得了巨大的发展。但国内农业传感器领域的技术研发较为分散,没有形成核心优势细分领域,高频被引专利数量不多,专利申请量排名前三位的申请人均为国外申请人,专利申请质量有待加强。在申请主体方面,国内的专利申请以高校、科研院所为主,企业的申请较少,国外的专利申请则以农机领域的跨国龙头企业为主;在技术领域方向,国内相较国外在农业传感器、农业机器人本身的研究较少,研究主要集中在传感器应用及机器人部件、控制系统的研究上,国外的研究则更侧重于核心元件、部件以及整个产品的设计上。

1.4 对策与建议

2018年，国务院发布《国务院关于加快推进农业机械化和农机装备产业转型升级的指导意见》（国发〔2018〕42号），成为指导当前和今后一个时期内，我国农机工业和农业机械化发展的重要指导性文件，指明了未来的发展方向和重点。新形势下，面对国内外复杂环境，为满足农业农村现代化发展要求，亟须加快农业机械产业供给侧结构性改革，坚持创新驱动，实现重点突破，推动我国农机行业加速转型升级，服务于全程全面农业机械化和高质高效农业现代化。

1.4.1 明确农机产业发展战略与布局

按照党的十九大决策部署，贯彻落实乡村振兴战略的总要求，立足于加快推进农业转型升级，实现技术产品、品牌、产业组织、商业模式的全产业链多元融合创新。全面实施创新驱动战略，从我国产业发展基础及农业农村现代化发展的需求出发，瞄准应用基础、关键技术、核心零部件及系统、重大装备、重大应用，统筹谋划、超前部署、系统推进，以粮经饲种植和畜禽水产养殖为重点，解决机械化薄弱环节，实现"从无到有"和"从有到全"；以"卡脖子"关键共性技术为重点，解决重大产品依赖进口的问题，实现"从全到好"；以农机专用传感器、精准作业和智能运维等关键装备为重点，提升农机装备智能化水平，实现"从好到强"，推进全程全面机械化，支撑我国进入农机装备制造强国、科技强国行列，推进实现乡村振兴。

1.4.2 制定优化高技术发展政策

坚持统筹部署、重点突破、阶段有序推进的原则，坚持技术与产品、高中低端产品、大中小型企业兼顾的原则，统筹科技、产业、人才、财政、金融、税收等法律法规及政策，战略谋划产业支持政策。加大财政研发投入力度，支持开展关键共性技术攻关，解决核心零部件、关键基础材料和先进基础工艺的"卡脖子"问题。提升农机装备有效供给能力，支持农机新产品试验验证、检测和中试生产，切实提升产品可靠性和适应性，推进农机产品智能升级。完善农机装备产业布局，不断提升产业集中度，支持大型农机企业由单机制造为主向成套装备集成为主转变，鼓励中小企业向"专、精、特、新"方向发展。强化政策引导，推动企业兼并重组，着力培育具有全球竞争力的世界一流农机装备企业集团。优化农机财政支持政策，完善农机新技术产品购置补贴政策，推进实施首台（套）重大技术装备研发补助、保险补偿等相关政策。完善农机产品税收政策，鼓励企业加大自主研发投入力度。

1.4.3 加强完善资源配置方式

坚持创新战略、创新体系和创新能力统筹推进，利用好国内国际两个市场、两种资源，打造具有国际一流研发能力和水平的国家农业装备技术创新中心，支持国家重点实验室、国家工程技术研究中心、产业技术创新战略联盟等的发展，构建适应国情、立足产业、协同高效、支撑发展的农业装备产业创新体系。围绕产业技术创新链，配置创新资源，支持国家农业装备技术创新中心建立研发、设计、检测、标准等行业数据平台；稳定支持开展基础前沿技术、关键共性技术、重大战略装备等协同创新；支持开展研发设计、科技服务、检验检测、信息服务等创新服务。通过财政引导，鼓励多方投入设立农业装备产业技术创新基金，以更加多元化的方式鼓励和支持重大产业技术创新和成果转化。

第 2 章　基于文献计量的农业传感器与农业机器人国际研究态势分析

Chapter Two

2.1 引言

近年来，随着社会的进步，要求农业作业更加精准、快速、省力、舒适；人口老龄化导致劳动力日益缺失，一些繁重、单调的农业生产需要机械化、自动化和智能化的机器来完成；计算机、互联网、微电子、卫星定位等技术的发展为智能农业的发展提供了技术支持，农业传感器和农业机器人技术得到了较大发展，成为现代农业研究的前沿领域。2018 年，美国国家科学院发布报告，将传感技术确定为到 2030 年可以极大提高食品与农业科学水平的五项突破之一。

农业传感器是现代农业生产全产业链过程中，用于获取农业环境、农业动植物本体及农产品等相关信息的传感器件。农业传感器技术是农业物联网感知技术的核心，是实现智慧农业的关键核心技术。农业机器人是一种以农产品为操作对象、兼有人类部分信息感知和四肢行动功能、可重复编程的柔性自动化或半自动化设备，是综合了电子、机械、计算机、传感技术、控制技术、人工智能、仿生学和农业知识等多种学科的智能机械。

本部分以农业传感器与农业机器人研究论文为研究对象，利用文献计量学方法和内容分析法，从论文数量、热点研究主题、领先国家、领先机构及重点论文内容分析等方面，来揭示农业传感器和农业机器人的研究热点、国家和机构的竞争态势及研究前沿等，从而为相关科技管理部门及时掌握该领域的科技发展和研究前沿，优化研究布局和项目管理提供决策支撑。

2.2 研究数据与方法

本研究以 SCI 数据库和 EI 数据库的研究论文为数据源,利用文献计量学方法和内容分析法,对 2013—2018 年国际上的农业传感器和农业机器人相关研究论文进行分析,主要分析内容包括总体态势、科学研究前沿和工程研究前沿,分析思路和技术路线如图 2-1 所示。

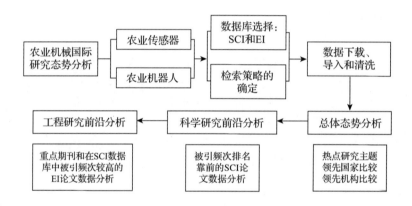

图 2-1 农业传感器和农业机器人研究态势分析路线图

2.2.1 总体态势分析方法

以 SCI 数据库的期刊论文为对象,利用与农业、传感器/机器人相关的主题词,结合传感器/机器人期刊名称及学科方向等建立综合检索式,检索发表于 2013—2018 年的传感器/机器人相关研究论文。然后,利用科睿唯安的数据分析工具 DDA(Derwent Data Analyzer)对检索到的论文数据集进行数据清洗,包括国家、机构、关键词等字段的规范性和统一性清洗。之后,利用该工具对清洗后的标准化数据进行分析,以揭示农业传感器和农业机器人研究的总体态势,包括论文数量及其变化、研究热点主题、领先的国家和研究机构等。

2.2.2 科学研究前沿分析方法

遴选 SCI 论文被引频次排名在前 1%（农业传感器）或前 10%（农业机器人）的论文作为科学研究前沿的代表性论文，请专家逐篇进行内容解读。然后在专家解读的基础上，通过综合分析来揭示农业传感器和农业机器人的科学研究前沿方向及其重点研究内容。

2.2.3 工程研究前沿分析方法

以 EI 数据库中的研究论文为对象，利用传感器/机器人相关关键词进行标题和摘要检索，并结合领域分类号检索策略等设计检索式，检索 2013—2018 年被 EI 数据库收录的农业传感器/农业机器人相关论文。在此基础上，通过标题映射找出同时被 SCI 数据库收录的论文，遴选被引频次排名在前 10% 的论文作为工程研究前沿的代表性论文，再加上只被 EI 数据库收录刊发在重要期刊上的论文也作为工程研究前沿代表性论文。然后对遴选出的所有代表性论文进行内容解读，来揭示农业传感器/农业机器人的工程研究前沿方向。

2.3 农业传感器国际研究态势分析

2.3.1 总体研究态势分析

1. 论文产出

农业传感器论文数量逐年增加。2013—2018 年，共检索到农业传感器研究相关 SCI 论文 10564 篇，年度数量变化呈逐年增加趋势（图 2-2），从 2013 年的 1359 篇增加到 2017 年的 2185 篇（2018 年数据不完整），增加了近 2/3。反映出近年来农业传感器研究规模在不断扩大，处于研究的上升期，越来越受到关注。

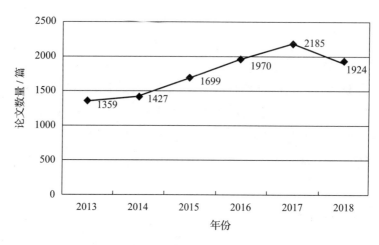

图 2-2 农业传感器研究论文数量年度变化

2. 热点研究主题

关键词作为学术文献的必备要素,能鲜明而直观地表示出文献论述或表达的主题。通过分析农业传感器研究相关 SCI 论文中出现频次排名靠前且具有实质意义的 30 个关键词(表 2-1),来分析该领域当前的研究热点。

表 2-1 农业传感器研究相关 SCI 论文中出现频次较高的 30 个关键词

关键词	出现频率	关键词	出现频率
遥感	304	蒸发蒸腾量	65
生物传感器	277	修饰电极	64
电化学传感器	183	电子舌	60
无线传感网络	181	免疫传感器	59
金纳米粒子	133	伏安法	59
电子鼻	128	杀虫剂	58
石墨烯	108	温度	58
核酸适配体	106	美国 NASA 的陆地卫星	57
土壤湿度	103	量子点	57
荧光	101	叶面积指数	56
食品安全	98	灌溉	55
植被指数(NDVI)	98	离子性液体	54
分子印迹聚合物	92	机器学习	52
MODIS	88	表面等离子共振	52
光学传感器	78	氧化石墨烯	47

这 30 个关键词主要分布在传感器类型、敏感材料、探测目标、传感器技术及其他五个方面（表 2-2）。其中热点传感器研究类型主要涉及生物传感器、电化学传感器、光学传感器、免疫传感器、电子鼻、电子舌等。热点传感器敏感材料主要有金纳米粒子、石墨烯、氧化石墨烯，以及专用于生物传感器的核酸适配体和分子印迹聚合物等。探测目标主要集中在土壤湿度、植被指数、蒸发蒸腾量、杀虫剂、温度、叶面积指数测定及食品安全等领域。热点传感器技术主要有遥感、荧光、修饰电极、伏安法、量子点、离子性液体、表面等离子共振等。与此同时，围绕 MODIS 和美国 NASA 的陆地卫星（Landsat）开展的研究也比较多。

MODIS 是搭载在 TERRA 和 AQUA 卫星上的美国地球观测系统（EOS）计划中，用于观测全球生物和物理过程的重要传感器，是这两颗卫星上唯一将实时观测数据通过 x 波段向全世界直接广播，可以供人们免费接收数据并无偿使用的星载仪器，全球许多国家和地区都在接收和使用 MODIS 数据。1972 年以来，已发射多颗 Landsat 卫星。目前，Landsat-5 仍在超期运行，Landsat-7 于 1999 年发射升空，已成为我国遥感卫星地面站的主要产品之一。2013 年，Landsat-8 卫星在美国发射，Landsat-8 上携带有两个主要载荷：运营性陆地成像仪（Operational Land Imager，OLI）和热红外传感器（Thermal Infrared Sensor，TIRS）。

此外，无线传感网络和机器学习这两个热点主题词反映出传感器正在向网络化和智能化方向发展。

表 2-2　农业传感器论文中出现频次较高的 30 个关键词分类

分类	关键词
传感器类型	生物传感器、电化学传感器、光学传感器、免疫传感器、电子鼻、电子舌
敏感材料	金纳米粒子、石墨烯、核酸适配体、分子印迹聚合物、氧化石墨烯
探测目标	土壤湿度、食品安全、植被指数、蒸发蒸腾量、杀虫剂、温度、叶面积指数、灌溉
传感器技术	遥感、荧光、修饰电极、伏安法、量子点、离子性液体、表面等离子共振
其他	MODIS 传感器、无线传感网络、机器学习、美国 NASA 的陆地卫星

3. 国家竞争态势

（1）SCI 论文数量领先的国家　中美两国的农业传感器研究论文数量在国际上遥遥领先。从农业传感器研究论文的国家分布（图 2-3）来看，2013—2018 年，发表论文数量最多的前 10 个国家依次是中国、美国、西班牙、德国、印度、意大利、英国、巴西、韩国、澳大利亚，这 10 个国家的论文数量合计 9144 篇，约占全球农业传感器论文总量的87%。在这10个领先国家中,中国和美国的论文数量最多,分别名列第一和第二位,均超过了2000篇,其中中国2531篇,美国2195篇,遥遥领先其他国家。

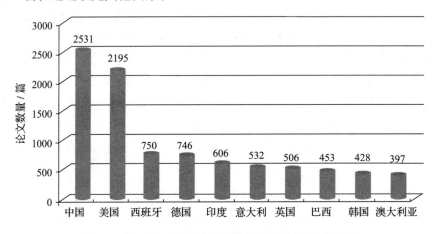

图2-3　农业传感器研究论文数量最多的前10个国家

(2) 领先国家SCI论文数量的年度变化　我国农业传感器研究论文产出增长势头强劲。从10个领先国家2013—2017年论文数量的年度变化(图2-4)来看,我国的论文数量逐年增加,而且增势明显,从2013年的245篇增加到2017年的560篇,4年间增长了一倍多,排名也从2015年开始超过美国,从之前的第二位跃居到第一位,并在此后一直保持领先,显示出强劲的增长势头。美国的年度论文数量也呈增长趋势,从2013年的309篇增加到2017年的432篇,增加了1/3多,但相对中国而言增势平缓。

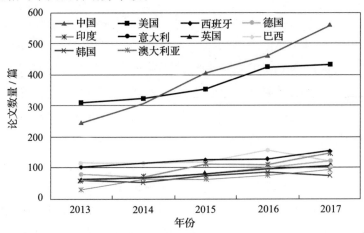

图2-4　2013—2017年10个领先国家论文数量的年度变化

其他 8 个国家论文数量的年度变化（图 2-5）显示，除德国在波动中处于平稳状态外，其余 7 个国家的论文数量均呈增加趋势，其中澳大利亚增加最为明显，从 2013 年的 28 篇增加到 2017 年的 93 篇，约增加了 2.3 倍。其次是印度，从 2013 年的 56 篇增加到 2017 年的 146 篇，约增加了 1.6 倍。排在第三的是英国，从 2013 年的 63 篇增加到 2017 年的 108 篇，约增加了 0.7 倍。其余 4 个国家增加了 0.5 倍左右。

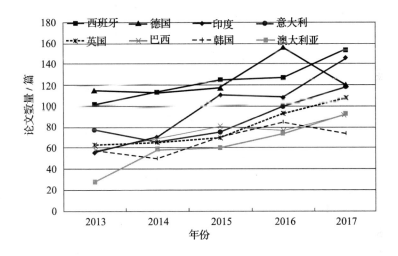

图 2-5　2013—2017 年领先国家（不含中美）论文数量的年度变化

（3）中美两国的热点研究主题比较　对比分析中美论文中出现频次最高的前 10 个关键词（图 2-6），中国的前 10 个关键词依次是电化学传感器、生物传感器、金纳米粒子、核酸适配体、石墨烯、分子印迹聚合物、无线传感网络、遥感、荧光、量子点。美国的依次是遥感、生物传感器、土壤湿度、植被指数、MODIS、美国 NASA 的陆地卫星、蒸发蒸腾量、灌溉、食品安全、无线传感网络。由此可见，生物传感器、遥感和无线传感网络是中美两国共同的研究热点。此外，中国的研究热点还有电化学传感器的研发；敏感材料中金纳米粒子、核酸适配体、石墨烯和分子印迹聚合物的研究；荧光技术和量子点技术研发。美国的研究热点是传感器在灌溉系统、食品安全检测、土壤湿度、植被指数和蒸发蒸腾量检测中的应用，以及 MODIS 和美国 NASA 的陆地卫星的研究和应用。

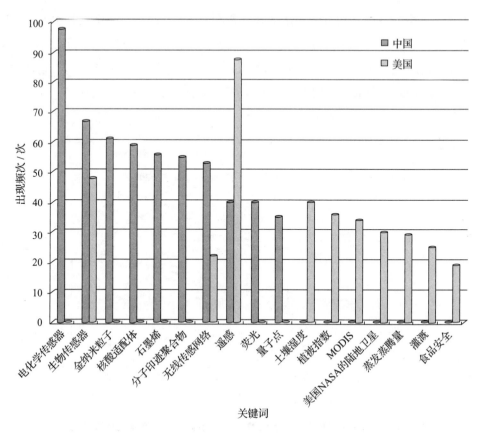

图2-6 中国和美国农业传感器论文中出现频次各自排名前10的关键词

4. 机构竞争态势

（1）论文数量领先的机构 从发表农业传感器论文的研究机构分布（图2-7）来看，2013—2017年，发表论文数量最多的前10个机构依次是中国科学院、美国农业部农业研究局、加利福尼亚大学（美国）、中国农业大学、浙江大学、西班牙国家研究委员会、圣保罗大学（巴西）、佛罗里达大学（美国）、伊斯兰自由大学（伊朗）及根特大学（比利时）。其中，中国和美国各占3个，中国机构包括中国科学院、中国农业大学和浙江大学，美国机构包括美国农业部农业研究局、加利福尼亚大学和佛罗里达大学。10个机构中，中国科学院发表论文数量最多，有349篇，其次是美国农业部农业研究局，有255篇，排名第三的加利福尼亚大学有183篇，其余机构介于79~165篇之间。值得一提的是，伊朗和比利时这两个国家的论文数量排名没有进入前10，分别是第14位和第15位，但伊斯兰自由大学和根特大学在研究机构发表论文数量排名上表现突出,分别列第9位和第10位。

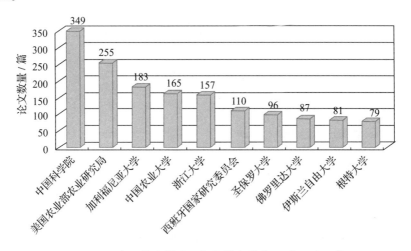

图 2-7 农业传感器论文数量最多的前 10 个研究机构

(2) 领先研究机构论文数量的年度变化 2013—2017年10个领先研究机构论文数量年度变化(图2-8)显示,中国科学院的论文数量增势最为明显,而且增长势头强劲,从2013年的35篇增加到2017年的84篇。其次是美国农业部农业研究局,从2013年的29篇增加到2017年的51篇。此外,浙江大学和伊斯兰自由大学的论文数量也有较大的增长,2017年较2013年年均增加了10篇左右。其余6个机构变化不明显,年度论文数量相对比较稳定。

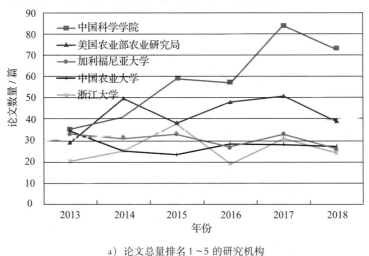

a) 论文总量排名 1~5 的研究机构

图 2-8 2013—2017 年 10 个领先研究机构论文数量年度变化

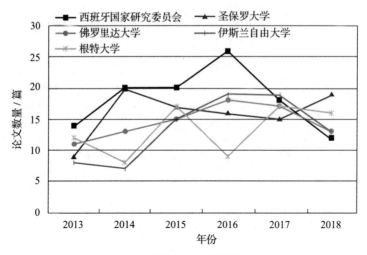

b）论文总量排名6~10的研究机构

图2-8　2013—2017年10个领先研究机构论文数量年度变化（续）

（3）领先研究机构的热点研究主题　对比分析中国科学院和美国农业部农业研究局论文中出现频次排名前10的关键词（图2-9），中国科学院依次是遥感、

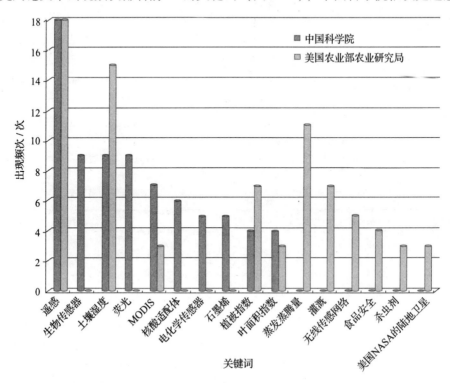

图2-9　中国科学院和美国农业部农业研究局论文中出现频次排名前10的关键词

生物传感器、土壤湿度、荧光、MODIS、核酸适配体、电化学传感器、石墨烯、植被指数、叶面积指数；美国农业部农业研究局依次是遥感、土壤湿度、蒸发蒸腾量、植被指数、灌溉、无线传感网络、食品安全、MODIS、杀虫剂、美国 NASA 的陆地卫星、叶面积指数。由此可见，遥感技术、土壤湿度、植被指数和叶面积指数的测定、MODIS 的研究和应用是两个机构共同的热点研究主题。此外，中国科学院的研究热点还包括生物传感器和电化学传感器的研发，荧光技术的开发，敏感材料核酸适配体、石墨烯的研究；美国农业部农业研究局的研究热点则是传感器在蒸发蒸腾量测定、灌溉系统、食品安全检测、杀虫剂检测中的应用，以及无线传感网络研究和美国 NASA 的陆地卫星的研究利用。

2.3.2　科学研究前沿分析

论文被引频次指的是论文发表后被后续发表的论文作为参考文献引用的次数，能在一定程度上反映被引论文的质量和影响力，被引频次越高，说明质量和影响力越高。因此，这些高被引论文的研究内容在一定程度上可以反映当前其所在领域的研究前沿。本研究在检索到的 10564 篇农业传感器 SCI 论文中，选取被引频次排名位于前 1% 的论文 106 篇，经专家判读后遴选出其中 92 篇进行重点解读和分析，然后在此基础上进行前沿聚类分析，其中有 46 篇研究论文明显聚类为 4 个研究前沿方向，分别是农业生物信息监测（16 篇）、农田环境监测（13 篇）、食品安全检测（11 篇）和食品品质检测（6 篇）。这 46 篇论文的通信作者来自 18 个国家的 43 个研究机构，其中中国有 15 篇，美国和伊朗分别有 6 篇和 4 篇，德国、西班牙、印度各有 3 篇，其余 12 个国家各有 1 篇（表 2-3）。

表 2-3　农业传感器科学研究前沿 46 篇研究论文的来源国家和机构

排名	来源国家	论文数量（机构数量）	来源机构
1	中国	15（15）	江西农业大学 安阳师范学院 香港理工大学 湖南师范大学 山东农业大学 中国农业科学院 福建医科大学 重庆医科大学 南昌大学

(续)

排名	来源国家	论文数量（机构数量）	来源机构
1	中国	15（15）	南京大学 合肥工业大学 江南大学 中国科学院 中山大学 香港大学
2	美国	6（6）	南达科他州立大学 弗吉尼亚大学 耶鲁大学 加州大学圣地亚哥分校 亚利桑那大学 内布拉斯加大学
3	伊朗	4（3）	综合理工大学 伊斯兰自由大学* 设拉子大学
4	德国	3（3）	不来梅雅各布大学 德国航空航天中心地球观测中心 奥斯纳布吕克应用科学大学
5	西班牙	3（2）	西班牙国家研究委员会* 巴伦西亚大学
6	印度	3（2）	印度理工学院* 海得拉巴大学
7	爱尔兰	1（1）	爱尔兰国立科克大学
8	奥地利	1（1）	维也纳工业大学
9	比利时	1（1）	比利时皇家科学院
10	波兰	1（1）	格但斯克理工大学
11	荷兰	1（1）	瓦格宁根大学
12	加拿大	1（1）	麦吉尔大学
13	罗马尼亚	1（1）	布加勒斯特农业科学与兽医大学
14	马其顿	1（1）	圣基里尔·麦托迪大学孔子学院
15	瑞士	1（1）	苏黎世大学
16	新加坡	1（1）	南洋理工大学
17	意大利	1（1）	伊斯普拉欧盟联合研究中心
18	英国	1（1）	诺丁汉大学

注：标"*"的机构论文有2篇，其余机构为1篇。

1. 农业生物信息监测传感器研究

聚焦农业生物信息监测传感器研究的论文有 16 篇,来自美国、中国、德国等 10 个国家的 16 个机构,其中美国有 5 篇,中国和德国各有 2 篇,其余 7 个国家各有 1 篇(表 2-4)。论文研究内容显示,农业生物信息监测目标主要有细胞分裂素、植物生长素、植物叶绿素、三磷酸腺苷、细胞色素和胎蛋白、细胞器特异性 pH 分析、植物胁迫应急信号、植物动态性状、作物育种过程、作物生长、作物产量、植株高度和动物的呼吸等。所研发的传感器有生物传感器、(电)化学传感器、光学传感器、气敏传感器、图像传感器等,利用的关键技术有遥感技术、微电极技术、免疫传感技术、纳米材料修饰技术、多传感器融合技术、图像处理技术、荧光技术、热成像技术等。

表 2-4 农业生物信息监测传感器研究前沿相关 SCI 高被引论文

原文题目	中文题目	被引频次/次	发表年	通信作者国家及机构
Plasmonic Gold Mushroom Arrays with Refractive Index Sensing Figures of Merit Approaching the Theoretical Limit	具有接近理论极限的折射率传感图的等离子体激元金蘑菇阵列	270	2013	中国/中山大学
Real-Time Electrochemical Monitoring of Adenosine Triphosphate in the Picomolar to Micromolar Range Using Graphene-Modified Electrodes	利用石墨烯修饰电极在皮摩尔到微摩尔范围内对三磷酸腺苷进行实时电化学监测	167	2013	美国/弗吉尼亚大学
Biological Detection by Optical Oxygen Sensing	利用光学氧传感进行生物检测	159	2013	爱尔兰国立科克大学
Genetically Targeted Optical Electrophysiology in Intact Neural Circuits	完整神经回路中的基因靶向光学电生理学研究	129	2013	美国/耶鲁大学
Tattoo-Based Noninvasive Glucose Monitoring: A Proof-of-Concept Study	基于纹身的非侵入性葡萄糖监测:概念证明研究	118	2015	美国/加州大学圣地亚哥分校
Tree Height Quantification Using Very High Resolution Imagery Acquired from an Unmanned Aerial Vehicle (UAV) and Automatic 3D Photo-Reconstruction Methods	利用无人机获取的高分辨率图像和自动三维重建方法量化树高	109	2014	西班牙国家研究委员会

（续）

原文题目	中文题目	被引频次/次	发表年	通信作者国家及机构
Global Automated Quality Control of in Situ Soil Moisture Data from the International Soil Moisture Network	国际土壤水分网络原位土壤水分数据的全球自动质量控制	97	2013	奥地利/维也纳工业大学
Development and Evaluation of a Field-Based High-Throughput Phenotyping Platform	现场高通量表型检测平台的开发与评价	96	2014	美国/亚利桑那大学
Emerging Concept for the Role of Photorespiration as an Important Part of Abiotic Stress Response	光呼吸作为非生物胁迫响应重要组成部分的作用	90	2013	印度/海得拉巴大学
Remote Sensing of Rice Crop Areas	水稻种植面积的遥感分析	87	2013	德国航空航天中心地球观测中心
Organelle pH in the Arabidopsis Endomembrane System	拟南芥内膜系统中细胞器的pH分析	86	2013	中国/香港大学
A Robust and Sensitive Synthetic Sensor to Monitor the Transcriptional Output of the Cytokinin Signaling Network in Plant	用于监测植物细胞分裂素信号网络转录输出的稳定且灵敏的合成传感器	85	2013	瑞士/苏黎世大学
BreedVision — A Multi-Sensor Platform for Non-Destructive Field-Based Phenotyping in Plant Breeding	植物育种中基于非破坏性表型的多传感器平台——BreedVision	80	2013	德国/奥斯纳布吕克应用科学大学
Using Low Resolution Satellite Imagery for Yield Prediction and Yield Anomaly Detection	利用低分辨率卫星影像进行产量预测和产量异常检测	79	2013	意大利/伊斯普拉欧盟联合研究中心
Systems Analysis of Auxin Transport in the Arabidopsis Root Apex	拟南芥根尖生长素转运系统分析	77	2014	英国/诺丁汉大学
Remote Estimation of Nitrogen and Chlorophyll Contents in Maize at Leaf and Canopy Levels	玉米叶片和冠层中氮和叶绿素含量的遥感估测	73	2013	美国/内布拉斯加大学

2. 农田环境监测传感器研究

有13篇论文聚焦农田环境监测传感器研究。这些论文来自8个国家的13个机构，其中中国有4篇，西班牙和印度各有2篇，其余5个国家各有1篇（表2-5）。农田环境监测传感器的主要监测目标包括土壤污染物（重点是重金属离子——汞离子及有机污染物双酚A和羟胺）、地表温度、土壤湿度、杂草及其他降雨和气候等环境参数。涉及的传感器类型有生物传感器、电化学传感器、气敏传感器、图像传感器、化学传感器。运用的关键技术包括纳米材料（主要有石墨烯-金属氧化物复合材料、活性金纳米二聚体材料）修饰技术、多传感器微波遥感技术、无线传感器网络技术、碳糊电极技术、多传感器融合技术、热红外光谱技术和无人机搭载技术等。

表2-5 农田环境监测传感器研究前沿相关SCI高被引论文

原文题目	中文题目	被引频次/次	发表年	通信作者国家及机构
Landsat-8: Science and Product Vision for Terrestrial Global Change Research	Landsat-8：全球陆地变化研究的科学和产品愿景	469	2014	美国/南达科他州立大学
Dynamically Analyte-Responsive Macrocyclic Host-Fluorophore Systems	动态分析响应的大循环宿主荧光团系统	137	2014	德国/不来梅雅各布大学
Electrochemical Sensing of Heavy Metal Ions with Inorganic, Organic and Bio-materials	无机离子、有机物和生物材料对重金属离子的电化学传感	133	2015	中国/南京大学
Ultrasensitive One-Step Rapid Visual Detection of Bisphenol A in Water Samples by Label-Free Aptasensor	利用无标记适体传感器超灵敏一步法快速视觉检测水样中的双酚A	117	2013	中国/合肥工业大学
A SERS Active Gold Nanostar Dimer for Mercury Ion Detection	一种用于汞离子检测的表面增强拉曼散射活性纳米金二聚体	112	2013	中国/江南大学
Graphene-Metal Oxide Nanohybrids for Toxic Gas Sensor: A Review	用于有毒气体传感器的石墨烯金属氧化物纳米杂化材料	99	2015	印度理工学院

(续)

原文题目	中文题目	被引频次/次	发表年	通信作者国家及机构
Land Surface Temperature Retrieval Methods from Landsat-8 Thermal Infrared Sensor Data	基于Landsat-8热红外遥感数据的陆面温度反演方法	98	2014	西班牙/巴伦西亚大学
Turbid Wakes Associated with Offshore Wind Turbines Observed with Landsat-8	利用Landsat-8观测的与近海风力涡轮机相关的浑浊尾流	93	2014	比利时皇家科学院
Country-Wide Rainfall Maps from Cellular Communication Networks	来自蜂窝通信网络的全国雨量图	87	2013	荷兰/瓦格宁根大学
Monitoring Meteorological Drought in Semiarid Regions Using Multi-Sensor Microwave Remote Sensing Data	应用多传感器微波遥感数据监测半干旱地区的气象干旱	82	2013	中国科学院
Environmental Parameters Monitoring in Precision Agriculture Using Wireless Sensor Networks	基于无线传感器网络的精准农业环境参数监测	81	2015	马其顿/圣基里尔·麦托迪大学孔子学院
Configuration and Specifications of an Unmanned Aerial Vehicle (UAV) for Early Site Specific Weed Management	早期定点杂草管理的无人机配置与规范	79	2013	西班牙国家研究委员会
Simultaneous Determination of Hydroxylamine, Phenol and Sulfite in Water and Waste Water Samples Using A Voltammetric Nanosensor	伏安法纳米传感器同时测定水中和废水中的羟胺、苯酚和亚硫酸盐	79	2015	印度理工学院

3. 食品安全检测传感器研究

有11篇论文聚焦食品安全检测传感器研究,来自3个国家的11个机构,这3个国家是中国、伊朗和新加坡,分别有7篇、3篇和1篇论文(表2-6)。食品安全检测传感器研发的目标主要是检测食物或粮食中的农药、大肠杆菌、金黄色葡萄球菌、黄曲霉素、苏丹红、三聚氰胺和塑化剂、酚类物质、甲基对硫磷和汞离子等有害物质。所研发的传感器类型主要是生物传感器和电化学传感器。利用的关键技术包括纳米材料(石墨烯量子点和金纳米颗粒)修饰技术、DNA传感技术、免疫传感技术、荧光探针技术、超敏适配体研制技术、碳糊电极技术、量子点发光技术及比色汞传感器技术等。

表 2-6 食品安全检测传感器研究前沿相关 SCI 高被引论文

原文题目	中文题目	被引频次/次	发表年	通信作者国家及机构
High Sensitive Voltammetric Sensor Based on Pt/CNTs Nanocomposite Modified Ionic Liquid Carbon Paste Electrode for Determination of Sudan I in Food Samples	用于食品样品中苏丹 I 测定的基于 Pt/CNTs 纳米复合修饰离子液体碳糊电极的高灵敏伏安传感器	172	2013	伊朗/伊斯兰自由大学
A New Strategy for Determination of Bisphenol A in the Presence of Sudan I Using a ZnO/CNTs/Ionic Liquid Paste Electrode in Food Samples	用 ZnO/CNTs/离子液体糊电极测定苏丹 I 存在下双酚 A 的新方法	145	2014	伊朗/伊斯兰自由大学
Vertically Aligned Gold Nanorod Monolayer on Arbitrary Substrates: Self-Assembly and Femtomolar Detection of Food Contaminants	任意衬底上垂直排列的金纳米棒单层:食品污染物的自组装和毫微粒检测	123	2013	新加坡/南洋理工大学
A Fluorescence Resonance Energy Transfer (FRET) Biosensor Based on Graphene Quantum Dots (GQDs) and Gold Nanoparticles (AuNPs) for the Detection of MecA Gene Sequence of Staphylococcus Aureus	用于检测金黄色葡萄球菌 MecA 基因序列的基于石墨烯量子点 (GQDs) 和金纳米颗粒 (AuNPs) 的荧光共振能量转移 (FRET) 生物传感器	98	2015	中国/香港理工大学
A Label-Free Silicon Quantum Dots-Based Photoluminescence Sensor for Ultrasensitive Detection of Pesticides	一种用于农药超敏检测的无标记硅量子点光致发光传感器	91	2013	中国/湖南师范大学
A Simple and Sensitive Fluorescent Sensor for Methyl Parathion Based on L-Tyrosine Methyl Ester Functionalized Carbon Dots	一种简易的基于 L-酪氨酸甲酯官能化碳点的甲基对硫磷荧光灵敏传感器	85	2015	中国/山东农业大学
Development of an Ultrasensitive Aptasensor for the Detection of Aflatoxin B-1	用于检测黄曲霉毒素 B-1 的超灵敏适体传感器的研制	82	2014	中国农业科学院
Citrate-Capped Platinum Nanoparticle as a Smart Probe for Ultrasensitive Mercury Sensing	作为超灵敏汞传感智能探针的柠檬酸盐封端的铂金纳米颗粒	80	2014	中国/福建医科大学

(续)

原文题目	中文题目	被引频次/次	发表年	通信作者国家及机构
A Sensitive Electrochemical DNA Biosensor for Specific Detection of Enterobacteriaceae Bacteria by Exonuclease III-Assisted Signal Amplification	一种利用核酸外切酶III信号放大技术特异性检测大肠杆菌的电化学DNA生物传感器	77	2013	中国/重庆医科大学
Aptamer-Conjugated Silver Nanoparticles for Electrochemical Dual-Aptamer-Based Sandwich Detection of Staphylococcus Aureus	用于电化学双适体夹心法检测金黄色葡萄球菌的适体结合银纳米颗粒	76	2015	伊朗/设拉子大学
Immunochromatographic Assay for Ultrasensitive Detection of Aflatoxin B-1 in Maize by Highly Luminescent Quantum Dot Beads	利用高发光量子点微珠超敏测定玉米黄曲霉毒素B-1的免疫发光法	73	2014	中国/南昌大学

4. 食品品质检测传感器研究

有6篇论文聚焦食品品质检测传感器研究，来自5个国家的6个机构，这5个国家是中国、伊朗、罗马尼亚、波兰和加拿大，其中中国有2篇，其余国家各有1篇（表2-7）。食品品质检测传感器的研究目标旨在进行葡萄糖和甲醇检测、维生素C检测、猪肉品质检测、农产品品质检测、食品色香味的综合检测等。所涉及的传感器主要是电化学传感器，其次还有综合传感器和光学传感器。所利用的关键技术有纳米材料（石墨烯/NiO纳米复合材料）修饰技术、电子舌技术、电子鼻技术、碳糊电极技术、多传感器融合技术（光谱、图像和电子鼻）和高光谱技术。

表2-7 食品品质检测传感器研究前沿相关SCI高被引论文

原文题目	中文题目	被引频次/次	发表年	通信作者国家及机构
Nondestructive Measurement of Total Volatile Basic Nitrogen (TVB-N) in Pork Meat by Integrating Near Infrared Spectroscopy, Computer Vision and Electronic Nose Techniques	集成近红外光谱、计算机视觉和电子鼻技术的猪肉总挥发性氮的无损检测	82	2014	中国/江西农业大学

(续)

原文题目	中文题目	被引频次/次	发表年	通信作者国家及机构
Electrochemical Methods for Ascorbic Acid Determination	测定维生素C的电化学方法	82	2014	罗马尼亚/布加勒斯特农业科学与兽医大学
Food Analysis Using Artificial Senses	人工感官食品分析	81	2014	波兰/格但斯克理工大学
Recent Developments in Hyperspectral Imaging for Assessment of Food Quality and Safety	高光谱成像技术在食品质量和安全评价中的应用进展	80	2014	加拿大/麦吉尔大学
Application of ZnO/CNTs Nanocomposite Ionic Liquid Paste Electrode as a Sensitive Voltammetric Sensor for Determination of Ascorbic Acid in Food Samples	ZnO/CNTs纳米复合离子液体糊电极作为敏感伏安传感器在测定食品中维生素C上的应用	79	2013	伊朗/综合理工大学
A Facile One-Step Electrochemical Synthesis of Graphene/NiO Nanocomposites as Efficient Electrocatalyst for Glucose and Methanol	作为葡萄糖和甲醇的高效电催化剂的石墨烯/NiO纳米复合材料的一步法电化学合成	75	2014	中国/安阳师范学院

2.3.3 工程研究前沿分析

首先利用检索式在工程索引数据库（EI）中检索到传感器相关研究论文2689篇，并通过标题映射找到1700篇同时被SCI数据库收录的论文，然后选取其中被引频次排名前10%的论文170篇作为重点分析论文。仅被EI收录的论文有989篇，通过期刊限定，遴选其中发表在6种重点期刊（表2-8）上的论文55篇，也作为重点分析论文。

表2-8 农业传感器EI论文重点期刊及其论文数量

序号	重点期刊	论文数量（篇）
1	Sensors	15
2	Computers and Electronics in Agriculture	13
3	Engineering in Agriculture	10

(续)

序号	重点期刊	论文数量（篇）
4	Environment and Food Agricultural Water Management	6
5	Remote Sensing of Environment	6
6	Biosystems Engineering	5
	总　计	55

然后，通过专家判断从上述合计 225 篇重点 EI 论文中遴选出 180 篇进行内容解读，最后在此基础上进行前沿聚类分析，结果有 79 篇论文明显聚出 4 个工程研究前沿方向，分别是基于遥感技术的传感系统（32 篇）、无线传感器网络的构建与应用（23 篇）、传感器柔性电极的研制与应用（13 篇）及基于无人机的传感器系统（11 篇）。这 79 篇论文的通信作者来源于 24 个国家的 66 个机构，其中西班牙有 18 篇（其中 3 篇与厄瓜多尔为共同通讯作者国家），美国有 12 篇，中国有 9 篇（其中 2 篇分别与美国和英国为共同通讯作者国家），英国和德国分别有 7 篇和 6 篇。从机构看，西班牙国家研究委员会论文数量最多，有 6 篇（表 2-9）。

表 2-9　农业传感器工程研究前沿 79 篇重点 EI 论文的来源国家和机构

排名	来源国家	论文数量/机构数量	来源机构
1	西班牙	18/10	西班牙国家研究委员会（6） 胡安卡洛斯国土大学（3） 维哥大学（2） 研究、技术、食品和农业研究所 WIDHOC 智能解决有限公司 马德里政治大学 加尔达海纳理工大学 阿梅利亚大学 马德里理工大学 科尔多瓦大学
2	美国	12/10	美国地质调查局（2） 内布拉斯加大学（2） 哥伦比亚大学 马里兰大学 斯坦福大学 康奈尔大学 加州大学戴维斯分校 德克萨斯农工大学 加州大学圣地亚哥分校 田纳西大学

(续)

排名	来源国家	论文数量/机构数量	来源机构
3	中国	9/9	北京师范大学 复旦大学 西北农林科技大学 天津科技大学 四川大学 香港城市大学 华南理工大学 郑州大学 江南大学
4	英国	7/4	曼彻斯特大学（3） 剑桥大学（2） 南安普顿大学 朴茨茅斯大学
5	德国	6/6	伍兹堡大学 德国航天航空中心地球观测中心 慕尼黑理工大学 洪堡大学 尤里希研究中心 不来梅雅各布大学
6	日本	4/3	京都大学（2） 国立农业环境科学研究所 东京工业大学
7	法国	4/3	国家空间研究中心（2） 国家农业研究院 图卢兹大学
8	意大利	3/3	伊斯普拉欧盟联合研究中心 米兰比可卡大学 巴里理工大学
9	厄瓜多尔	3/1	埃斯梅拉达斯大学（3）
10	澳大利亚	2/2	昆士兰大学 皇家墨尔本理工大学
11	希腊	2/2	塞萨洛尼基亚里士多德大学 比雷埃夫斯大学

（续）

排名	来源国家	论文数量/机构数量	来源机构
12	爱尔兰	2/1	科克大学（2）
13	奥地利	1	自然资源与生命科学大学
14	比利时	1	农业和渔业研究所
15	丹麦	1	奥尔堡大学
16	韩国	1	成均馆大学
17	加拿大	1	加拿大农业及农业食品部
18	塞浦路斯	1	塞浦路斯理工大学
19	马其顿	1	圣基里尔·麦托迪大学孔子学院
20	墨西哥	1	西北生物研究中心
21	南非	1	比勒陀利亚大学
22	新加坡	1	信息通信研究所
23	荷兰	1	瓦格宁根大学
24	瑞典	1	Swerea IVF 公司

注：机构后括号内的数字为该机构的论文数量，其余机构的论文数量均为 1 篇。

1. 基于遥感技术的传感系统研究

有 32 篇论文研究基于遥感技术的传感系统，主要包括高光谱、可见光、红外光、多光谱、微波及合成孔径雷达传感器等传感器系统，主要用于估算和分析农作物的叶片面积、播种时间、种植密度、产量和植被面积，进行农作物种类识别，监测土壤的含水率、盐分、氮肥和受侵蚀状况，以及农用机械的自动导航和辅助定位。研究的主要技术有图像分析技术（图像分析模型的优化）、光谱分析技术（光谱分析模型的优化）、定位技术（定位算法的优化）、多传感器分析技术（数据分析模型的优化）、基于合成孔径雷达的遥感成像技术等。这 32 篇论文来自 14 个国家的 29 个机构，其中美国有 7 篇，德国有 5 篇，法国有 4 篇，日本有 3 篇，中国、西班牙和意大利各有 2 篇，其余 7 个国家各有 1 篇（表 2-10）。

表2-10 基于遥感技术的传感系统研究相关重点EI论文

原文题目	中文题目	发表期刊	发表年	通信作者国家及机构
Assessment of Multi-Temporal, Multi-Sensor Radar and Ancillary Spatial Data for Grasslands Monitoring in Ireland Using Machine Learning Approaches	利用机器学习方法评估爱尔兰草地监测的多时相、多传感器雷达和辅助空间数据	Remote Sensing of Environment	2014	爱尔兰/科克大学
Estimation of Leaf Area Index Using DEIMOS-1 Data: Application and Transferability of a Semi-Empirical Relationship between two Agricultural Areas	利用DEIMOS-1数据估算叶面积指数：两个农业区域之间半经验关系的应用和可转移性	Remote Sensing	2013	奥地利/自然资源与生命科学大学
Multi-Decade, Multi-Sensor Time-Series Modeling—Based on Geostatistical Concepts—to Predict Broad Groups of Crops	基于地质统计学概念的数十年多传感器多时间序列建模以预测作物群体	Remote Sensing of Environment	2018	澳大利亚/昆士兰大学
Decision Fusion and Non-Parametric Classifiers for Land Use Mapping Using Multi-Temporal Rapid Eye Data	基于多时相快速眼数据的土地利用制图的决策融合与非参数分类器	ISPRS Journal of Photogrammetry and Remote Sensing	2015	德国/伍兹堡大学
Remote Sensing of Rice Crop Areas	水稻种植面积遥感分析	International Journal of Remote Sensing	2013	德国航天航空中心地球观测中心
The Performance of Active Spectral reflectance Sensors as Influenced by Measuring Distance, Device Temperature and Light Intensity	测量距离、器件温度和光强度对有源光谱反射传感器性能的影响	Computers and Electronics in Agriculture	2014	德国/慕尼黑理工大学
Estimating Fractional Shrub Cover Using Simulated EnMAP Data: A Comparison of Three Machine Learning Regression Techniques	利用模拟EnMAP数据估算部分灌木覆盖：三种机器学习回归技术的比较	Remote Sensing	2014	德国/洪堡大学
Linking Satellite Derived LAI Patterns with Subsoil Heterogeneity using large-scale ground-based electromagnetic induction measurements	利用大型地基电磁感应测量将卫星LAI模式与地基非均质性联系起来	Geoderma	2015	德国/尤里希研究中心

（续）

原文题目	中文题目	发表期刊	发表年	通信作者国家及机构
The MODIS (Collection V006) BRDF/Albedo Product MCD43D: Temporal Course Evaluated over Agricultural Landscape	MODIS（集合 V006）BRDF/反照率产品 MCD43D：农业景观评价的时间历程	Remote Sensing of Environment	2015	法国/国家农业研究院
SMOS Disaggregated Soil Moisture Product at 1 km Resolution: Processor Overview and First Validation Results	以 1 公里的分辨率分解土壤水分产物的处理器 SMOS：处理器概述和首次验证结果	Remote Sensing of Environment	2016	法国/国家空间研究中心
Self-Calibrated Evaporation-Based Disaggregation of SMOS Soil Moisture: An Evaluation Study at 3km and 100m Resolution in Catalunya, Spain	基于自标定蒸发的 SMOS 土壤水分解聚：一项对西班牙加泰罗尼亚地区开展的 3km 和 100m 分辨率的评价研究	Remote Sensing of Environment	2013	法国/国家空间研究中心
Combining High-Resolution Satellite Images and Altimetry to Estimate the Volume of Small Lakes	综合利用高分辨率卫星影像和高度测量法估算小湖泊的体积	Hydrology and Earth System Sciences	2014	法国/图卢兹大学
An Assessment of Remotely Sensed Surface and Root Zone Soil Moisture through Active and Passive Sensors in Northeast Asia	通过主动式和被动式地表和根际的土壤湿度进行遥感评估	Remote Sensing of Environment	2015	韩国/成均馆大学
Estimation of Leaf Area Index (LAI) in Corn and Soybeans Using Multi-Polarization C-and L-Band Radar Data	用多极化 C 波段和 L 波段雷达数据估算玉米和大豆叶面积指数	Remote Sensing of Environment	2015	加拿大农业及农业食品部
Mapping Cropping Intensity of Smallholder Farms: A Comparison of Methods Using Multiple Sensors	评估小农农场种植强度的多传感器方法的比较研究	Remote Sensing of Environment	2013	美国/哥伦比亚大学
Eastern Europe's Forest Cover Dynamics from 1985 to 2012 Quantified from the Full Landsat Archive	根据整个 Landsat 档案定量分析东欧 1985—2012 年的森林覆盖动态变化	Remote Sensing of Environment	2015	美国/马里兰大学

标题	主题	期刊	年份	国家/机构
Remote Estimation of Crop Fractional Vegetation Cover: the Use of Noise Equivalent as an Indicator of Performance of Vegetation Indices	作物分级植被覆盖的远程估算：利用噪声当量作为植被指数表现的指标	International Journal of Remote Sensing	2013	美国/内布拉斯加大学
Estimating Sowing Dates from Satellite Data over the U.S. Midwest: A Comparison of Multiple Sensors and Metrics	利用美国中西部卫星数据估算播种日期：对多个传感器和度量指标进行比较	Remote Sensing of Environment	2018	美国/斯坦福大学
Estimating Riparian and Agricultural Actual Evapotranspiration by Reference Evapotranspiration and MODIS Enhanced Vegetation Index	利用参考蒸发腾量和MODIS增强植被指数估算河岸和农业实际蒸发腾量	Remote Sensing	2013	美国/美国地质调查局
Operational Evapotranspiration Mapping Using Remote Sensing and Weather Datasets: A New Parameterization for the SSEB Approach	利用遥感和气象数据开展运行蒸发腾量测图：SSEB方法的一种新参数化	Journal of the American Water Resources Association	2013	美国/美国地质调查局
Proximal Sensor-Based Algorithm for Variable Rate Nitrogen Application in Maize in Northeast U.S.A.	基于近端传感器的美国东北部玉米变量施氮的算法	Computers and Electronics in Agriculture	2018	美国/康奈尔大学
Autonomous Positioning of the Unloading Auger of a Combine Harvester by a Laser Sensor and GNSS	利用激光传感器和GNSS实现联合收割机卸粮螺旋的自主定位	Engineering in Agriculture, Environment and Food	2015	日本/京都大学
Using Multiple Sensors to Detect Uncut Crop Edges for Autonomous Guidance Systems of Head-Feeding Combine Harvesters	利用多传感器检测未割联合收割机自主导向系统的未割作物边缘	Engineering in Agriculture, Environment and Food	2014	日本/京都大学
Capability of C-Band Backscattering Coefficients from High-Resolution Satellite SAR Sensors to Assess Biophysical Variables in Paddy Rice	高分辨率卫星SAR传感器C波段后向散射系数评估水稻生物物理量的能力	Remote Sensing of Environment	2014	日本/国立农业环境科学研究所

(续)

原文题目	中文题目	发表期刊	发表年	通信作者国家及机构
Orthogonal Equations of Multi-Spectral Satellite Imagery for the Identification of Un-Excavated Archaeological Sites	用于未发掘考古遗址识别的多光谱卫星影像的正交方程	Remote Sensing	2013	塞浦路斯/塞浦路斯理工大学
Monitoring Evapotranspiration of Irrigated Crops Using Crop Coefficients Derived from Time Series of Satellite Images. I. Method Validation	利用来源于卫星图像时间序列的作物系数监测灌溉作物的蒸发蒸腾量的方法验证	Agricultural Water Management	2013	西班牙/西班牙国家研究委员会
Seasonal Evolution of Crop Water Stress Index in Grapevine Varieties Determined with High-Resolution Remote Sensing Thermal Imagery	利用高分辨率遥感热成像技术分析葡萄品种水分胁迫指数的季节演变	Irrigation Science	2015	西班牙/研究、技术、食品和农业研究所
A Hidden Markov Models Approach for Crop Classification: Linking Crop Phenology to Time Series of Multi-Sensor Remote Sensing Data	作物分类的 Hidden Markov 模型方法：将作物物候与多传感器遥感数据的时间序列联系起来	Remote Sensing	2015	希腊/塞萨洛尼基亚里士多德大学
Using Low Resolution Satellite Imagery for Yield Prediction and Yield Anomaly Detection	利用低分辨率卫星影像进行产量预测和产量异常检测	Remote Sensing	2013	意大利/伊斯普拉欧盟联合研究中心
Nitrogen Status Assessment for Variable Rate Fertilization in Maize through Hyperspectral Imagery	高光谱遥感技术在玉米氮素营养状况评价中的应用	Remote Sensing	2014	意大利/米兰比可卡大学
Crop Leaf Area Index Observations With a Wireless Sensor Network and Its Potential for Validating Remote Sensing Products	无线传感器网络对作物叶面积指数的测定及其对遥感产品的验证潜力	IEEE Journal of Selected Topics in Applied Earth Observations and Remote Sensing	2014	中国/北京师范大学
Modeling Gross Primary Production of Paddy Rice Cropland through Analyses of Data from CO_2 Eddy Flux Tower Sites and MODIS Images	利用来自 CO_2 涡流通量塔台和 MODIS 影像的数据分析水稻的初级生产量	Remote Sensing of Environment	2017	中国/复旦大学

2. 无线传感器网络的构建与应用

有 23 篇论文在研究无线传感器网络的构建和应用。该工程前沿研究主要涉及传感器网络的集成架构（组网方法）、能耗与供电和通信互联技术等，主要应用于自动精准灌溉系统、温室番茄管理系统、蜜蜂养殖监测系统、水产养殖系统及仓库管理体系等。其中集成架构研究主要聚焦包括星形拓扑 ZigBee、网状拓扑 ZigBee 和接入点拓扑 WiFi 在内的拓扑结构；能耗与供电研究主要集中在能量的搜集方式、充电系统、电源供给和数据传输结构等。这 23 篇论文来自 14 个国家的 22 个机构，其中西班牙有 8 篇，厄瓜多尔有 3 篇（与西班牙是共同通信作者国家），中国、美国和英国各有 2 篇，其余 9 个国家各有 1 篇（表 2-11）。

3. 传感器柔性电极的研制与应用

有 13 篇论文聚焦传感器柔性电极的研制与应用，其主要用于应变力传感器，旨在监测生物和生鲜产品的生理参数，如养殖动物的呼吸频率，新鲜农产品的呼吸速率、呼吸熵和低氧限度及牛的跛足等。柔性材料的制备主要采用高分子材料合成技术，所用的材料主要有导电聚合物、棉纤维、碳纳米材料、银纳米、碳化棉织物等。这 13 篇论文来自 6 个国家的 11 个机构，中国和英国各有 5 篇，其中 1 篇中英为共同通信作者国家；美国有 2 篇，其中 1 篇美国与中国是共同通信作者国家；其余 3 个国家各有 1 篇（表 2-12）。

4. 基于无人机的传感器系统研究

有 11 篇论文聚焦基于无人机的传感器系统研究，主要应用于田间管理、温室内环境参数（包括温度、湿度、光照和 CO_2 含量等）监控、作物参数（如棉桃开絮的数量、平均直径、周长等）监控、氮肥检测、杂草检测等。研究的传感器主要是物理传感器，具体涉及图像传感器、红外热成像传感器、六波段光谱传感器、高光谱传感器、多光谱传感器等。涉及的主要技术有光谱技术、机载高光谱图像与地面光学传感器融合技术、作物表型监测技术、集成图像采集技术、图像分析技术，以及相关算法优化、光谱分析和热量参数估算等。这 11 篇论文来自 4 个国家的 8 个机构，其中西班牙有 8 篇，美国、荷兰和日本各有 1 篇（表 2-13）。

表2-11 无线传感器网络的构建与应用相关重点EI论文

原文题目	中文题目	发表期刊	发表年	通信作者国家及机构
B+WSN: Smart Beehive with Preliminary Decision Tree Analysis for Agriculture and Honey bee Health Monitoring	B+WSN：基于决策树分析的智能蜂箱在农业和蜜蜂健康监测中的应用	Computers and Electronics in Agriculture	2016	爱尔兰/科尔克大学
Plug-and-Play Control-Modifying Control Systems Online	即插即用控制在线修改控制系统	IEEE Transactions on Control Systems Technology	2013	丹麦/奥尔堡大学
Reducing Food Losses by Intelligent Food Logistics	利用智能食品物流减少食物损失	Philosophical Transactions of the Royal Society A-Mathematical Physical and Engineering Sciences	2014	德国/不来梅雅各布大学
Multiparametric Monitoring in Equatorian Tomato Greenhouses (Ⅰ): Wireless Sensor Network Bench-Marking	赤道番茄温室的多参数监测(Ⅰ)：无线传感器网络基准	Sensors	2018	厄瓜多尔/埃斯梅拉达斯大学；西班牙/胡安卡洛斯国王大学
Multiparametric Monitoring in Equatorian Tomato Greenhouses (Ⅱ): Energy Consumption Dynamics	赤道番茄温室的多参数监测(Ⅱ)：能耗动态	Sensors	2018	厄瓜多尔/埃斯梅拉达斯大学；西班牙/胡安卡洛斯国王大学
Multiparametric Monitoring in Equatorian Tomato Greenhouses (Ⅲ): Environmental Measurement Dynamics	赤道番茄温室的多参数监测(Ⅲ)：环境测量动力学	Sensors	2018	厄瓜多尔/埃斯梅拉达斯大学；西班牙/胡安卡洛斯国王大学
Environmental Parameters Monitoring in Precision Agriculture Using Wireless Sensor Networks	基于无线传感器网络的精准农业环境参数监测	Journal of Cleaner Production	2015	马其顿/圣基里尔·麦托迪大学孔子学院

标题	中文译名	期刊	年份	国家/机构
Autonomous Precision Agriculture through Integration of Wireless Underground Sensor Networks with Center Pivot Irrigation Systems	无线地下传感器网络与中心支点灌溉系统相结合的自动精准农业	Ad Hoc Networks	2013	美国/内布拉斯加大学
Wireless Sensor Network with Irrigation Valve Control	由灌溉阀控制的无线传感器网络	Computers and Electronics in Agriculture	2013	美国/加州大学戴维斯分校
Automated Irrigation System Using a Wireless Sensor Network and GPRS Module	采用无线传感器网络和GPRS模块的自动灌溉系统	IEEE Transactions on Instrumentation and Measurement	2014	墨西哥/西北生物研究中心
A Zigbee-Based Animal Health Monitoring System	基于ZigBee的动物健康监测系统	IEEE Sensors Journal	2015	南非/比勒陀利亚大学
A Wireless Sensors Architecture for Efficient Irrigation Water Management	高效灌溉水管理的无线传感器体系结构	Agricultural Water Management	2015	西班牙/WIDHOC智能解决有限公司
Short-Term Effects of Four Tillage Practices on Soil Physical Properties, Soil Water Potential, and Maize Yield	四种耕作方式对土壤物理性质、土壤水势和玉米产量的短期影响	Geoderma	2015	西班牙/马德里政治大学
Integrating Sensory/Actuation Systems in Agricultural Vehicles	集成传感驱动系统在农用车辆中的应用	Sensors	2014	西班牙/西班牙国家研究委员会
Narrowband Characterization of Near-Ground Radio Channel for Wireless Sensors Networks at 5G-IoT bands	5G物联网频段无线传感器网络近地面无线信道窄带特性	Sensors	2018	西班牙/维哥大学

(续)

原文题目	中文题目	发表期刊	发表年	通信作者国家及机构
Advanced Traceability System in Aquaculture Supply Chain	水产养殖供应链中的先进可追溯系统	Journal of Food Engineering	2014	西班牙/加尔达海纳理工大学
Energy Efficient Automated Control of Irrigation in Agriculture by Using Wireless Sensor Networks	基于无线传感器网络的农业灌溉节能自动控制	Computers and Electronics in Agriculture	2015	希腊比雷埃夫斯大学
Distributed Detection in Sensor Networks Over Fading Channels With Multiple Antennas at the Fusion Centre	熔合中心多天线衰落信道下的传感器网络分布式检测	IEEE Transactions on Signal Processing	2014	新加坡/信息通信研究所
Spatio-Temporal Optimization of Perishable Goods' Shelf Life by a Pro-Active WSN-Based Architecture	基于主动无线传感器网络架构的易腐货物保质期的时空优化	Sensors	2018	意大利/巴里理工大学
The Impact of Agricultural Activities on Water Quality: A Case for Collaborative Catchment-Scale Management Using Integrated Wireless Sensor Networks	农业活动对水质的影响：以利用集成无线传感器网络协同流域规模管理为例	Computers and Electronics in Agriculture	2013	英国南安普顿大学
Wireless Sensor Network Coverage Measurement and Planning in Mixed Crop Farming	混合作物种植中无线传感器网络覆盖的测量与规划	Computers and Electronics in Agriculture	2014	英国朴茨茅斯大学
A Survey on Wireless Sensor Network Infrastructure for Agriculture	农业无线传感器网络基础设施的调查研究	Computer Standards & Interfaces	2013	中国/西北农林科技大学
Design and Deployment of Wireless Sensor Networks for Aquaculture Monitoring and Control Based on Virtual Instruments	基于虚拟仪器的水产养殖监测与控制无线传感器网络的设计与部署	Computers and Electronics in Agriculture	2014	中国/天津科技大学

表2-12 传感器柔性电极的研制与应用相关重点EI论文

原文题目	中文题目	发表期刊	发表年	通信作者国家及机构
3-D Nanorod Arrays of Metal-Organic KTCNQ Semiconductor on Textiles for Flexible Organic Electronics	柔性有机电子织物上金属有机KTCNQ半导体的三维纳米棒阵列	RSC Advances	2013	澳大利亚/皇家墨尔本理工大学
Automatic Cow Lameness Detection with a Pressure Mat: Effects of Mat Length and Sensor Resolution	压力垫自动检测奶牛跛足:垫长和传感器分辨率的影响	Computers and Electronics in Agriculture	2017	比利时/农业和渔业研究所
Wearable Flexible and Stretchable Glove Biosensor for on-Site Detection of Organophosphorus Chemical Threats	可穿戴柔性可伸缩手套生物传感器现场检测有机磷化学威胁	ACS Sensors	2017	美国/加州大学圣地亚哥分校
Poling and Characterization of Piezoelectric Polymer Fibers for Use in Textile Sensors	用于纺织传感器的压电聚合物纤维的极化和表征	Sensors and Actuators A-Physical	2013	瑞典/Swerea IVF公司
Textile-Based Weft Knitted Strain Sensors: Effect of Fabric Parameters on Sensor Properties	织物纬编应变传感器:织物参数对传感器性能的影响	Sensors	2013	英国/曼彻斯特大学
Weft-Knitted Strain Sensor for Monitoring Respiratory Rate and Its Electro-Mechanical Modeling	用于呼吸速率监测的纬编应变传感器及其机电建模	IEEE Sensors Journal	2015	英国/曼彻斯特大学
Knitted Strain Sensors: Impact of Design Parameters on Sensing Properties	针织应变传感器:设计参数对传感特性的影响	Sensors	2014	英国/曼彻斯特大学

(续)

原文题目	中文题目	发表期刊	发表年	通信作者国家及机构
The High Strain Rate Response of Ultra High Molecular-Weight Polyethylene: From Fibre to Laminate	超高分子量聚乙烯的高应变率响应：从纤维到层压板	International Journal of Impact Engineering	2013	英国/剑桥大学
Highly Sensitive, Stretchable, and Wash-Durable Strain Sensor Based on Ultrathin Conductive Layer@Polyurethane Yarn for Tiny Motion Monitoring	基于超薄导电层聚氨酯微运动监测的高灵敏度、可拉伸、耐洗应变传感器	ACS Applied Materials & Interfaces	2016	中国/四川大学
Polyurethane/Cotton/Carbon Nanotubes Core-Spun Yarn as High Reliability Stretchable Strain Sensor for Human Motion Detection	聚氨酯/棉/碳纳米管包芯纱用于人体运动检测的高可靠性、可拉伸应变传感器	ACS Applied Materials & Interfaces	2016	中国/香港城市大学
Silver Nanowires Coated on Cotton for Flexible Pressure Sensors	用于柔性压力传感器的涂覆在棉花上的银纳米线	Journal of Materials Chemistry C	2016	中国/华南理工大学
Continuously Prepared Highly Conductive and Stretchable SWNT/MWNT Synergistically Composited Electrospun Thermoplastic Polyurethane Yarns for Wearable Sensing	连续制备高导电性和可拉伸的SWNT/MWNT协同复合静电纺丝热塑性聚氨酯纱线	Journal Of Materials Chemistry C	2018	中国/郑州大学；美国/田纳西大学
Environmentally-Friendly Conductive Cotton Fabric as Flexible Strain Sensor Based on Hot Press Reduced Graphene Oxide	基于热压还原氧化石墨烯的柔性导电棉织物柔性应变传感器	Carbon	2017	中国/江南大学；英国/剑桥大学

表2-13 基于无人机的传感器系统研究相关重点EI论文

原文题目	中文题目	发表期刊	发表年	通信作者国家及机构
Unmanned Aerial System assisted Framework for the Selection of High Yielding Cotton Genotypes	无人机辅助棉花高产基因型选择	Applied Soft Computing	2015	美国/德克萨斯农工大学
A Semi-Supervised System for Weed Mapping in Sunflower Crops Using Unmanned Aerial Vehicles and a Crop Row Detection Method	利用无人机和作物行检测方法进行向日葵作物杂草定位的半监督系统	Biosystems Engineering	2015	西班牙/西班牙国家研究委员会
Multi-Temporal Imaging Using an Unmanned Aerial Vehicle for Monitoring a Sunflower Crop	利用无人机监测向日葵作物的多时相成像	Sensors	2015	西班牙/阿梅利亚大学
Mini-UAV Based Sensory System for Measuring Environmental Variables in Greenhouses	基于微型无人机的温室环境参数检测系统	Computers and Electronics in Agriculture	2015	西班牙/西班牙国家研究委员会
An Automatic Object-Based Method for Optimal Thresholding in UAV Images: Application for Vegetation Detection in Herbaceous Crops	基于自动对象的无人机图像最优阈值分割方法在草本植物检测中的应用	Sensors	2015	西班牙/西班牙国家研究委员会
Quantifying Efficacy and Limits of Unmanned Aerial Vehicle (UAV) Technology for Weed Seedling Detection as Affected by Sensor Resolution	传感器分辨率对杂草幼苗无人机检测技术量化功效与局限性的影响	Remote Sensing	2014	西班牙/西班牙国家研究委员会

(续)

原文题目	中文题目	发表期刊	发表年	通信作者国家及机构
A Lightweight Hyperspectral Mapping System and Photogrammetric Processing Chain for Unmanned Aerial Vehicles	一种轻型无人机高光谱测绘系统与摄影测量处理链	IEEE Journal of Selected Topics in Applied Earth Observations and Remote Sensing	2013	荷兰/瓦格宁根大学
Characterization of Rice Paddies by a UAV-Mounted Miniature Hyperspectral Sensor System	利用无人机安装的微型高光谱传感器系统分析稻田特征	Remote Sensing	2014	日本/东京工业大学
Airborne Hyperspectral Images and Ground-Level Optical Sensors As Assessment Tools for Maize Nitrogen Fertilization	用于玉米氮肥评价工具的机载高光谱图像和地面光学传感器	Agricultural Water Management	2015	西班牙/马德里理工大学
UAVs Challenge to Assess Water Stress for Sustainable Agriculture	无人机评估可持续农业水分胁迫面临的挑战	Remote Sensing	2015	西班牙/维哥大学
Assessing Optimal Flight Parameters for Generating Accurate Multispectral Orthomosaicks by UAV to Support Site-Specific Crop Management	对利用无人机生成准确多光谱正射影像的最优飞行参数进行评估以支持定点作物管理	Applied Soft Computing	2015	西班牙/科尔多瓦大学

2.4 农业机器人国际研究态势分析

2.4.1 总体研究态势分析

1. 论文产出

农业机器人研究论文数量不断增加。2013—2018 年,共检索到农业机器人相关研究论文 484 篇,其年度数量(图 2-10)呈增加趋势,从 2013 年的 53 篇增加到 2017 年的 114 篇(2018 年的数据不完整),增加了 1 倍多。反映出近年来农业机器人研究规模在不断扩大,处于研究的上升期,越来越受到关注。

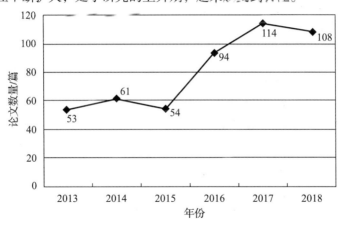

图 2-10 农业机器人研究论文数量年度变化

2. 热点研究主题

提取农业机器人相关研究论文中出现频次为 3 及以上,且有实质意义的 31 个关键词(表 2-14),来分析该领域当前的热点研究主题。

表 2-14 农业机器人论文中出现频次为 3 及以上的 31 个关键词

关键词	出现频次	关键词	出现频次
挤奶机器人	44	视觉伺服	4
收获机器人	31	三维重建	3
机器视觉	23	凸壳算法	3
除草机器人	14	模糊控制	3

(续)

关键词	出现频次	关键词	出现频次
移动机器人	13	遗传算法	3
采摘机器人	12	时间最优控制	3
图像处理	12	GNSS（全球导航卫星系统）	3
路径规划	11	GPS（全球定位系统）	3
计算机视觉	10	雷达	3
双目立体视觉	6	机器学习	3
图像分割	6	路径跟踪	3
双目立体匹配	6	模式识别	3
人机界面	5	遥感	3
多机器人	5	传感器融合	3
自主机器人	4	支持向量机	3
喷灌机器人	4		

对31个关键词进行分类（表2-15）后可以看出，当前农业机器人的研究热点是挤奶机器人、收获机器人、除草机器人、苹果收获机器人和采摘机器人，以及移动机器人和自主机器人。"移动"是机器人的重要属性，移动机器人是指能够自主自由移动的机器人，其发展已有半个世纪的历史。自主机器人则是其本体自带各种必要的传感器、控制器，在运行过程中无外界人为信息输入和控制的条件下，可以独立完成一定任务的机器人。移动机器人和自主机器人的研发将进一步促进农机装备的智能化发展。所研究的机器人主要用于挤奶、除草、水果采摘及精准喷灌等。在农业机器人关键技术研究方面，主要聚焦目标探测与定位技术、系统控制技术、自主导航技术及智能控制技术。

表2-15 农业机器人论文中出现频次较高的31个关键词的分类分析

关键词分类	关键词
机器人作业场景	挤奶机器人、收获机器人、采摘机器人、除草机器人、喷灌机器人、移动机器人、自主机器人
目标探测与定位技术	机器视觉、计算机视觉、遥感、双目立体视觉、双目立体匹配、雷达、模式识别、图像处理、图像分割、三维重建
系统控制技术	路径规划、路径跟踪、人机界面、多机器人、传感器融合、视觉伺服、模糊控制、凸壳算法、遗传算法、时间最优控制
自主导航技术	GNSS（全球导航卫星系统）、GPS（全球定位系统）
智能控制技术	机器学习、支持向量机

(1) 目标探测与定位技术　对作业对象的正确识别和定位是任何农业机器人正常工作的必要前提。从重要关键词来看，该方面的热点方法和技术主要涉及感知、测量和识别。其中雷达是一种重要的感知方法。测量方法则主要是双目立体视觉，它是机器视觉的一种重要形式，是计算机视觉的关键技术之一。识别技术主要包括图像处理、图像分割、三维重建和模式识别等。

(2) 系统控制技术　系统控制是机器人技术的一个重要方面。从关键词来看，该方面的研究主题有属于系统组织层面的路径规划、路径跟踪、人机界面技术；属于系统设计协调级别的传感器信息融合技术；属于系统执行层面的视觉伺服技术，它是视觉系统在机器人控制系统中的应用。此外，相关控制理论和算法的研究热点有模糊控制、时间最优控制、凸壳算法、遗传算法等。

(3) 自主导航技术　自主导航是农业机器人应具备的重要认知特性。为了尽可能有效且可靠地达到目标位置，机器人应能根据环境模型和目标位置确定自身的行走路径。从重要关键词来看，当前的研究热点是基于卫星的导航，而且是基于全球导航卫星系统，包括美国的 GPS。

(4) 智能控制技术　智能化是农业机器人未来的发展方向，其中的热点研究主题是机器学习及支持向量机，支持向量机是机器学习中与相关的学习算法有关的监督学习模型，可以分析数据，识别模式，用于分类和回归分析，它与神经网络类似，都是学习型的机制。

3. 国家竞争态势

(1) 论文数量领先的国家　中国和美国的农业机器人研究论文数量在国际上处于领先地位。2013—2018 年，农业机器人相关研究论文来自全球 52 个国家，其中论文数量排名前 10 的国家依次是中国、美国、西班牙、德国、澳大利亚、荷兰、以色列、意大利、英国和日本（图 2-11），这 10 个国家的论文数量合计 426 篇，约占全球农业机器人论文总量的 88%。在这 10 个领先国家中，中国和美国的论文数量最多，中国 94 篇，美国 89 篇。其余 8 个国家的论文数量都在 50 篇以下。

(2) 领先国家论文数量的年度变化　中国农业机器人研究产出增长势头强劲。2013—2018 年 10 个领先国家论文数量的年度变化图（图 2-12）显示，中国的论文数量逐年增加，而且增势明显，从 2013 年的 5 篇增加到 2018 年的 28 篇；排名也于 2014 年开始超过美国，跃居到第一位，此后除了 2016 年略低于美国外，其余各年均保持第一。美国的年度论文数量总体呈增长趋势，但波动相对比较大。其余各国呈波动状态，论文数量有限，增势不明显。

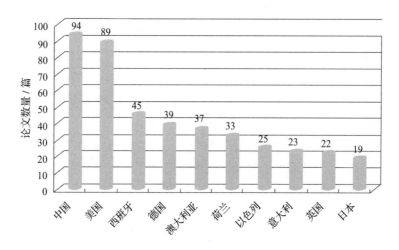

图 2-11 农业机器人研究论文数量排名前 10 的国家

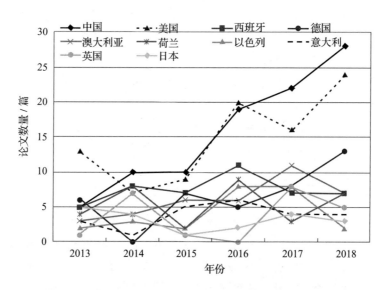

图 2-12 2013—2018 年 10 个领先国家论文数量的年度变化

（3）领先国家的热点研究主题 对比分析 10 个领先国家在收获、挤奶、采摘、除草和喷灌这 5 个应用场景热点研究主题的论文产出（图 2-13），结果显示，中国最关注收获机器人和采摘机器人；美国最关注挤奶机器人，其次是收获机器人和除草机器人；西班牙最关注采摘机器人，其次是挤奶机器人和除草机器人；德国关注喷灌机器人；澳大利亚、荷兰、英国比较关注挤奶机器人；以色列最关注收获机器人，其次是挤奶机器人；意大利关注除草机器人和喷灌机器人；日本关注收获机器人。

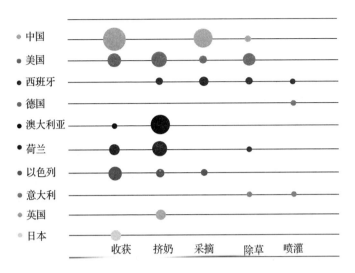

图 2 - 13　10 个领先国家在 5 个应用场景热点研究主题的论文数量比较

注：图中圆点的大小表示论文的多少，圆点越大，论文数量越多。

4. 机构竞争态势

（1）论文数量领先的机构　2013—2018 年，农业机器人相关研究论文数量最多的前 10 个机构依次是瓦格宁根大学暨研究中心（荷兰）、悉尼大学（澳大利亚）、江苏大学、奥胡斯大学（丹麦）、以色列农业研究组织、西班牙国家研究委员会、华南理工大学、加利福尼亚大学、佛罗里达大学和圭尔夫大学（加拿大）（图 2 - 14）。其中，来自中国和美国的机构分别有 2 个，另 6 个机构分别来自荷兰、澳大利亚、丹麦、以色列、西班牙和加拿大。荷兰瓦格宁根大学暨研究中心的论文数量最多，有 23 篇；其次是澳大利亚悉尼大学，有 19 篇；排名第三的是江苏大学，有 16 篇；其余机构介于 10～14 篇之间。

（2）领先机构的热点研究主题　对比分析 10 个领先机构在收获、挤奶、采摘、除草和喷灌这 5 个应用场景热点研究主题的论文数量（图 2 - 15），结果显示，瓦格宁根大学暨研究中心和悉尼大学关注挤奶机器人，江苏大学和华南理工大学重点关注采摘机器人。关注除草机器人的机构比较多，有圭尔夫大学、以色列农业研究组织、加利福尼亚大学、奥胡斯大学、江苏大学、佛罗里达大学和西班牙国家研究委员会。关注收获机器人的有以色列农业研究组织、瓦格宁根大学、华南理工大学、江苏大学和佛罗里达大学。此外，西班牙国际研究委员会还关注喷灌机器人研发。

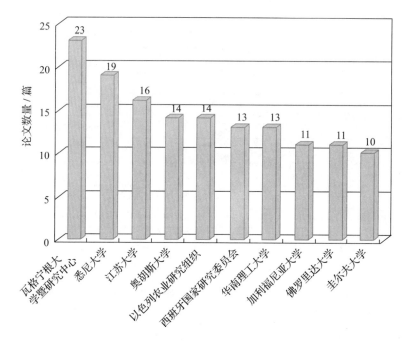

图 2-14 农业机器人相关研究论文数量最多的前 10 个机构

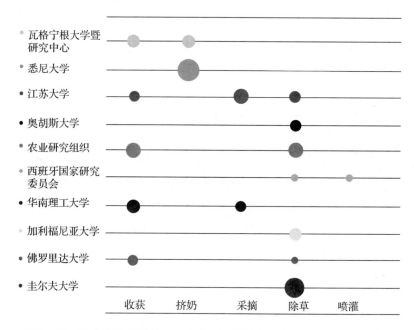

图 2-15 10 个领先机构针对 5 个应用场景热点研究主题的论文数量比较

注：图中圆点的大小表示论文的多少，圆点越大，论文数量越多。

2.4.2 科学研究前沿分析

在进行农业机器人总体态势分析时检索到的 484 篇农业机器人 SCI 论文的基础上，遴选出其中被引频次排名 Top10% 的论文 48 篇，经专家判读后选取其中 32 篇作为重点论文进行内容解读，然后在此基础上进行前沿聚类，其中 28 篇明显聚为 3 个研究前沿方向，分别是作业对象识别和定位算法优化（13 篇）、导航和路径规划算法优化（9 篇）以及作业对象的分选与监测研究（6 篇），针对的机器人类型主要有采摘机器人、挤奶机器人、除草机器人和喷药机器人。这 28 篇论文的通信作者来自 14 个国家的 24 个机构，其中中国和美国各有 5 篇，荷兰有 3 篇，西班牙、丹麦、意大利和智利各有 2 篇，其余 7 个国家各有 1 篇（表 2-16）。

表 2-16 农业机器人科学研究前沿 28 篇研究论文的来源国家和机构

排名	来源国家	论文数量（机构数量）	来源机构
1	中国	5/5	浙江大学 中国农业大学 江苏大学 上海交通大学 华南农业大学
2	美国	5/4	佛罗里达大学 加州大学戴维斯分校 佐治亚理工学院 威斯康星大学[*]
3	荷兰	3/1	瓦格宁根大学暨研究中心[#]
4	西班牙	2/2	莱里达大学 Valencian 农业研究所
5	丹麦	2/2	奥胡斯大学 奥尔堡大学
6	意大利	2/2	米兰大学 萨伦托大学
7	智利	2/1	费德里科圣玛丽亚理工大学[*]
8	澳大利亚	1	昆士兰理工大学
9	巴西	1	圣保罗大学
10	德国	1	Landtech 研究所
11	土耳其	1	比伦特埃杰维特大学（BEU）

(续)

排名	来源国家	论文数量（机构数量）	来源机构
12	以色列	1	巴依兰大学
13	印度	1	德里大学
14	英国	1	英格兰生物数学与统计学研究所

注：标"#"机构的论文有3篇，标"*"机构的论文有2篇，其余机构各有1篇。

1. 作业对象识别和定位算法优化

对作业对象的正确识别和定位是任何农业机器人正常工作的必要前提，但作业环境的复杂性和多变性等问题的存在，致使对作业对象进行识别和定位的问题尚未完全得到解决，作业对象识别和定位算法优化正是针对这一问题所开展的前沿研究。有13篇论文聚焦这方面的研究，旨在识别番茄、甜椒、苹果、柑橘、荔枝等蔬果以及杂草和作物病害等。这13篇论文来自7个国家的12个机构，中国有5篇，荷兰和美国各有2篇，其余4国各有1篇，其中荷兰的2篇论文来自同一个机构（表2-17）。

2. 导航和路径规划算法优化

随着GIS、GPS和各种传感器的广泛应用及相关技术的提高，农业机器人的自动导航越来越受到关注，而路径规划是自动导航系统的核心。要使农机能够完成在给定地块的作业任务，就必须预先规划一个作业参考路径，该参考路径的品质将直接影响作业质量。有9篇论文在研究导航和路径规划算法优化，包括基于图像传感器的颜色和深度信息的避障算法、粒子滤波自主导航算法、基于3D地图的路径规划算法、车辆转弯的稳定性和可靠性算法，以及引入无人机的轨迹稳定跟踪控制器算法等。这9篇论文来自8个国家的8个机构，其中智利有两篇，且来自同一所大学（表2-18）。

3. 作业对象的分选与监测研究

有6篇论文聚焦农业机器人作业对象的分选与监测研究，其中3篇主要关注果实的分选，涉及果实的计数、颜色分类、大小分类和成熟度分类等。具体研究包括：通过综合应用词袋模型和统计方法进行辣椒计数，根据颜色和大小对水果进行分类，以及采用Mamdani模糊推理系统构建基于模糊规则的番茄成熟度分类系统。另外3篇主要关注对作业对象的监测，涉及可以用于水产养殖的仿生机器鱼的研究、用于拟南芥幼苗育苗监测的育苗机器人的研究，以及用于牛奶产量和风险评估的挤奶机器人的研究。这6篇论文来自4个国家的5个机构，其中美国有3篇，其余国家各有1篇，美国的威斯康星大学有2篇，其余机构各有1篇（表2-19）。

第2章 基于文献计量的农业传感器与农业机器人国际研究态势分析

表2-17 农业机器人作业对象识别和定位算法优化研究前沿SCI高被引论文

原文题目	中文题目	被引频次/次	发表年	通信作者国家及机构
Vision-Based Control of Robotic Manipulator for Citrus Harvesting	基于视觉的柑橘收获机械手控制	45	2014	美国/佛罗里达大学
Robust Pixel-Based Classification of Obstacles for Robotic Harvesting of Sweet-Pepper	甜椒收获机器人具有鲁棒性的基于像素的障碍物分类	35	2013	荷兰/瓦格宁根大学暨研究中心
DeepFruits: A Fruit Detection System Using Deep Neural Networks	DeepFruits：一种基于深度神经网络的水果检测系统	32	2016	澳大利亚/昆士兰理工大学
Recognition of Clustered Tomatoes Based on Binocular Stereo Vision	基于双目立体视觉的番茄簇识别	25	2014	中国/浙江大学
A Proposal for Automatic Fruit Harvesting by Combining a Low Cost Stereovision Camera and a Robotic Arm	一种低成本立体视觉相机与机械臂结合的水果自动收获方案	19	2014	西班牙/莱里达大学
Co-Robotic Intra-Row Weed Control System	联合机器人行内杂草控制系统	19	2014	美国/加州大学戴维斯分校
Stem Localization of Sweet-Pepper Plants Using the Support Wire as a Visual Cue	利用支撑线作为视觉线索的甜椒植株茎段定位	19	2014	荷兰/瓦格宁根大学暨研究中心
Location of Apples in Trees Using Stereoscopic Vision	利用立体视觉技术定位树上的苹果	18	2015	中国/中国农业大学
Identification of Fruit and Branch in Natural Scenes for Citrus Harvesting Robot Using Machine Vision and Support Vector Machine	基于机器视觉和支持向量机的柑橘采摘机器人在自然场景中对果枝识别	17	2014	中国/江苏大学
Selective Spraying of Grapevines for Disease Control Using a Modular Agricultural Robot	用模块化农业机器人选择性喷洒葡萄进行病害防治	17	2016	意大利/米兰大学
Intelligent Versus Non-Intelligent Mechanical Intra-Row Weed Control in Transplanted Onion and Cabbage	洋葱和卷心菜移栽中智能与非智能机械行内杂草控制比较	15	2015	丹麦/奥胡斯大学
Robust Tomato Recognition for Robotic Harvesting Using Feature Images Fusion	利用特征图像融合的机器人收获的鲁棒性番茄识别	15	2016	中国/上海交通大学
Localisation of Litchi in an Unstructured Environment Using Binocular Stereo Vision	非结构化环境下荔枝的双目立体视觉定位	14	2016	中国/华南农业大学

表2-18 农业机器人导航和路径规划算法优化研究前沿SCI高被引论文

原文题目	中文题目	被引频次/次	发表年	通信作者国家及机构
Agricultural Robotics Unmanned Robotic Service Units in Agricultural Tasks	农业作业中农业机器人的无人驾驶机器人服务单元	36	2013	智利/圣玛丽亚费德里科大学
Laser Range Finder Model for Autonomous Navigation of a Robot in a Maize Field Using a Particle Filter	基于粒子滤波的玉米田间机器人自主导航激光测距模型	36	2014	荷兰/瓦格宁根大学暨研究中心
Obstacle Detection in a Greenhouse Environment Using the Kinect Sensor	利用Kinect传感器进行温室环境障碍物检测	30	2015	以色列/巴依兰大学
Trajectory Tracking Controller Design for Unmanned Vehicles: A New Methodology	一种新的无人机轨迹跟踪控制器设计方法	29	2014	智利/圣玛丽亚费德里科大学
Intelligent Coverage Path Planning for Agricultural Robots and Autonomous Machines on Three-Dimensional Terrain	三维地形下农业机器人和自主机器的智能覆盖路径规划	25	2014	丹麦/奥尔堡大学
Localization and Control of an Autonomous Orchard Vehicle	果园自主车的定位与控制	20	2015	智利/比伦特埃杰维特大学(BEU)
Optimized Routing on Agricultural Fields by Minimizing Maneuvering and Servicing time	通过最小化机动时间和服务时间优化农田路线	16	2013	巴西/圣保罗大学
Ambient Awareness for Agricultural Robotic Vehicles	农业机器人的环境意识	15	2016	意大利/萨伦托大学
Using Continuous-Curvature Paths to Generate Feasible Headland Turn Manoeuvres	利用连续曲率路径生成可行的田地垄起转弯动作	15	2013	德国/Landtech研究所

第2章 基于文献计量的农业传感器与农业机器人国际研究态势分析

表2-19 农业机器人作业对象的分选与监测研究前沿SCI高被引论文

原文题目	中文题目	被引频次/次	发表年	通信作者国家及机构
Bio-Inspired Aquatic Robotics by Untethered Piezo-hydroelastic Actuation	无束缚压电弹性驱动的仿生水生机器人	47	2013	美国/佐治亚理工学院
Automatic Fruit Recognition and Counting from Multiple Images	基于多图像的水果自动识别与计数	35	2014	英国/英格兰生物数学与统计学研究所
A High Throughput Robot System for Machine Vision Based Plant Phenotype Studies	基于机器视觉的植物表型研究的高通量机器人系统	20	2013	美国/威斯康星大学
Factors Associated with Increased Milk Production for Automatic Milking Systems	与自动挤奶系统牛奶产量相关的因素	16	2016	美国/威斯康星大学
Fuzzy Classification of Pre-Harvest Tomatoes for Ripeness Estimation - An Approach Based on Automatic Rule Learning Using Decision Tree	番茄收获前成熟度模糊分类的估计：一种基于决策树自动规则学习的方法	16	2015	印度/德里大学
Optimised Computer Vision System for Automatic Pre-grading of Citrus Fruit in the Field Using a Mobile Platform	基于移动平台的柑橘自动分级优化计算机视觉系统	16	2014	西班牙/Valencian农业研究所

2.4.3 工程研究前沿分析

首先利用检索式在工程索引数据库（EI）中检索到农业机器人相关研究论文593篇，通过标题映射找到其中同时被SCI数据库收录的论文有269篇，选取其中27篇被引频次位列Top 10%的高被引论文，并在余下仅被EI收录的324篇论文中遴选7种重点期刊（表2-20）上的36篇作为分析对象，进行工程前沿分析。

表2-20 农业机器人EI论文重点期刊及其论文数量

序号	重点期刊	论文数量（篇）
1	Journal of Robotics and Mechatronics	8
2	Environment and Food	7
3	Computers and Electronics in Agriculture	6
4	IEEE Robotics and Automation Letters	4
5	IEEE Robotics and Automation Magazine	4
6	Biosystems Engineering	4
7	Transactions of the ASABE	3
	总计	36

最后，经专家解读和工程前沿聚类，共有7篇重点论文聚焦三个工程前沿研究方向，即农业机器人架构研究、农业机器人终端执行器研究和农业机器人运行平台研究，所涉及的机器人类型主要是除草机器人和采摘机器人。这7篇论文的通信作者来自3个国家的7个机构，其中日本有4篇，西班牙有2篇，澳大利亚有1篇（表2-21）。

表2-21 农业机器人工程研究前沿重点EI论文的来源国家和机构

排名	来源国家	论文数量/机构数量	来源机构
1	日本	4	高知工科大学 筑山国立理工学院 农业机械化研究所 长崎工业技术中心
2	西班牙	2	西班牙国家研究委员会 塞维利亚大学
3	澳大利亚	1	昆士兰理工大学

1. 农业机器人架构研究

聚焦农业机器人架构研究的 3 篇论文分别来自西班牙国家研究委员会、西班牙塞维利亚大学和日本长崎工业技术中心（表 2-22）。主要研究内容包括除草机器人的行走和喷雾架构，以及用于芦笋犁沟导航的由移动小车组成的机器人架构。

表 2-22 农业机器人架构研究的相关重点 EI 论文

原文题目	中文题目	发表期刊	发表年	通信作者国家及机构
Autonomous Systems for Precise Spraying Evaluation of a Robotised Patch Sprayer	机器人喷头喷雾器精确喷雾评估自主系统	Biosystems Engineering	2016	西班牙/西班牙国家研究委员会
Highlights and Preliminary Results for Autonomous Crop Protection	自主作物保护的重点和初步结果	Computers and Electronics in Agriculture	2015	西班牙/塞维利亚大学
Asparagus Harvesting Robot	芦笋收获机器人	Journal of Robotics and Mechatronics	2014	日本/长崎工业技术中心

2. 农业机器人终端执行器研究

聚焦农业机器人终端执行器研究的 3 篇论文分别来自日本高知工科大学、澳大利亚昆士兰大学和日本筑山国立理工学院（表 2-23）。高知工科大学研究出一种用于园艺温室甜椒采摘的五自由度机械手，昆士兰大学设计了一种新颖的用于甜椒识别的末端执行器，筑山国立理工学院开发了一种只使用一个执行器来辅助多个关节运动的动力辅助机器。

表 2-23 农业机器人终端执行器研究的相关重点 EI 论文

原文题目	中文题目	发表期刊	发表年	通信作者国家及机构
Autonomous Sweet Pepper Harvesting for Protected Cropping Systems	保护性耕作系统中甜椒的自主采收	IEEE Robotics and Automation Letters	2017	日本/高知工科大学
Design, Modeling and Performance Testing of End-Effector for Sweet Pepper Harvesting Robot Hand	甜椒采摘机械手端部执行器的设计、建模与性能测试	Journal of Robotics and Mechatronics	2013	澳大利亚/昆士兰理工大学

(续)

原文题目	中文题目	发表期刊	发表年	通信作者 国家及机构
Development of Power-Assist machine Using Linkage Mechanism	连杆机制助力机的研制	Journal of Robotics and Mechatronics	2014	日本/筑山国立理工学院

3. 农业机器人运行平台研究

有 1 篇来自日本农业机械化研究所的论文聚焦农业机器人运行平台研究，该研究所研制了一种滚筒式悬挂工作台和行走平台，为草莓采摘机器人的运行提供了适宜的空间环境（表 2-24）。

表 2-24　农业机器人运行平台研究的相关重点 EI 论文

原文题目	中文题目	发表期刊	发表年	通信作者 国家及机构
Structural Environment Suited to the Operation of a Strawberry-Harvesting Robot Mounted on a Travelling Platform	一种适合于草莓采摘机器人在行走平台上运行的结构环境	Engineering in Agriculture, Environment and Food	2013	日本/农业机械化研究所

2.5　总结

基于以上分析，近 5 年来，由于智能农业的发展，农业传感器和农业机器人的研究越来越受到关注，其研究论文数量逐年增加，呈现出蓬勃发展的上升趋势。

2.5.1　热点研究主题

农业传感器热点研究主题包括以生物传感器、电化学传感器、光学传感器和仿生传感器为重点的传感器研发，以金纳米粒子、石墨烯、氧化石墨烯、核酸适配体和分子印迹聚合物为重点的敏感材料研究，以土壤湿度、植被指数、蒸发蒸腾量、杀虫剂、温度和叶面积指数测定及食品安全监测为重点的应用研究，以及以纳米材料修饰技术、遥感技术、荧光技术、修饰电极技术、伏安法、量子点技术、表面等离子共振技术等为重点的传感器技术开发。

农业机器人的热点研究主题是挤奶机器人、收获机器人、除草机器人、采摘机器人和喷灌机器人，以及移动机器人和自主机器人的相关技术研究。研究内容包括目标探测与定位技术、系统控制技术、自主导航技术及智能控制技术。目标探测与定位技术主要涉及雷达技术、双目立体视觉、图像处理和分割技术及三维重建和模式识别；系统控制技术主要涉及路径规划、路径跟踪、人机界面技术、信息融合技术和视觉伺服技术及一些控制理论和算法；自主导航技术主要是基于全球导航卫星系统的导航技术；智能控制技术主要包括机器学习及支持向量机。

2.5.2 国家竞争态势

中国和美国在农业传感器和农业机器人SCI研究论文产出上均远远领先其他国家，依次占据了前两位，并且论文数量呈逐年上升趋势。其中，中国论文数量增势强劲，表现出较高的研究活跃度。农业传感器科学研究前沿与工程研究前沿论文领先国家均为中国和美国。农业机器人科学研究前沿论文数量主要领先国家是中国和美国，工程研究前沿论文数量的领先国家是日本。

来自中国和美国的机构也表现突出，在农业传感器和农业机器人领域两国均分别有3个和2个机构进入前10位。在农业传感器领域，中国科学院、美国农业部农业研究局、加利福尼亚大学、中国农业大学和浙江大学依次占据了前5位，佛罗里达大学为第8位，其中中国科学院的论文数量增长势头最为强劲。在农业机器人领域，江苏大学名列第3（排名前两位的是荷兰的瓦格宁根大学暨研究中心和澳大利亚的悉尼大学），华南理工大学、加利福尼亚大学、佛罗里达大学分列第7~9位。

2.5.3 科学研究前沿

农业传感器科学研究前沿主要集中在农业生物信息监测、食品安全检测、农田环境监测和食品品质检测等领域传感器的研发上，涉及的传感器类型有生物传感器、电化学传感器、化学传感器、光学传感器、气敏传感器、图像传感器等。前沿技术有纳米材料修饰技术、遥感技术、微电极技术、免疫传感技术、多传感器融合技术、图像处理技术、荧光技术、热成像技术、DNA 传感技术、量子点发光技术及无线传感器网络技术等。

农业机器人科学研究前沿主要集中在采摘机器人、挤奶机器人、除草机器人和喷药机器人的研发上，涉及三个研究方向，包括作业对象识别和定位算法优化、导航和路径规划算法优化以及作业对象的分选与监测研究。作业对象识别和定位算法优化主要涉及基于机器视觉、图像、立体视觉、神经网络等，对番茄、甜椒、苹果、柑橘、荔枝等蔬果及杂草进行识别和检测；导航和路径规划算法优化主要涉及基于图像的避障算法、粒子滤波自主导航算法及保持机器人稳定性的算法等；作业对象的分选与监测研究主要是通过模型和统计方法，对果实进行计数、颜色分类、大小分类和成熟度分类等。

2.5.4 工程研究前沿

农业传感器工程研究前沿聚焦 4 个方向：基于遥感技术的传感系统研究，用于估算和分析农作物的叶片面积、种植密度、播种时间等，监测土壤的含水率、盐分、氮肥和受侵蚀状况，农用机械的自动导航和辅助定位等，涉及的技术有图像分析技术、光谱分析技术、定位技术和多传感器分析技术等；无线传感器网络的构建与应用，用于自动精准灌溉系统、温室番茄管理系统、蜜蜂养殖监测系统、水产养殖系统及仓库管理体系等，具体研究内容涉及传感器网络的集成架构、能耗与供电和通信互联技术等；传感器柔性电极的研制与应用，用于监测生物和生鲜产品的生理参数，如养殖动物的呼吸频率，新鲜农产品的呼吸速率、呼吸熵和低氧限度及牛的跛足等，所研究的柔性材料主要有导电聚合物、棉纤维、碳纳米材料、银纳米、碳化棉织物等；基于无人机的传感器系统研究，用于田间管理、氮肥检测、温室内环境参数监控、作物参数监控、杂草检测等。涉及的主要技术有光谱技术、机载高光谱图像与地面光学传感器融合技术、作物表型监测技术、集成图像采集技术、图像分析技术以及相关算法优化、光谱分析和热量参数估算等。

农业机器人工程研究前沿主要集中在采摘机器人、除草机器人、种植机器人、盆栽机器人、病虫害监测机器人的相关研发上，主要聚焦三个研究方向，即农业机器人架构研究、农业机器人终端执行器研究及农业机器人运行平台研究。

2.5.5 启示

我国在农业传感器和农业机器人 SCI 研究论文的产出总量上占有很大优势，位居第一。另外，在这两个领域科学研究前沿的论文产出上也都名列第一，表明我国在这两个领域已经具备了较好的研究基础。但我国在农业机器人工程研究前沿上缺乏重要研究，工程前沿研究论文数量相对较少，未来有待加强。

从研究热点和前沿研究来看，我国在农业传感器和农业机器人的研究布局上更侧重于对相关材料、技术、方法等的探索性研究，缺乏系统性应用研究，需整合研究力量，加强具有实用性的、切实能在农业实践中发挥作用的农业传感器和农业机器人的研究。

此外，从研究前沿论文来源机构来看，来源机构数量众多，我国每个机构基本上都只有 1 篇前沿重点论文，表明我国在农业传感器和农业机器人领域的研究力量比较分散，缺乏有国际影响力的重点机构。

第 3 章 农业机械高新技术产业专利分析报告

Chapter Three

3.1 研究方法

3.1.1 数据检索

1. 主要检索资源

（1）智慧芽全球专利数据库　该专利数据库已经涵盖了全球 109 个国家与地区的近 1.3 亿条专利数据，并进行实时更新。大部分数据进行了深加工，部分专利数据提供标题的中英文翻译。

（2）TotalPatent®专利数据库　该数据库包含 96 个国家、地区或组织的专利数据，包含全文数据、说明书附图、法律状态信息、专利引证信息和专利同族信息；在数据处理时将非英语语种的专利全文翻译成了英文。

（3）德温特世界专利索引（Derwent World Patents Index）　该数据库的特点为：

1）包含超过 2290 万份专利文献。
2）包含超过 1120 万份发明创造的详细介绍。
3）包含 40 余个国家、地区或组织的专利信息。
4）数据每周更新。
5）时间可追溯到 1963 年。

2. 数据库的选择

利用科技文献数据库进行背景调研，通过智慧芽全球专利数据库进行专利的检索和数据处理，使用国家知识产权局专利检索系统和 CNIPR 专利信息服务平台进行国内专利的补充检索和验证，并通过 TotalPatent 和德温特专利数据库进行国外专利的补充和验证。

3. 专利检索策略

（1）总—分—补充—汇总的检索策略　为保证几大重点经济区专利检索的全面性，先使用广泛扩展的关键词和分类号在智慧芽专利数据库中进行初步检索，再从检索结果中去除检索噪声与不重要或不相关的专利，筛选重要关键词和分类号并扩大检索数据库再进行补检。合并筛选后的初检结果与补检结果，得到经济区相关的目标专利，并对这些目标专利进行进一步的分析。

（2）技术沟通与检索范围的确定　在编制检索策略前，专利检索分析师仔细研读技术背景和技术要点，对农业机械领域的非专利文献、背景、发展状况、技术发展现状等情况进行产业调研。在检索分析师熟悉了各领域的产业划分以后，开始制订检索策略。具体检索策略详见 3.4 节的附件 8。

3.1.2　数据处理与分析

1. 数据去噪声

首先，专利检索主要是通过关键词、分类号、主要专利权人、发明人等信息进行编辑语言组合检索，由于国际分类号并不能针对行业细分得特别细致，检索过程中容易产生较多的噪声；其次，专利文献本身的书写和表达方式不同，使得抓取检索关键词时也会引入部分噪声；第三，国外申请人在书写及翻译上的问题也容易产生一定的噪声。因此，针对不同类型的噪声，应采用不同的方式来去噪。

主要的去噪声的方式：①利用分类号与关键词组合去掉单一检索带来的噪声；②利用同部、不同类、不相关的分类号去除噪声；③利用相关性比较高的关键词、申请人和发明人等组合检索方式去除噪声。

2. 数据分析

通过数据检索及噪声处理后，需要对检索的数据进行统计，对检索的数据显示的特征进行分析，找出专利申请和技术发展、技术布局等的趋势和规律，对整个产业、技术、竞争情况加以展示和揭露。

3. 术语说明

同族专利：由至少一个共同优先权联系的一组专利文献，称为一个专利族（Patent Familys）。在同一专利族中每件专利文献被称作专利族成员（Patent Family Members），同一专利族中每件专利互为同族专利。在同一专利族中具有最早优先权的专利文献称为基本专利。

有效专利：在被本报告检索截止日，专利权处于有效状态的专利申请。

无效专利：在被本报告检索截止日，专利权处于无效状态的专利申请。

失效专利：在被本报告检索截止日，专利权处于已经失效状态的专利申请。

专利优先权：专利申请人就其发明创造第一次在某国提出专利申请后，在法定期限内，又以相同主题的发明创造提出专利申请时，根据有关法律规定，可申请以第一次专利申请日期作为其申请日，专利申请人依法享有的这种权利，就是优先权。专利优先权的作用在于，排除在其他国家抄袭此专利者，有抢先提出申请并取得注册的可能。

被引频次：被引频次也称被引项数、引证次数、引证项数、被引频率等，指的是某个专利文献在首次公开之后，被后续专利文献引用的总次数。例如，专利文献 A 在 1990 年首次公开后，于 1998 年被引用了 3 次，于 2000 年被引用了 2 次，于 2018 年被引用了 2 次，则截至 2018 年，专利文献 A 被引频次为 7 次。被引频次是评价专利重要性时最为常用的指标，主要原因在于技术的研发一般需要在现有技术的基础上进行，通常基于重大的开拓性发明或技术进行改进。这一点则在被引频次高的专利文献上得到了反映。

4. 公司名称说明

专利检索按申请人进行统计时，会因为企业在不同地区注册的公司名称的差异，而导致同一企业在专利统计时呈现数个统计结果。例如，久保田这家企业在作为申请人时，会出现久保田株式会社、久保田农业机械有限公司、久保田有限公司等名称，所以本文在做申请人分析时，统一使用企业申请专利时使用的名称而不做翻译。由于国外企业名称翻译后的表达方式较多，因此在文中国外企业名称使用简称（表3-1）。

表3-1 企业全称对应的简称

企业名称	外文名称	简称
久保田株式会社	株式会社クボタ	久保田

(续)

企业名称	外文名称	简称
久保田有限公司	KUBOTA. Co.	久保田
约翰迪尔有限责任公司	JOHN DEERE	约翰迪尔
井关农机株式会社	農業機械専業メーカー	井关农机
德国克拉斯农机公司	CLAAS KGAA mBH	克拉斯
洋马株式会社	ヤンマー株式会社	洋马农机
富世华机械制造有限公司	Husqvarna CORP.	富世华
马斯兰股份有限公司	Maasland N. V.	马斯兰
利拉伐集团	DeLaval Holding Corp.	利拉伐

3.2 农业传感器专利分析

截至 2018 年 9 月 30 日，农业传感器现已公开的专利申请总量约为 75169 件。

3.2.1 技术发展路线分析

1. 全球专利技术发展情况分析

农业传感器的发展大体分为 4 个阶段：

（1）技术萌芽期（1937—1973 年） 这一时期应用于农业领域的传感器技术处于萌芽期，专利申请量很少，1967 年以前年专利申请量低于 10 件，直到 1973 年，年专利申请量仍未突破 100 件。美国的农业传感器专利申请量占世界农业传感器专利申请量的 25% 以上，英国的农业传感器专利申请量接近 40%，德国、澳大利亚、法国也有相当数量的农业传感器专利申请。总的来说，技术萌芽期农业传感器相关技术主要集中在英国和美国，专利申请大多围绕着农用机械装置，专利申请量较多的申请人有 Hydroculture、Robert Bosch（罗伯特·博世有限公司）、Massey Ferguson。其中，Hydroculture 的专利申请主要集中在传感器应用于植物水培装置方面；Robert Bosch 的相关专利申请主要集中在传感器应用于农业机械装置方面；Massey Ferguson 的相关专利申请主要集中在传感器应用于收割机/收获机、粮食分离装置方面,还有部分专利申请涉及传感器在拖拉机、农用车上的应用(图3-1)。

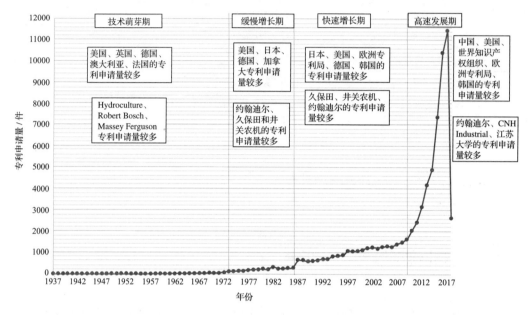

图3-1 全球技术发展情况

技术萌芽期比较典型的专利申请:申请人 Pye Marine Limited and Societe Generale D'Electricite et de Radio 于1954年申请的 Submarine Echo-Sounding Apparatus for Fishing Vessels(AU206673B),该专利主要是保护了钓鱼的水下探测装置;Pye LTD. 于1970年申请的 Electronic Moisture Sensor for Vegetation Sprinkler System(AU1970023404),该专利保护的是传感器的结构(表3-2)。

表3-2 全球技术发展中高被引频次专利

发展阶段	时间	主要专利和被引频次较高的专利			被引频次/次
		专利号	专利名称	申请人	
技术萌芽期	1937—1973年	AU206673B	Submarine Echo-Sounding Apparatus for Fishing Vessels	Pye Marine Limited and Societe Generale D'Electricite et de Radio	无
		AU1970023404	Electronic Moisture Sensor for Vegetation Sprinkler System	Pye Ltd.	无

(续)

发展阶段	时间	主要专利和被引频次较高的专利			被引频次/次
		专利号	专利名称	申请人	
缓慢增长期	1974—1986年	US4114647	Fluid Control System and Controller and Moisture Sensor Therefor	Burwell Celevatoron J	85
		US4209131	Computer Controlled Irrigation System	Motorola Inc.	246
		US4769700	Robot Tractors	Diffracto Ltd.	215
		US4401909	Grain Sensor Using a Piezoelectric Element	Dickey John Corporation	124
		US4137931	Conduction Type Soil Matric Potential Sensor	Hasenbeck Harold W	73
快速增长期	1987—2009年	US5053774	Transponder Arrangement	Texas Instruments Deutschland GmbH	713
		US5204814	Autonomous Lawn Mower	Mobot Inc.	460
		US4854328	Animal Monitoring Telltale and Information System	Pollack; Philip	369
		US5482008	Electronic Animal Identification System	Stafford; Rodney A. Kilroy; Michael M.	356
		US6445983	Sensor-Fusion Navigator for Automated Guidance of off-Road Vehicles	Case Corporation	355
		US5214409	Multi-Memory Electronic Identification Tag	Avid Corporation	354
		US5995895	Control of Vehicular Systems in Response to Anticipated Conditions Predicted Using Predetermined Geo-Referenced Maps	Case Corporation	342

(续)

发展阶段	时间	主要专利和被引频次较高的专利			被引频次/次
		专利号	专利名称	申请人	
快速增长期	1987—2009年	US6199000	Methods and Apparatus for Precision Agriculture Operations Utilizing Real Time Kinematic Global Positioning System systems	Trimble Navigation Ltd.	342
		US6255793	Navigation Method and System for Autonomous Machines with Markers Defining the Working Area	Friendly Robotics Ltd.	323
		US5135759	Method to Preselect the Sex of Offspring	The United States of America as Represented by the Secretary of Agriculture	313
		US20020156556A1	Multifunctional Mobile Appliance	Ruffner Bryan J.	295
		US6339735	Method for Operating a Robot	Friendly Robotics Ltd.	285
		USRE36528	Optical Scanning Head	Symbol Technologies Inc.	279
		US5927603	Closed Loop Control System, Sensing Apparatus and Fluid Application System for a Precision Irrigation Device	J. R. Simplot Company	271
		US5606850	Outdoor Working Automating System	Sakura Rubber Co., Ltd.	255
		US5673647	Cattle Management Method and System	Micro Chemical Inc.	252
		US4919224	Automatic Working Vehicular System	Industrial Technology Research Institute	247
		US6128574	Route Planning System for Agricultural Work Vehicles	Claas Kgaa mBH	245

(续)

发展阶段	时间	主要专利和被引频次较高的专利			被引频次/次
		专利号	专利名称	申请人	
快速增长期	1987—2009年	US6236924	System and Method for Planning the Operations of an Agricultural Machine in a Field	Caterpillar Inc.	245
		US5463595	Portable Security System for Outdoor Sites	Rodhall; Arne Taylor; Donald E.	234
		US6070539	Variable Rate Agricultural Product Application Implement with Multiple Inputs and Feedback	Case Corporation	233
		US6385515	Trajectory Path Planner for a Vision Guidance System	Case Corporation	232
		US5465525	Intellectual Working Robot of Self Controlling and Running	Tomokiyo White ant Co. Ltd.	226
		US6553299	Methods and Apparatus for Precision Agriculture Operations Utilizing Real Time Kinematic Global Positioning System Systems	Trimble Navigation Ltd.	224
		US5631658	Method and Apparatus for Operating Geography-Altering Machinery Relative to a Work Site	Caterpillar Inc.	223
		US6061617	Adaptable Controller for Work Vehicle Attachments	Case Corporation	218

(续)

发展阶段	时间	主要专利和被引频次较高的专利			被引频次/次
		专利号	专利名称	申请人	
快速增长期	1987—2009年	US4887415	Automated Lawn Mower or Floor Polisher	Martin; Robert L.	216
		US6338013	Multifunctional Mobile Appliance	Ruffner Bryan John	213
高速发展期	2010年至今	WO2011 098454A1	AN Animal Treating Arrangement	Delaval Holding AB	80
		US2011 0035059A1	Method and System for Irrigation and Climate Control	Climateminder Inc.	77
		CN1021 65880A	一种自主导航的履带式移动水果采摘机器人及水果采摘方法	南京农业大学	64

（2）缓慢增长期（1974—1986年） 这一时期农业传感器领域的专利申请量缓慢增长，1974年的专利申请量突破100件，但直到1986年，年专利申请量均在300件以内。这一时期专利技术主要集中在农产品收割器械、灌溉控制、拖拉机、割草机、播种器械等领域。美国、日本、德国、加拿大在农业传感器技术上有了较大发展，美国专利申请量占比超过20%，日本、德国、英国专利申请量占比均超过10%。约翰迪尔、久保田和井关农机在这一时期申请了较多的专利。

约翰迪尔的相关专利申请主要集中在传感器应用于农用整地工具车、收割机、拖拉机、牵引车方面；久保田的相关专利申请有少量技术主题涉及传感器本身，如牵引负载传感器、倾斜传感器、障碍物检测传感器、种子传感器等，大多专利申请的主题为农用机械设备，如中耕机、农用工作车辆、拖拉机、牵引机、服务车、收割机、播种机、水果收获机等；井关农机的专利申请技术主题涉及传感器本身的较多，如深度传感器、方向传感器、施肥控制传感器、播种机传感器、颗粒检测传感器、超声波传感器、高度传感器、谷物检测传感器等，传感器应用方面主要集中在传感器应用于旋耕机、收割机、播种机、移栽机等农用机械设备上。

缓慢增长期被引频次较高的专利：Motorola Inc.（美国摩托罗拉公司）于1978年申请的Computer Controlled Irrigation System（US4209131），被引频次为246次，该专利主要保护了一种计算机控制灌溉系统；加拿大Diffracto Ltd.于1984年申请的Robot Tractors（US4769700），被引频次为215次，该专利主要保护了一种机器人拖拉机；以色列Dickey-John Corporation于1981年申请的Grain Sensor Using A Piezoelectric Element（US4401909），被引频次为124次，该专利主要保护了应用于谷物传感器的压电元件；加拿大Burwell Celevatoron J于1976年申请的Fluid Control System and Controller and Moisture Sensor Therefor（US4114647），被引频次为85次，该专利主要保护了一种流体控制系统及相关湿度传感器；加拿大Hasenbeck Harold W于1977年申请的Conduction Type Soil Matric Potential Sensor（US4137931），被引频次为73次，该专利主要保护了一种传导式的土壤基质传感器。

（3）快速增长期（1987—2009年）　该时期的农业传感器专利申请量呈现快速增长趋势，年专利申请量在500～1700件之间，2009年突破1600件。该时期农业传感器专利技术主题除了传统的拖拉机、收割机、割草机、灌溉系统外，在移栽机械、温床/温室、脱粒等领域也有较多的专利申请。农业传感器专利申请量排名前5位的分别为日本、美国、欧洲专利局、德国、韩国，其中日本专利申请量占比接近30%，美国专利申请量占比略有下降，约为17%；欧洲专利局、韩国专利局受理的专利申请量增幅较大，欧洲专利局专利申请量占比接近10%。

在专利申请人方面，久保田、井关农机、约翰迪尔的农业传感器专利申请量位居前列。其中，久保田相关专利申请的技术主题主要为农用机械设备，如应用于稻田的移栽机械、插秧机、耕耘机、稻田工作车辆等，此外还涉及拖拉机、收割机等，有关传感器本身的专利申请量较少，如作物行检测器；井关农机相关专利申请的技术主题主要为农用机械设备，如农业作业机、栽植机、拖拉机、收割机、插秧机、育苗机、脱粒机、捆草机等，此外还涉及烟草探测器；约翰迪尔的相关专利申请技术在联合收割机、压捆机方面较为突出，此外还有较多专利申请涉及播种器械等，有关传感器本身的专利申请量较少，如谷物水分传感器、力传感器、种子传感器、颗粒传感器、高度传感器等。此外，在这一时期，洋马农机、三菱农机的专利申请量涨幅较大，分别位居第4、第5。其中洋马农机的专利技术涉及收割机、插秧机、移植机、农业作业机、农用工作车辆等，在移植机械领域表现较为突出，除了插秧机外，还有蔬菜移植机，而有关传感器本身的专利申请量较少，如空仓库存传感器、泥泞表面硬度传感器、超声波传感器等。

这一时期被引频次超过 200 次的专利申请有 28 件，比较典型的被引频次较高的专利有：Texas Instruments Deutschland Gmbh 于 1991 年申请的 Transponder Arrangement（US5053774），被引频次高达 713 次，该专利主要保护一种应答装置；Case Corporation 于 2000 年申请的 Sensor-Fusion Navigator for Automated Guidance of off-Road Vehicles（US6445983），被引频次为 355 次，该专利主要保护了一种用于自动引导越野车辆的传感器导航仪；Mobot Inc. 于 1990 年申请的 Autonomous Lawn Mower（US5204814），被引频次为 460 次，该专利主要保护了一种自动草坪割草机；加拿大 Avid Corporation 于 1991 年申请的 Multi-Memory Electronic Identification Tag（US5214409），被引频次为 354 次，该专利主要保护了一种多存储器的电子识别标签；日本的 Tomokiyo White ant Co. Ltd. 于 1994 年申请的 Intellectual Working Robot of Self Controlling and Running（US5465525），被引频次为 226 次，该专利主要保护了一种自控制和运行的智能作业机器人。

（4）高速发展期（2010 年至今） 2010 年后，农业传感器相关专利申请量进入高速增长阶段，这一阶段专利申请量基本上翻了一番，年专利申请量都超过 2000 件，2016 年的专利申请量已突破 10000 件。无线射频技术（RFID）开始出现，追踪型表面声波技术也开始应用于 3D 定位设备中；用于检测农作物营养、污染等的生物检测传感器的专利申请量增长较多；云平台技术也开始出现在专利申请中。其他主题还包括栽培控制系统、数字农业灌溉系统、食品干燥机械、蚯蚓培养设备等。

中国、美国、世界知识产权组织、欧洲专利局、韩国的农业传感器相关专利申请量增长较快，日本在该时期的相关专利申请量大幅下滑，位居第 6。中国农业传感器相关专利申请量占比超过 2/3，美国相关专利申请量占比不到 9%，其余国家、地区和组织的相关专利申请量占比均低于 5%。

在专利申请人方面，约翰迪尔的农业传感器相关专利申请量重回首位，CNH Industrial、江苏大学分别位居第 2、第 3。其中，约翰迪尔的相关专利申请技术在联合收割机、压捆机领域仍保持优势，在播种领域有了较大发展，有关传感器本身的专利申请涉及的技术主题有种植深度传感器、土壤传感器、张力传感器、种子检测传感器、密封传感器、材料收集传感器、限位传感器、边界传感器、流量传感器、高度传感器、行传感器、湿度传感器、颗粒碰撞传感器等；CNH Industrial 的相关专利申请技术主要集中在压捆机、联合收割机领域，有关传感器本身的专利申请涉及的技术主题有 SWATH 传感器、高度传感器、牧草收割机条带传感器、光学传感器、谷物级别传感器、谷物水平传感器等；江苏大学的相关专利申请技术主要集中在移栽机械、播种机械、收获机、采摘装置、灌溉系统、喷药机械等领域，有关传感器本身的专利申请涉及的技术主题有谷物损失监测传感器、微粒物性分析多维光信息传感器、可视化味觉和嗅觉融合传感器、测量植物叶片临界冻害温度的传感器、籽粒计数传感器等。

该时期被引频次较高的专利技术：西班牙 Delaval Holding AB 于 2011 年申请的 An Animal Treating Arrangement（动物处理装置，申请公开号为 WO2011098454A1），被引频次为 80 次；加拿大 Climateminder Inc. 于 2010 年申请的 Method and System for Irrigation and Climate Control（用于灌溉和气候控制的方法和系统，申请公开号为 US20110035059A1），被引频次为 77 次；南京农业大学于 2011 年申请的"一种自主导航的履带式移动水果采摘机器人及水果采摘方法"（申请公开号为 CN102165880A），被引频次为 64 次，该专利申请技术使国内水果采摘真正实现了完全自动化、无人化。

2. 中国专利技术发展情况分析

（1）中国专利申请趋势分析　中国农业传感器技术领域发展主要分为 3 个阶段。

1）技术萌芽期（1985—2003 年）。这一时期，中国应用于农业领域的传感器技术处于萌芽阶段，专利申请量很少，1990 年之前，年专利申请量低于 10 件，直到 2003 年，年专利申请量仍未突破 100 件。中国农业传感器专利申请大多集中在灌溉系统、温室施肥、温室控制系统、蚂蚁蚊虫驱赶/杀灭装置、鱼类养殖相关装置等。相关专利申请量排名前六位的省市分别为北京、广东、辽宁、山东、四川和江苏，北京相关专利申请量在全国占比约为 17%，广东相关专利申请量占比不到 10%。申请人方面，久保田的相关专利申请量最多，专利申请技术主题主要为水田作业机、联合收割机、插秧机等（图 3-2）。

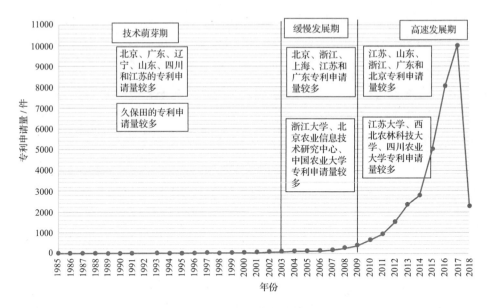

图 3-2 中国技术发展情况

比较典型的高被引频次专利：天津市水利科学研究所于 2003 年申请的"温室滴灌施肥智能化控制系统"（CN1430876A），被引频次为 32 次，该专利提供了一种可对现代农业规模化温室蔬菜、花卉生产的灌溉、施肥进行自动控制的温室滴灌施肥智能化控制系统（表 3-3）。

2）缓慢发展期（2004—2009 年）。这一时期农业传感器领域的专利申请量缓慢增长，2004 年的专利申请量突破 100 件，2009 年的年专利申请量为 386 件。农业传感器相关专利申请仍集中在应用领域，除了传统的灌溉、温室领域外，应用于种植、采摘领域的相关技术也逐渐发展起来。此外，随着网络、自动化等相关技术的发展，基于无线传感器的相关农业设备/装置获得了快速发展。

相关专利申请量排名前五位的省市分别为北京、浙江、上海、江苏和广东，其中北京相关专利申请量占比约为 18%，浙江相关专利申请量占比约为 13%，上海相关专利申请量占比不到 10%。

在这一时期，国内申请人专利申请量有了较大发展，农业传感器领域的专利申请量排名前三位的申请人均为国内申请人，分别是浙江大学、北京农业信息技术研究中心、中国农业大学。其中，浙江大学的相关专利申请技术集中在果园网络监测系统、移栽系统、淋水装置、割草机、播种机械、水果缺陷监测装置、温室控制系统、网箱控制系统等方面，传感器本身的技术主题有聚吡咯气敏元件、聚吡咯和金属纳米颗粒复合气敏元件、聚吡咯和碳纳米管复合气敏元件；北京农业信息技术研究中心的相关专利申请技术集中在农药喷洒装置、施肥控制机械、灌溉机械方面，传感器本身的技术主题有植物微量生长传感器；中国农业大学的相关专利申请技术集中在收割机、播种机、灌溉施肥控制系统、果袋摘除装置、嫁接装置等方面，传感器本身的技术主题有土壤坚实度传感器、秸秆导向探测装置、土壤水分测量传感器、湿度传感器。

该时期比较典型的专利申请有：江苏大学于 2008 年申请的"柑橘采摘机器人的柔性采摘装置和方法"（CN101273688A），被引频次为 77 次；深圳市宝安区农业科学技术推广中心于 2004 年申请的"远程无线作物信息反馈和可控环境农业智能化系统"（CN1559175A），被引频次为 47 次；浙江大学于 2007 年申请的"基于机器视觉的幼苗移栽系统"（CN101180928A），被引频次为 36 次；西安迅腾科技有限责任公司于 2009 年申请的"基于无线传感器网络的果园种植监测系统及其监测方法"（CN101661664A），被引频次为 30 次。

3）高速发展期（2010 年至今）。2010 年后，中国农业传感器相关专利申请进入高速发展期，这个阶段的专利申请量约占中国农业传感器历史总申请量的 95%。2010 年的相关专利申请量不到 700 件，2017 年的相关专利申请量已突破 10000 件。该时期，中国农业传感器相关专利申请技术仍集中在应用领域，随着自动化农业、智能农业的快速兴起，自主导航、自动控制、智能监控、智能调节等技术开始广泛应用在农作物采摘、作物生长环境控制、浇灌等领域中。

这一时期，农业传感器相关专利申请量排名前五位的省市分别为江苏、山东、浙江、广东和北京，其中江苏相关专利申请量占比约为 13%，山东、浙江和广东的相关专利申请量占比相差不大，在 8%~9% 之间，北京相关专利申请量占比约为 5%。国内申请人的相关专利申请量有了很大增长，专利申请量排名前十位的申请人依次为江苏大学、西北农林科技大学、四川农业大学、中国农业大学、国家电网有限公司、浙江大学、山东农业大学、农业部南京农业机械化研究所、北京农业智能装备技术研究中心、华南农业大学。其中，江苏大学的相关专利申请技术主要集中在移栽机械、播种机械、收获机、采摘装置、灌溉系统、喷药机械等领域，传感器本身的专利申请涉及的技术主题有谷物损失监测传感器、微粒物性分析多维光信息传感器、可视化味觉和嗅觉融合传感器、测量植物叶片临界冻害温度的传感器、籽粒计数传感器等；西北农林科技大学的相关专利申请技术集中在传感器应用领域，如作物（水果、蔬菜、马铃薯）采摘相关机械、温室控制相关系统、浇灌机械、施肥机械、除草剂、果园作业机、播种机等；四川农业大学的相关专利申请技术集中在传感器应用领域，如浇灌装置、培养器、栽培装置、温室相关装置、动物养殖/喂养装置等。

该时期被引频次比较高的专利有：南京农业大学于2011年申请的"一种自主导航的履带式移动水果采摘机器人及水果采摘方法"（CN102165880A），被引频次为64次；广东顺德宸熙物联科技有限公司于2012年申请的"一种基于物联网和云计算技术的智能温室监控系统"（CN202602714U），被引频次为42次；江苏农林职业技术学院于2012年申请的"一种微型封闭式植物种植环境因子智能调节系统"（CN103034210A），被引频次为32次。

表3-3 中国技术发展中高被引频次专利

发展阶段	时间	主要专利和被引频次较高的专利			
		申请公开号	专利名称	申请人	被引频次/次
萌芽期	1985—2003年	CN1430876A	温室滴灌施肥智能化控制系统	天津市水利科学研究所	32
缓慢发展期	2004—2009年	CN101273688A	柑橘采摘机器人的柔性采摘装置和方法	江苏大学	77
		CN1559175A	远程无线作物信息反馈和可控环境农业智能化系统	深圳市宝安区农业科学技术推广中心	47
		CN101180928A	基于机器视觉的幼苗移栽系统	浙江大学	36
		CN101661664A	基于无线传感器网络的果园种植监测系统及其监测方法	西安迅腾科技有限责任公司	30
高速发展期	2010年至今	CN102165880A	一种自主导航的履带式移动水果采摘机器人及水果采摘方法	南京农业大学	64
		CN202602714U	一种基于物联网和云计算技术的智能温室监控系统	广东顺德宸熙物联科技有限公司	42
		CN103034210A	一种微型封闭式植物种植环境因子智能调节系统	江苏农林职业技术学院	32

（2）申请人分析　中国受理的农业传感器领域的专利申请中，申请人为企业的有 21501 件，申请人为高校＋科研院所的有 8218 件。无论是企业还是高校＋科研院所，大部分相关专利申请均集中在近十年（2009—2018 年），企业近十年申请的相关专利约占其总量的 84%，高校＋科研院所近十年申请的相关专利约占其总量的 79%。总排名前十位的企业申请人与近十年排名前十位的企业申请人几乎相同：无锡同春新能源科技有限公司、山东胜伟园林科技有限公司、苏州宝时得电动工具有限公司、潍坊友容实业有限公司、宁波大叶园林工业股份有限公司、牧原食品股份有限公司、四川惠谷农业科技有限公司、肇庆市高新区甜慕新能源技术有限公司、哈尔滨尼亚农业有限公司、北京中农富通园艺有限公司，只有苏州宝时得电动工具有限公司的专利申请量稍有变化。排名前十位的高校＋科研院所申请人与近十年排名前十位的高校＋科研院所申请人相同，只是在申请数量排序上稍有变化：江苏大学、西北农林科技大学、中国农业大学、四川农业大学、浙江大学、山东农业大学、农业部南京农业机械化研究所、华南农业大学、福建农林大学、青岛农业大学。此外，国家电网有限公司在输电领域有较多传感器应用于驱鸟、捕鼠技术的专利申请（图 3-3、图 3-4）。

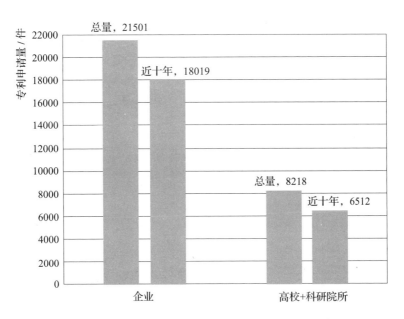

图 3-3　农业传感器中国专利企业和高校＋科研院所申请量对比

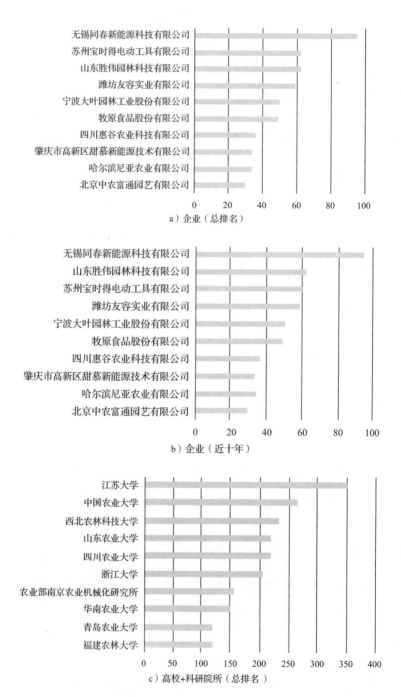

图3-4 农业传感器中国专利企业和高校+科研院所申请排名对比

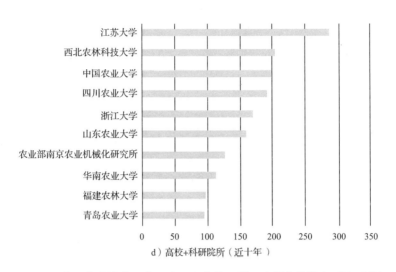

d) 高校+科研院所（近十年）

图 3-4　农业传感器中国专利企业和高校+科研院所申请排名对比（续）

3. 农业传感器技术领域分布分析

农业传感器领域专利申请的技术主题大体分为四大类：养殖类、种植类、设施类和农产品加工与储运类。

中国在养殖领域的畜牧养殖装置或管理技术分支、种植领域的浇水装置或管理技术分支和温室/温床管理技术分支的专利申请量较多；美国在养殖领域的畜牧养殖装置或管理技术分支、种植领域的杆状/茎类作物收割机械和整地装置技术分支的专利申请量较多；日本在种植领域的杆状/茎类作物收割机械、整地装置和播种/种植装置或管理这三个技术分支的专利申请量较多；韩国在养殖领域的畜牧养殖装置或管理技术分支、种植领域的温室/温床管理技术分支的专利申请量较多；德国在种植领域的杆状/茎类作物收割机械和整地装置技术分支的专利申请量较多（图3-5）。

其中，养殖领域的专利申请主要涉及畜牧养殖、禽类养殖、水产养殖、养蜂、其他动物养殖等技术分支。畜牧养殖装置或管理技术分支的专利申请量最多，相关专利申请量超过4000件；其次为水产养殖装置或管理技术分支，相关专利申请量接近2000件；禽类养殖装置或管理技术分支的专利申请量排在第三位，接近1000件；养蜂装置或管理技术分支的专利申请量最少，只有100余件（图3-6）。

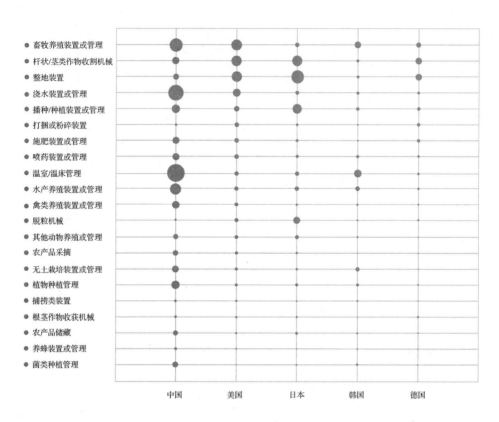

图 3-5　农业传感器专利申请主要国家技术领域分布

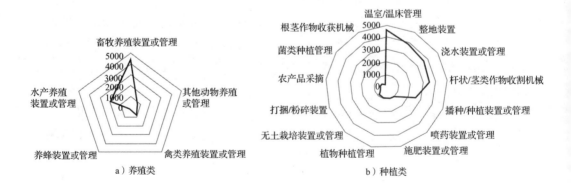

图 3-6　农业传感器专利申请主要国家技术分布图

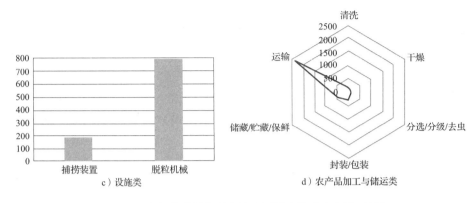

图 3-6 农业传感器专利申请主要国家技术分布图（续）

种植领域的专利申请主要涉及整地装置、播种/种植装置或管理、浇水装置或管理、施肥装置或管理、喷药装置或管理、温室/温床管理、植物种植管理、菌类种植管理、农产品采摘、杆状/茎类作物收割机械、根茎作物收获机械、打捆或粉碎装置。温室/温床管理技术分支的专利申请量最多，相关专利申请量超过4000件；整地装置、浇水装置或管理、杆状/茎类作物收割机械这三个技术分支的专利申请量分别排在第二位、第三位和第四位，均处于3000~4000件之间；播种/种植装置或管理、喷药装置或管理两个技术分支的专利申请量排在第五位和第六位，分别为2500余件和1000余件；施肥装置或管理、植物种植管理、无土栽培装置或管理、打捆/粉碎装置、农产品采摘这五个技术分支的专利申请量较少，均处于500~1000件之间；菌类种植管理和根茎作物收获机械这两个技术分支的专利申请量低于500件。

设施领域的专利申请主要涉及捕捞装置和脱粒机械两个技术分支。脱粒机械的专利申请量较多，接近800件；捕捞装置的专利申请量较少，不到200件。

农产品加工与储运领域的专利申请主要涉及清洗、干燥、分选/分级/去虫、封装/包装、储藏/贮藏/保鲜、运输六个技术分支。其中，运输技术分支的专利申请量最多，超过2000件；其次为储藏/贮藏/保鲜技术分支，专利申请量接近500件；封装/包装技术分支的专利申请量排在第三位，超过300件；清洗、分选/分级/去虫、干燥三个技术分支的专利申请量较少，均只有100余件。

4．小结

（1）全球农业传感器发展分为4个阶段

1）技术萌芽期（1937—1973年）。该阶段，全球农业传感器年均专利申请量低于100件，由于19世纪英国和美国专利制度的改革，英国和美国的技术得到了更好的发展和保护，从申请量上也可以看到，技术萌芽期的主要专利申请来自英国和美国，大多围绕农用机械装置展开申请。而企业也因此开始重视对技术的保护，专利申请量较多的申请人为Hydroculture、Robert Bosch、Massey Ferguson。比较典型的专利有两件，均为传感器应用方面的专利。

2）缓慢增长期（1974—1986年）。该阶段，美国、日本、德国、加拿大在农业传感器领域的技术有了较大发展，专利技术主要集中在农产品收割器械、灌溉控制、拖拉机、割草机、播种器械等领域。这一时期约翰迪尔、久保田和井关农机申请了较多的专利。1868年，约翰迪尔正式组建，1928年，Charles Deere Wiman接掌公司后倡导研发新型产品，使得约翰迪尔在这一时期的专利申请量高速增长；久保田在1972年正式进军美国拖拉机市场，此后在美国的专利布局也进一步加大；井关农机在1972年增设松山工厂，并将公司总部迁至松山工厂内，之后的生产和研发能力都得到了很大提升，专利布局也进一步加大。这一时期高被引频次的专利主要涉及农业传感器元件和农业传感器系统，可以看出，此后农业传感器元件及农业传感器系统得到了进一步发展。

3）快速增长期（1987—2009年）。这一时期，欧洲专利局、韩国专利局受理的专利申请量增幅较大。该时期专利技术主题除了传统的拖拉机、收割机、割草机、灌溉系统外，在移栽机械、温床/温室、脱粒等领域也有较多的专利申请。久保田的专利申请量跃居首位，井关农机、约翰迪尔分别位居第二和第三。1985年，《中华人民共和国专利法》出台，对技术有了法律保护；同年，久保田在中国进行了专利申请，1986年久保田在北京设立久保田北京事务所，在中国的专利布局进一步加大，且在全球的专利申请量加大。约翰迪尔在20世纪80年代向黑龙江佳木斯联合收割机厂和河南开封联合收割机厂转让了先进的联合收割技术，向天津、沈阳和长春三个拖拉机厂转让了先进的拖拉机生产技术，其专利申请布局也进一步加大。这一时期，被引频次超过200次的专利申请有28件，大多都是来自美国的专利。由此可以看出，这一时期美国农业传感器技术得到了高速发展，核心研发范围进一步加大。

4）高速增长期（2010年至今）。这一时期，中国的农业传感器领域专利申请量异军突起，PCT申请量大幅增加，日本的专利申请量则大幅下滑。无线射频技术（RFID）开始广泛应用在农作物栽种过程中；追踪型表面声波技术也开始应用于3D定位设备中；用于检测农作物营养、污染等的生物检测传感器的专利申请量增长较多；云平台技术也开始出现在专利申请中。其他主题还包括栽培控制系统、数字农业灌溉系统、食品干燥机械、蚯蚓培养设备等。这一时期，约翰迪尔的专利申请量重回世界首位，CNH Industrial、江苏大学分别位居第二和第三。高被引频次专利不再集中于美国专利，加拿大、中国专利也在高被引频次专利之列。由此可以看出，2010年后，农业传感器专利申请量快速增长主要贡献来自中国的专利申请，同时传感器的类型也得到了进一步的发展和运用。

(2) 中国农业传感器技术发展分为3个阶段

1）技术萌芽期（1985—2003年）。在此期间，中国农业传感器领域相关专利申请量很少，主要集中在北京、广东、辽宁、山东、四川和江苏。专利申请量较多的申请人为跨国企业，其中久保田的专利申请量最多，这与1986年久保田在北京设立久保田北京事务所有密切联系，久保田专利技术的主题主要为水田作业机、联合收割机和插秧机。中国农业传感器专利申请大多集中在传感器的应用领域，如灌溉系统、温室施肥、温室控制系统、蚂蚁蚊虫驱赶/杀灭装置、鱼类养殖相关装置等。高被引频次专利主要用于科研院所研究。由此可以看出，国外申请人在中国的专利申请主要来自企业，而国内申请人的专利主要来自科研院所，企业的研发意识和专利保护意识不强。

2）缓慢发展期（2004—2009年）。这一阶段，国内农业传感器领域相关技术有了较大发展，专利申请量排名前三位的申请人转为国内申请人（浙江大学、北京农业信息技术研究中心、中国农业大学），但技术研发主要集中在大学和科研单位，浙江、上海、江苏、广东等省市的专利申请量大幅增长。这一时期，中国农业传感器相关专利申请仍集中在应用领域，除了传统的灌溉、温室领域外，种植、采摘相关技术也逐渐发展起来，此外，随着网络、自动化等相关技术的发展，基于无线传感器的相关农业设备/装置也获得了快速发展。高被引频次专利除了大学的专利以外还有企业的专利。由此可以看出，国内企业的技术保护意识得到了进一步加强，但是在传感器本身的研发上投入尚不够。

3）高速发展期（2010年至今）。这一时期，江苏、山东、浙江等地的技术研发开始发力，但专利申请仍集中在大学和科研单位，排名前十位的申请人依次为江苏大学、西北农林科技大学、中国农业大学、四川农业大学、浙江大学、山东农业大学、福建农林大学、青岛农业大学、北京农业智能装备技术研究中心、华南农业大学。中国农业传感器相关专利申请技术仍集中在应用领域，随着自动化农业、智能农业的快速兴起，自主导航、自动控制、智能监控、智能调节方面的专利数量开始增加，由此可以看出，这一时期国内在农作物采摘、作物生长环境控制、浇灌等方面的技术开始发展，农业传感器的应用得到了进一步发展。

(3) 主要分布领域 农业传感器领域的专利申请主要分布在温室/温床管理、

灌溉装置或管理、畜牧养殖装置或管理、整地装置、杆状/茎类作物收割机械、播种/种植装置或管理等技术分支。

中国在养殖领域的畜牧养殖装置或管理技术分支、种植领域的灌溉装置或管理技术分支和温室/温床管理技术分支的专利申请量较多；美国在养殖领域的畜牧养殖装置或管理技术分支、种植领域的杆状/茎类作物收割机械和整地装置技术分支的专利申请量较多；日本在种植领域的杆状/茎类作物收割机械、整地装置和播种/种植装置或管理这三个技术分支的专利申请量较多；韩国在养殖领域的畜牧养殖装置或管理技术分支、种植领域的温室/温床管理技术分支的专利申请量较多；德国在种植领域的杆状/茎类作物收割机械和技术分支整地装置技术分支的专利申请量较多。

3.2.2 重点专利权人技术分析

在农业传感器领域，全球专利申请量排名前五的申请人中有三个来自日本，排名第一的为来自美国的约翰迪尔，专利申请量为2278件；排名第二~第四的都是来自日本的企业，分别是井关农机、久保田、洋马农机，专利申请量分别为1768件、1748件、1102件；排名第五的为来自德国的克拉斯，专利申请量为880件。由此可以看出，在农业传感器领域，专利技术研发主要集中在日本、美国和德国（图3-7）。下面从美国、日本、德国各挑选一家企业进行农业传感器领域的详细分析。

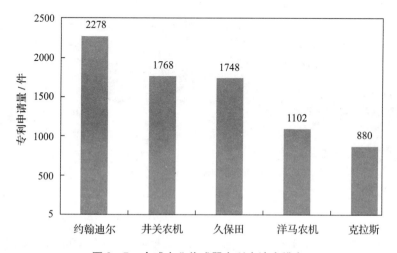

图3-7 全球农业传感器专利申请人排名

1. 约翰迪尔

约翰迪尔成立于1837年，当前该公司生产的农业机械主要有拖拉机、联合收割机、玉米果穗收割机、自走式青贮收获机、打捆机、割草压扁机、搂草机，在农业管理解决方案方面有 Auto Trac 自动导航系统、2630 显示器与接收器、StarFire™6000 接收器。1863年生产出第一台坐骑式农具——Hawkeye 坐骑式耕耘机，该农具的一个创新之处是木栓撞到硬物时会断裂，从而可以保护铲具；1950年在犁中引入类似的理念，推出 Sure-Trip 安全脱开器；1879~1883年，五大畅销产品为手扶犁、吉尔平坐式犁、耕耘机、铲式犁和耙；1912年，公司主要产品为种植机、四轮马车、四轮拖车、谷物条播机以及干草和收割设备；1918年，约翰迪尔收购滑铁卢汽油发动机公司，开始进军拖拉机业务；1927年，推出首台联合收割机；1950年，推出首款双排自走式机械摘棉机；1954年，将玉米采摘和脱粒两项任务结合到一起，推出了双行玉米割台；1963年，生产并销售草坪和园林拖拉机及部分附加设备，如剪草机和除雪机；1979年，推出4行摘棉机；1994年，推出8000系列拖拉机；1996年，为所有 Maximizer™9000 系列联合收割机提供首款全集成产量图软件包，即 GreenStar™系统，它提供动态产量和湿度读数、差异修正位置信息、数据处理、存储和传输及产量图功能；1998年，收购甘蔗收获设备制造公司 Cameco Industries；2007年，收购中国宁波的一家拖拉机生产厂；2009年，推出首款行进中打包的摘棉机；2010年，推出双行甘蔗收割机。

（1）约翰迪尔农业传感器专利申请情况　约翰迪尔早期关于农业传感器本身的专利申请数量很少，大部分集中在农业传感器应用方面，如收割机、播种机、拖拉机等。专利申请除了在美国布局外，在很多国家都进行了布局，其中在加拿大、德国、英国、法国、澳大利亚的专利申请量较多，在阿根廷、荷兰、比利时、丹麦、西班牙、意大利、日本、墨西哥、罗马尼亚、瑞典、土耳其、南非也有少量的专利申请。1978年前，约翰迪尔关于传感器的典型专利有 Capacitance Transducer Load Sensor（US3995696，电容式传感器负载传感器）；在传感器应用领域的典型专利有 Precision Depth Seed Planter（US3749035，精密深度播种机）、Combine Unloading Auger Drive（US3938684，结合卸载螺旋钻驱动器）、Tractor with Hydraulic Draft Control（US3990520，采用液压牵伸控制的牵引器）、Harvester Having Height Adjustable Head（US4147016，具有高度可调头部的收割机）、Variable Speed Reversible Drive for a Harvesting Apparatus（US4138837，驱动装置用于收获存储设备的可驱动工作部件）、Attitude Control for a Harvester Pickup（US4171606，收割机皮卡的姿态控制）、Preservative Applicator for a Round Baler（US4228638，用于圆捆打捆机的防腐剂涂敷器）。重点高被引证专利列表见 3.4 节附件 1。

1979 年后，随着产品的开发，约翰迪尔在传感器技术上进行了深入的专利布局。公司在农业传感器领域的专利申请不再局限于传感器在农业机械上的应用，关于农业传感器本身的专利申请技术主题有所扩展，但主要集中在农业机械领域，如牵引传感装置、燃油管路喷射传感器、过载传感器、监测传感器、草堆传感装置、负载传感器、光电传感器、金属传感器、货物传感器、速度传感器、流量传感器等；农业传感器应用范围有了较大的扩展，如农业作业车、拖拉机、播种装置、收割机、棉花收获机等。此外，除了在美国布局外，欧洲专利（EP）申请量快速增长，德国、加拿大、西班牙、澳大利亚仍然是其主要关注的市场，在奥地利、墨西哥、南非、日本、丹麦、爱尔兰、巴西的专利申请量也有较大增长。重点高被引证专利列表见 3.4 节附件 2。

关于农业传感器本身的典型专利有 Draft Sensing Device Including Load Pin with Free End（US427191，牵引负载传感装置）、Overload Sensor for a Cotton Harvester Unit Drive（US430640，棉花收获机驱动过载传感器）、Photoelectric Article Sensor with Facing Reflectors（US4634855，反射式光电传感器）、Ground Velocity Sensor with Drop-out Detection（US4728954，地面失速传感器）、Draft Sensor Including Strain Sensor Coupled to Load（US4640368，负载耦合应变牵引传感器）、Cotton Harvester Blockage Detection Method and Flow Sensor Therefor（US5063729，棉花收获机堵塞检测及流量传感器）、C-Beam Force Sensor（US5109707，C 型梁力传感器）。

农业传感器应用典型专利有 Vehicle with Control System for Raising and Lowering Implement（US4518044，地面作业机具作业深度控制系统）、Control System with Neural Network Trained as General and Local Models（US5586033，一种采用神经网络的整体和局部模型预测的控制系统）、Automatic Speed Control System for a Harvesting Assembly（US4967544，收获机作业速度自动控制系统）、Harvesting Platform with a Floating Cutterbar（US4573308，具有浮动割刀的收获机割台）、Automatic Height Control for a Harvester Header（US4332126，自动高度控制割头）、Combine Crop Material Flow Adjustment System（US4875889，联合收获机物料流调节系统）、Automatic Forage Harvester Shearbar Adjusting（US4934612，饲料收获机

割刀自动调节杆）、Automatic Forage Harvester Knife Sharpening System（US4843767，饲料收获机自磨刃系统）、Electronic Seed Rate System for a Grain Drill（US5025951，谷物播种机电子排种系统）。

1999年之后，约翰迪尔在农业传感器领域取得了巨大的发展，不仅在传感器本身方面取得了很大进展，在传感器应用方面也发展迅速。在农业传感器本身技术领域，除应用于农业机械的转向轮角度传感器、种植深度传感器、负载传感器、力传感器、边界传感器、高度传感器、包装状态传感器外，还出现了地面传感器、土壤传感器、检测种子的光学传感器、流量传感器、水分传感器、生物质传感器、颗粒物碰撞传感器、湿度传感器等。在专利布局战略方面，除维持原有的优势在美国、德国、加拿大、澳大利亚等国申请大量专利外，对巴西、阿根廷、中国、奥地利、俄罗斯的关注也进一步加大。

关于农业传感器本身的典型专利有Seed Sensor System and Method for Improved Seed Count and Seed Spacing（US20100116974A1，用于改进种子数和种子间距的种子传感器系统和方法）、A Seed Sensor Assembly, Planter with Such and Method（EP2561744A1，种子传感器以及具有该传感器及方法的播种机）、Automatic Mass-Flow Sensor Calibration for a Yield Monitor（US6820459，产量监测传感器）、Grain Moisture Sensor（US6285198，谷物水分传感器）、Ground Contact Height Sensor（US6530197，地面接触高度传感器）、Multiple Frequency Grain Moisture Sensor for Combines（US6917206，用于联合收割机的多频谷物水分传感器）、Grain Mass Flow Sensor for an Agricultural Combine（US5686671，用于农业联合收割机的谷物质量流量传感器）、Sensing Assembly for Detection of One or More Plants，（US7716905，检测单株或多株植物的传感组件）、Robotic Mower Boundary Sensing System（US20130211704A1，机器人割草机边界传感系统）、Per Plant Crop Sensing Resolution（US20140230391A1，每株植物作物感知分辨率）。

农业传感器应用领域的典型专利有Method and System for Automated Tracing of an Agricultural Product（US6671698，用于农产品自动追踪的方法和系统）、Tractor and Baler Combination with Automatic Baling and Steering Control（US20070175198A1，带自动打包和转向控制的拖拉机和打包机组合）、Header Hydraulic Float System（US7222475，割台液压浮动系统）、Seed Planter Monitoring System with Optical Sensors（US5936234，带光学传感器的种子播种机监控系统）、Seed Delivery Apparatus with Sensor and Moving Member to Capture and Move Seed to a Lower Outlet Opening（US8074586，具有传感器和种子监测功能的种子传输装置）、Measuring Device for Measuring Components in and/or Properties of Crop Material（US6421990，用于测量农作物材料成分和/或性质的测量装置）、Method and Stereo Vision System for Facilitating the Unloading of Agricult-Ural Material from a Vehicle（US9326444，便于将农业材料从车辆上卸载的方法和立体视觉系统）、System for Measuring the Amount of Crop to be Harvested（US6584390，收获作物数量测量系统）、Harvester with Intelligent Hybrid Control System（US6553300，采用智能混合动力控制系统的收割机）。重点高被引证专利列表见3.4节附件3。

（2）约翰迪尔农业传感器专利分类分布情况 从传感器分类上看，约翰迪尔的农业传感器专利申请主要集中在传感器应用在农业机械领域；1979~1998年，除了传感器在农业机械上的应用之外，还有较多的专利申请涉及传感器本身，且集中在农业机械传感器领域；1999年之后，约翰迪尔在农业传感器领域的研发力度加大，且有了长足发展，关于农业传感器本身的专利申请技术主题有所扩展，应用领域扩展到农业环境监测、农产品储藏、农产品采摘等领域（表3-4）。

表3-4 约翰迪尔农业传感器专利分类分布情况

（单位：件）

传感器的分类	时期		
	1978年前	1979—1998年	1999年后
农产品采摘	0	7	17
农业环境监测	0	1	31
农产品储藏	0	2	24
农业机械传感器	22	362	1830

（3）约翰迪尔在农业传感器领域的专利技术路线 约翰迪尔对农业传感器的研发起步较早，起初为电容传感器，1979年研发出应用于农业机械的牵伸传感装置；1980年研发出用于棉花收割机的过载传感器；1984年研发出光电传感器和速度传感器；1990年研发出适用于棉花收割机的流量传感器以及力C-束力传感器；1996年研发出用于农业联合收割机的谷物流量传感器；1997年研发出谷物水分传感器；2000年研发出自动流量传感器；2008年研发出用于检测植物的传感组件和种子传感系统；2013年研发出边界传感系统（图3-8）。

第3章 农业机械高新技术产业专利分析报告

// 091

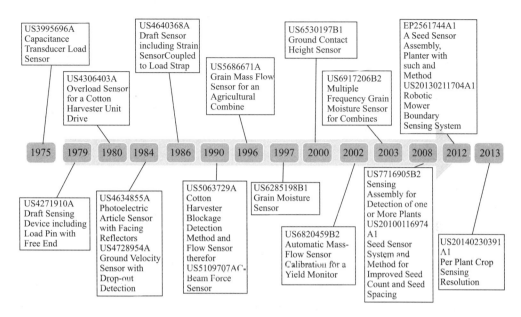

图3-8 约翰迪尔在农业传感器领域的专利技术路线

2. 久保田

久保田创建于1890年，起初名称为"大出铸件"，1935年开始进行农业机械化研究；1947年成功开发出耕耘机；1960年开发并销售日本第一台农用拖拉机；1962年开始生产水田拖拉机；1980年获得埃及SHARKIA省的灌溉系统订单，进行沙漠绿化工作；1986年开始生产电子电路板、硬盘和无线电控制的割草机；2010年开始在泰国生产联合收割机；2014年在法国成立大型旱田作业拖拉机生产公司。

（1）久保田农业传感器专利申请情况　1980年之前，久保田的农业传感器相关技术主要集中在农业机械领域，且专利申请并不局限于日本，在英国、美国等国家和地区也申请了相关专利。关于农业传感器本身的专利申请主要有用于收割机的传感器、用于农业机械的传感器、脱粒机传感器、秸秆长度传感器、检测传感器等，典型的专利有 The Harvested Crop - Sensor Structure（JP59018008B，收获作物-传感器结构）、Sensor for Automatic Steering of Agricultural Machine（JP58029043B，农业机械自动转向传感器）、Threshing Depth Sensor in Thresher Like as Combine（JP53107961A，联合收割机脱粒传感器）、Sensor for Miss Binding in Binder for Farming（JP53127123A，打捆机漏捆传感器）、Field Emission Detection Sensor with a Harvester（JP60055085B，联合收获机作业面积传感器）。在农业传感器应用方面的专利申请，主要集于在传感器在收割机、工作机、农业车辆等上的应用，典型的专利有 Harvester with Sensor（JP59018002B，带传感器的收割机）、Movable Agricultural Unit（JP55028184A，可移动农业单元）、Tractor with a Traction Load Sensing Device（US4315548A，具有牵引负载感应装置的拖拉机）。重点高被引专利列表见3.4节附件4。

1981年之后，随着产品的开发，久保田进一步在传感器技术上进行深入的专利布局，除了日本的专利申请外，美国重点专利明显增加，且出现了韩国的专利申请。在农业传感器领域，关于农业传感器本身专利申请的技术主题有所扩展，如障碍物传感器、用于施肥器械的检测传感器、接触式传感器、耕作深度测量装置、图像感测式边界检测器、植物茎检测传感器等。典型专利有 Travelling Vehicle Equipped with Obstacle Detector Sensors（US4546840A，配备障碍物探测器传感器的旅行车）、Clogging Detection Sensor of Fetilizing Apparatus（JP62163623A，施肥装置阻塞检测传感器）、Contact Sensor for Agriculture（JP62241226A，农用接触传感器）、Plowing Depth Detecting System for Rotary Plow（US4775940A，用于旋耕犁的耕深探测系统）、Image Sensing Type Boundary Detector（JP63252205A，图像感应型边界检测器）、Sensor Structure for Detecting Upright Plant Stems（JP01020014A，用于检测直立植物茎的传感器结构）。农业传感器的应用范围有了较大的扩展，如农业作业车、水果收割机器人、旋耕犁、联合收割机、水稻插秧机、脱粒机、育苗箱、播种机、工作机、移栽机、秸秆处理装等。典型专利有 Teaching-Playback Type Automatically Running Vehicle（US4626993A，示教再现型自动行走车辆）、Automatic Running Work Vehicle（US4628454A，自动行走的工作车辆）、Fruit Harvesting Robot Hand（US4663925A，水果收获机械手）、Boundary Detecting Method and Apparatus for Automatic Working Vehicle（US4868752A，用于自动工作车辆的边界检测方法和装置）、Combine（JP02009315A，联合收割机）、Rice Transplanter（JP02027910A，插秧机）、Thresher（KR19910015219A，脱粒机）、Display Control System for a Working Vehicle（US6320497B1，用于工作车辆的显示控制系统）。重点高被引专利列表见3.4节附件5。

2001年之后，久保田不再进行传感器本身的研发，而是聚焦传感器在整车或装置上的应用方面，如作业车辆、工作车辆、收割机、拖拉机等。在专利布局战略上，依旧是在美国申请重点核心专利，典型专利有 Work Vehicle Having Overridable Automatic Engine Stop Circuit（US20040026150A1，具有超越自动发动机停止电路的工作车辆）、Quality Evaluation Apparatus for Fruits and Vegetables（US7316322B2，水果和蔬菜质量监测设备）、Fill Detection Device for Grass Container and Grass Container（US20060201123A1，草容器及其填充检测装置）、Tractor

（US20120239260A1，拖拉机）。重点高被引专利列表见3.4节附件6和附件7。

（2）久保田农业传感器专利分类分布情况　从传感器分类上看，久保田农业传感器专利申请在1980年之前主要集中在农业机械传感器领域；1981—2000年，除了仍保持在农业机械领域的优势外，应用领域扩展到农产品储藏、农产品采摘等方面，还有少量的专利申请技术涉及育种育苗、禽畜饲养和农业环境监测领域；2001年之后，久保田在农业传感器领域的研发力度有所减退，虽然在农业机械、农产品采摘领域仍有较多的专利申请，但与前一阶段相比，其在农业机械领域的专利申请量已大幅下降，约为前一阶段的25%（表3-5）。

表3-5　久保田农业传感器专利分类分布情况

（单位：件）

传感器的分类	时期		
	1980年前	1981—2000年	2001年后
育种育苗	0	12	2
禽畜饲养	0	7	0
农产品采摘	0	72	56
农业环境监测	0	6	0
农产品储藏	0	106	1
农业机械传感器	12	1041	276

（3）久保田在农业传感器领域的专利技术路线　久保田在1980年申请的Movable Agricultural Unit（JP55028184A）专利，主要保护的技术是通过方向转换控制和直接推进控制来达到简化操作或无人驾驶操作，而后在本专利的基础上进行了技术改进并于1983年申请了四件专利：一是Automatic Running Working Vehicle（JP59166008A），该专利在方向控制上做了进一步改进，设计了行走中断转向系统；二是Automatic Driving Truck（JP60049406A），通过卡位1、2、3三个位置传感器传导车位给车位校正系统，对自动驾驶卡车的方向转换给予控制；三是Self-Propelling Working Machine（JP60120906A），通过位移传感器和角度变化传感器来控制车辆的坡度转换；四是Self-Propelling Working Vehicle（JP60078504A），通过传感器检测车辆行进道路，传导给前面的转向端来控制转向。

在Self-Propelling Working Vehicle（JP60078504A）的基础上，于1989年申请了Traveling Control Device for Automatic Traveling Working Vehicle（JP64086208A）专利，主要改进的技术点是通过传感器感受车辆的转弯，从起动部分开始控制动作并修正车辆位置，以便车辆在转弯后进入合适的位置。

久保田在 2012 年申请的美国专利 Tractor（US20120239260A1）保护的技术是在车轮发生滑动时，通过牵伸负荷传感器的检测和反馈，适当提升犁而允许继续犁耕作业。

在此基础上，久保田于 2013 年申请了 Drive Control System for Work Vehicle（US20140129106A1）专利，该专利保护的是用于作业车辆的驱动控制系统中设置有驱动前轮和后轮的动力传递装置的驱动模式切换机构。该驱动模式切换机构在驱动力传递到前轮和后轮的四轮驱动模式和两轮驱动模式之间执行驱动模式切换，其中驱动力仅传递到前轮和后轮。

在 US20140129106A1 基础上，久保田于 2015 年申请了 Drive Control System for Work Vehicle（US9096127）专利，增加了作业车辆倾斜时也能够适当消除滑动的驱动力控制系统，解决了在作业车辆倾斜时发生滑动的情况下，可能出现的在两轮驱动模式和四轮驱动模式（摆动状态）之间交替切换，导致车辆无法作业的情况（图 3-9）。

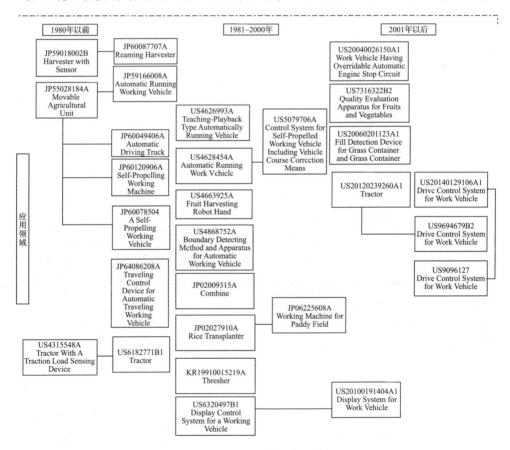

图 3-9　久保田在农业传感器方面的专利技术路线

3. 克拉斯

德国克拉斯公司于1913年创建，是欧洲第一、世界第四大农业机械制造商，主要产品有拖拉机、联合收割机、青贮饲料收割机、打捆机、牧草收获机等。1936年，克拉斯公司最先推出自主研制开发的联合收割机；1953年推出第一台自走式联合收割机；2003年，通过收购法国著名的雷诺农机公司，成功进军拖拉机领域。克拉斯公司业务涉及美国、俄罗斯、巴基斯坦、中国等地，2004年成立中国代表处，现更名为科乐收，2012年成立全资子公司——科乐收农业机械贸易（北京）有限责任公司，2013年7月收购山东金亿机械有限公司的大部分股权。

（1）克拉斯农业传感器专利申请情况。1991年之前，克拉斯的农业传感器相关专利年申请量较少，公司在13个国家进行了专利布局，除德国外，在法国、英国、比利时、丹麦、匈牙利等欧洲国家均有一定数量的专利申请，并有相当数量的欧洲专利局（EP）申请，在美国也布局了较多的专利。涉及传感器本身的专利申请技术主题有谷物传感器、位移传感器，典型的专利有 Apparatus for Measuing the Amount of Grain Lost from a Combine Harvester（GB1429706A，联合收割机谷物损失量测量装置）、Grain Sensor for Combine-Harvesters（GB1514274A，联合收割机用谷物传感器）、Sensing Device for Guiding a Harvest Machine（US4166349，收割机引导传感装置）、Wegaufnehmer Zum Messen Der Arbeitslage Der Aufnehmervorrichtung Einer Erntemaschine（DE3328506A1，测量收割机拾取装置工作位置的位移传感器）、Lost Grain Sensor for Harvesting Machines（GB2209834B，收割机损失谷物传感器）。农业传感器应用方面集中在农业机械上，如收割机、打包机、割草机等，典型专利有 Method and Apparatus for the Measurement of Plant Density for the Control of Harvest Machine（GB1577525A，用于联合收获机的作物监测方法及装置）、Baler（GB1581307A，打包机）、Vorrichtung Zur Ueberwachung Des Schneidenabstans an Erntemaschinen（DE3010416A1，使用位于固定叶片下方的非接触式声学或光学传感器的收割机叶片间隙测量系统）、Harvester with Internal Metal Detector（US4322937，带内部金属探测器的收割机）、Straw Briquetting Press（GB2102270B，秸秆打包机）、Method of Producing Round Bales of Agricultural Products（US4656812，农作物圆捆打包方法）、Apparatus and Method for Changing the

Position of a Mowing Mechanism（US4942724，改变割草机械位置的设备和方法）（图3-10、图3-11）。

1992年之后，克拉斯在农业传感器领域的专利申请量有了较大增长，专利布局扩大到26个国家或地区，EP申请量快速增长，在美国、俄罗斯、奥地利的专利申请量也超过了100件。公司涉及传感器本身专利申请的技术主题有收割机用传感器、结构-声音传感器单元、标头地面传感器、爆燃传感器组件等，典型的专利有Sensor for Harvesting Machines（US6146268，收割机用传感器）、Method of Adjusting a Sensor Unit Mounted on a Field Machine and an Adjusting Device Therefor（US6397569，安装在现场机器上的传感器单元的调整方法及调整装置）、Sensing Device for Automatic Side Guidance of Self-Propelling Agricultural Machine（US5694751，自动推进农业机械的自动侧向传感装置）、Tructure-Borne Sound Sensor Units（US20070233416A1，结构-声音传感器单元）、Header Ground Sensor（US7730700，标头地面传感器）、Knock Sensor Assembly（EP1614342B1，爆燃传感器组件）等。涉及传感器应用的专利申请依然集中在收割机等农业机械方面，此时农业机械有了较大的改进，出现了用于收割机中的湿度/谷物水分测量装置、具有障碍物感应装置的收割机、用于确定农业机械与地面之间的距离的方法和设备，典型专利有Device for Automatic Filling of Load Containers（US5749783，用于自动填充装载容器的装置）、Automatic Adjustment of a Transfer Device on an Agricultural Harvesting Machine（US6682416，农业收割机传送装置的自动调整）、Harvesting Machine Having an Obstacle Sensing Device（US6516595，具有障碍物感测装置的收割机）、Device for Moisture Measurement in Harvesting Machines（US6155103，收割机湿度测量装置）、Method and Apparatus for Measuring Ground Height（US20030184747A1，地面高度的测量方法和设备）、Device and Method for Detecting Cultivation Boundaries and Other Guide Variables（US6095254，检测种植边界和其他指导变量的装置和方法）、Contour Scanning Apparatus for Agricultural Machinery（US6389785，农业机械轮廓扫描仪）、Self-Propelled Combine Harvester with Sensors Detecting the Soil Profile（EP0540881B1，带有土壤剖面检测传感器的自行走式联合收割机）、Position Control for a Crop Pickup Device（US6826894，作物拾取设备的位置控制）等。

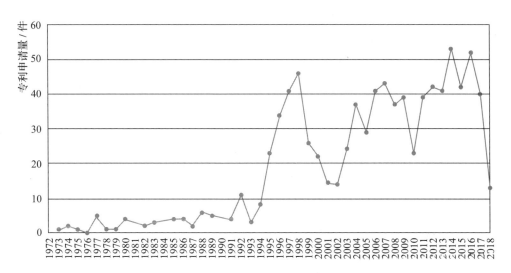

图3-10 克拉斯农业传感器专利申请情况

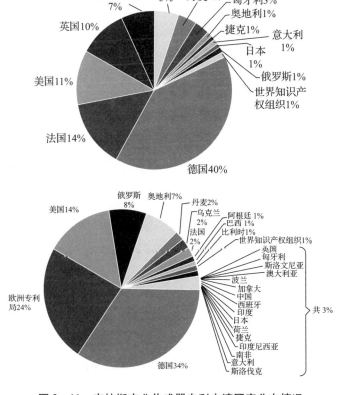

图3-11 克拉斯农业传感器专利申请国家分布情况

（2）克拉斯全球发明人情况　克拉斯全球发明人专利申请量排名中，Willi Behnke、Diekhans Norbert、Baumgarten Joachim、Huster Jochen、Pollklas Manfred 位列前五。其中，分别以 Willi Behnke、Baumgarten Joachim、Pollklas Manfred 为核心形成三个核心团队。专利申请涉及的技术主要集中在收割机、农用车、稻草打捆机、农业工作机领域，涉及自行走式收割机、联合收割机、收割机湿度测量装置、收割机刀片部件调节、收割机异物识别装置、收割机脱粒方法、粮食流量测量装置、剪切杆调整装置、金属检测装置、自动收割机引导装置、传送装置、收割机谷物检测器、自动转向装置/系统、电液转向系统、定位装置、车辆压缩空气系统、自动清洁装置、作物过载控制系统和方法、粮食流量测量装置、农业机械轮廓扫描仪、农业机械路线规划系统等（图 3-12、图 3-13）。

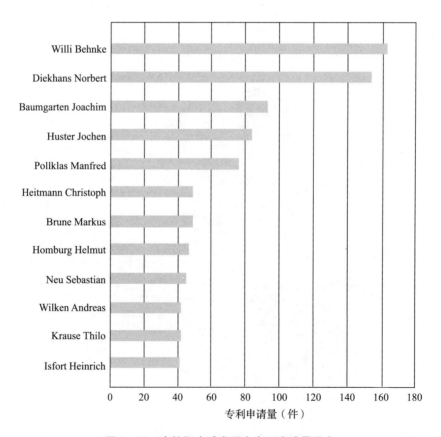

图 3-12　克拉斯全球发明人专利申请量排名

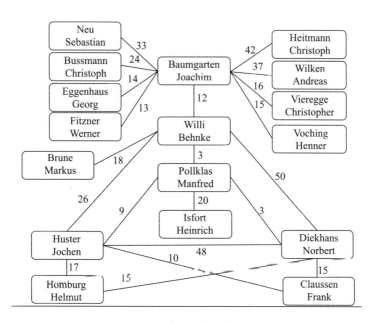

图3-13 克拉斯发明人团队

（3）克拉斯中国专利情况　克拉斯关于农业传感器在中国共申请了4件专利，专利申请时间分布在2001年、2013年、2014年、2016年和2017年，均为发明专利。从专利有效性来看，1件处于有效状态，2件处于审查状态，1件处于失效状态。

处于有效状态的专利是CN01115753.4（联合收割机），其通过加入一吸入式鼓风机单元来提高联合收割机的清除能力。处于审查状态的专利是CN201610302608.9（农业作业机械），通过基于转向角和/或侧向偏离角对转向制动器的自动控制和调节，实现了对作业机械操作者的减负，因为省去了手动操作；CN201711348089.0（用于运行切割机构的方法），保护了一种能够更灵活地对变化的收割条件做出反应的用于运行切割机构的方法。

（4）技术路线图　克拉斯对农业传感器的研发起步较早，起初研发了用于测量从联合收割机中损失的谷物量的装置，1975年研发出用于联合收割机的谷物传感器；1977年研发出用于引导收获机器的传感装置；1983年研发出用于测量收割机拾取装置工作位置的位移传感器；1988年研发出收割机损失谷物传感器；1995年研发出自动推进农业机械的自动侧向传感装置；1998年改进了收割机用传感器；2005年研发出爆燃传感器组件；2007年研发出结构-声音传感器单元；2008年研发出标头地面传感器（图3-14）。

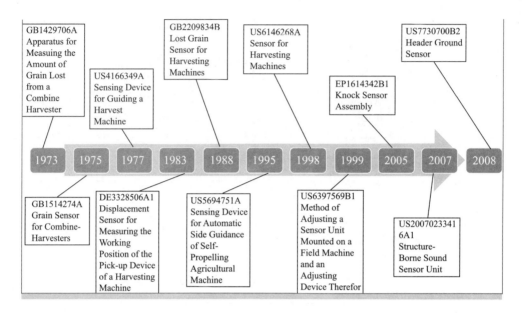

图 3-14 克拉斯农业传感器技术路线图

3.3 农业机器人专利分析

3.3.1 技术发展路线分析

1. 全球专利技术发展情况

农业机器人全球专利技术发展大体分为 3 个阶段,如图 3-15 所示。

(1) 技术萌芽期(1940—1980 年) 农业机器人相关技术专利申请量很少,年均申请量低于 10 件。这一时期还没有真正意义的机器人装置,大多为农业机械的改进,相关专利申请大多围绕着农业机器定位或导向。

专利申请受理国主要为英国、美国,英国的申请量占三分之一,美国的申请量超过四分之一;德国、法国也有相当数量的专利申请。

这一阶段专利申请量较多的申请人有 Transplanters、The Robot Agri Machinery、Israel Pomieraniec。Transplanters、The Robot Agri Machinery、Israel Pomieraniec 的专利申请主要集中在拖拉机、马铃薯种植机械、施肥机械等农业机械及其改进方面。

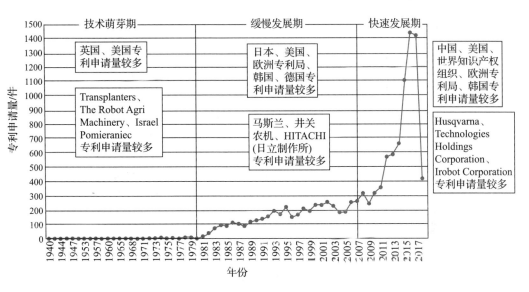

图 3-15　农业机器人全球专利技术发展情况

这一时期的典型高被引专利：Ito Patent-AG 于 1976 申请的 Method and System for the Automatic Orientation and Control of a Robot（US4119900），该专利涉及用于自动定向和控制机器人的方法和系统，被引用频次高达 328 次（表 3-6）。

表 3-6　全球农业机器人高被引专利

发展阶段	时间	主要专利和高被引专利			
		专利号	专利名称	申请人	被引频次
技术萌芽期	1940—1980 年	US4119900	Method and System for the Automatic Orientation and Control of a Robot	ITo Patent-AG	328
缓慢发展期	1981—2007 年	US5974348	System and Method for Performing Mobile Robotic Work Operations	Rocks; James K.	390
		US6255793	Navigation Method and System for Autonomous Machines with Markers Defining the Working Area	—	323
		US6339735	Method for Operating a Robot	Friendly Robotics Ltd.	286

(续)

发展阶段	时间	主要专利和高被引专利			
		专利号	专利名称	申请人	被引频次
缓慢发展期	1981—2007年	US4482960	Robot Tractors	Diffracto Ltd.	256
		US6050219	Apparatus for Milking Animals	Van Der Lely; Cornelis	187
快速发展期	2008年至今	US20120048207A1	Automated System for Applying Disinfectant to the Teats of Dairy Livestock	Technologies Holding Corpration	93
		US20090096790A1	System and Method for 3D Object Recognition	Mvtec Software Gmbh	90
		WO2010110663A1	Robot and Method for Milking a Cow by This Robot	Rotec Engineering B. V.	82
		CN101273688A	柑橘采摘机器人的柔性采摘装置和方法	江苏大学	78

（2）缓慢发展期（1981—2007年） 这一时期，农业机器人领域的专利申请量缓慢增长，1986年专利申请量突破100件，但此后相关专利申请量增长较慢，一直在100~300件之间上下波动。专利申请技术从农业机器人自动导航技术，逐步扩展到农业机器人末端执行技术方面，如动物挤奶机械或设备、水果采摘装置等。

专利申请受理国排名前五位分别为日本、美国、欧洲专利局、韩国、德国，日本受理的专利申请量占比接近三分之一，美国受理的专利申请量占比约为17%，欧洲专利局、韩国、德国受理的专利申请量占比均超过5%。

专利申请量较多的申请人有马斯兰、井关农机、HITACHI（日立制作所）。其中，马斯兰专利申请技术主题主要涉及自动挤奶机械；井关农机专利申请技术主题主要为嫁接、水果采摘/收获机器人；日立制作所专利申请技术集中在机器人视觉方面，农业机器人相关技术主题有码垛系统、采摘装置等。

该时期的高被引专利：Rocks、James K. 于1996年申请的 System and Method for Performing Mobile Robotic Work Operations（US5974348），被引频次为390次，该专利保护用于控制移动机器人工作的操作系统和方法；Rocks、James K. 于1995年申请的

Navigation Method and System for Autonomous Machines with Markers Defining the Working Area（US6255793），被引频次为 323 次，该专利保护用于特定工作区域的自动机器的导航方法和系统；以色列 Friendly Robotics Ltd. 于 1998 年申请的 Method for Operating a Robot（US6339735），被引频次为 286 次，该专利保护操作实用机器人的方法；加拿大 Diffracto Ltd. 于 1981 年申请的 Robot Tractors（US4482960），被引频次为 256 次，该专利保护基于光电和微机的方法及装置；Van Der Lely、Cornelis 于 1997 年申请的 Apparatus for Milking Animals（US6050219），被引频次为 187 次，该专利保护挤奶机器人。

（3）快速发展期（2008 年至今） 2008 年之后，农业机器人相关专利申请量进入高速增长阶段。2008 年的专利申请量约为 300 件，现已公开的 2016 年专利申请量已达 1436 件，这表明农业机器人进入了高速发展阶段。该时期，随着 3D 技术的发展，农业机器人相关专利申请在末端执行、目标探测与定位方面有了更大的进展，如水果采摘、割草、喷药、码垛等机器人。

这一时期中国受理的专利申请量大幅增加，专利申请受理国排名前五位的分别为中国、美国、世界知识产权组织、欧洲专利局、韩国，中国受理的专利申请量占比高达 50%，美国受理的专利申请量占比约为 12%，世界知识产权组织、欧洲专利局、韩国受理的专利申请量占比均超过 5%。

专利申请量较多的申请人有 Husqvarna、Technologies Holdings Corporation、Irobot Corporation。其中，Husqvarna 专利申请技术主题主要涉及机器人割草机及相关控制系统；Technologies Holdings Corporation 相关专利技术主题主要为挤奶机器人；Irobot Corporation 相关专利技术主题主要有草坪护理机器人、机器人割草机、自主移动机器人等。

该时期被引频次比较高的专利技术：Technologies Holding Corporation 于 2011 年申请的 Automated System for Applying Disinfectant to the Teats of Dairy Livestock（US20120048207A1），被引频次为 93 次，该专利保护畜牧乳业中的自动化挤奶消毒系统；Mvtec Software Cmbh 丁 2008 年申请的 System and Method for 3D Object Recognition（US20090096790A1），该专利申请涉及 3D 对象识别系统和方法，被引频次为 90 次；Rotec Engineering B. V. 于 2010 年申请的 Robot and Method for Milking a Cow by This Robot（WO2010110663A1），被引频次为 82 次；江苏大学于 2008 年申请的"柑橘采摘机器人的柔性采摘装置和方法"（CN101273688A），被引频次为 78 次。

2. 中国专利技术发展情况

（1）中国专利申请趋势分析　中国农业机器人专利技术发展主要分为3个阶段，如图3-16所示。

1）技术萌芽期（1987—2001年）。这一时期，我国应用于农业领域的机器人相关技术处于萌芽期，专利申请量很少，2001年之前，年均专利申请量低于10件。农业机器人技术刚刚起步，真正意义上的农业机器人并不多。专利申请量排名前三位的申请人分别为西门子公司、朱天费（安徽省蚌埠市第十二中学）和索尼公司。

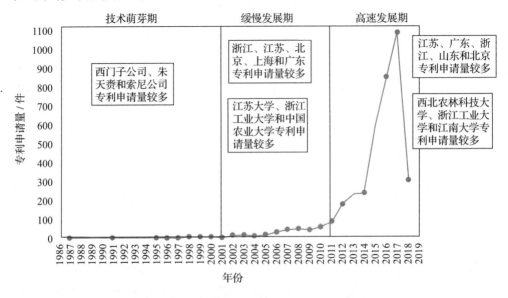

图3-16　中国农业机器人专利技术发展情况

比较典型的专利申请：北京理工大学于1991年申请的"组合式触觉传感器"（CN1067505A），提出通过采用组合式触觉传感器，性能比单独采用一种转换方法的触觉传感器要好，便于研制出高性能触觉传感器；申请人朱天费于1998年申请的"多关节机器人"（CN1210776A），提出在机器人系统中设置通过一套控制装置控制多个关节（表3-7）。

表3-7　中国农业机器人高被引专利

发展阶段	时间	主要专利和高被引专利			
		专利号	专利名称	申请人	被引频次
技术萌芽期	1987—2001年	CN1067505A	组合式触觉传感器	北京理工大学	6
		CN1210776A	多关节机器人	朱天赀	1

(续)

发展阶段	时间	主要专利和高被引专利			
		专利号	专利名称	申请人	被引频次
缓慢发展期	2002—2011年	CN101273688A	柑橘采摘机器人的柔性采摘装置和方法	江苏大学	78
		CN101356877A	一种温室环境下的黄瓜采摘机器人系统及采摘方法	中国农业大学	50
		CN1394699A	水果品质实时检测和分级机器人系统	浙江大学	35
		CN101091428A	一种自动割草机器人	大连理工大学	34
高速发展期	2012年至今	CN202958189U	智能割草机器人	上海大学	25
		CN103380766A	温室自动喷药机器人	北京农业智能装备技术研究中心	25
		CN102960197A	一种适用于植物工厂化生产的立体式智能育秧机器人平台	东北农业大学	21
		CN102914967A	采摘机器人的自主导航和人机协同采摘作业系统	浙江工业大学	21

2）缓慢发展期（2002—2011年）。这一时期农业机器人领域的专利申请量缓慢增长，2002年的专利申请量突破10件，2011年的专利申请量仍未突破100件。农业机器人技术有了较大的发展，江苏大学、浙江工业大学、中国农业大学等众多高校开始对农业机器人进行研发，水果分级、土壤测试、驱鸟、堆垛、浇灌、割草、采摘、套袋等各种类型的农业机器人开始陆续出现，特别是采摘类机器人，如柑橘采摘、黄瓜采摘、苹果采摘等。

专利申请量排名前五位的省市分别为浙江、江苏、北京、上海和广东，浙江的专利申请量占比约为18%，江苏、北京的专利申请量占比均超过15%，上海的专利申请量占比约为13%。

这一时期，国内农业机器人申请人技术有了较大发展，专利申请量排名前三位的申请人分别为江苏大学、浙江工业大学和中国农业大学。其中，江苏大学专利申请技术主题主要为采摘机器人、除草机器人等；浙江工业大学专利申请技术主题主要为水果套袋机器人、采摘机器人、机器人关节装置；中国农业大学专利申请技术主题主要有除草、采摘、施药机器人等。

该时期比较典型的专利申请：江苏大学于2008年申请的"柑橘采摘机器人的柔性采摘装置和方法"（CN101273688A），被引频次为78次；中国农业大学于2008年申请的"一种温室环境下的黄瓜采摘机器人系统及采摘方法"（CN101356877A），被引频次为50次；浙江大学于2002年申请的"水果品质实时检测和分级机器人系统"（CN1394699A），被引频次为35次；大连理工大学于2006年申请的"一种自动割草机器人"（CN101091428A），被引频次为34次。

3）高速发展期（2012年至今）。2012年以后，中国农业机器人相关专利申请进入高速增长阶段，该阶段的专利申请量约占历史总申请量的90%。2012年的专利申请量不到200件，2017年现已公开的专利申请量已突破1000件，这表明中国农业机器人技术进入了高速发展阶段。这一时期中国农业机器人领域的研究仍集中在各大高校，西北农林科技大学、浙江工业大学、江南大学、江苏大学、山东农业大学、中国农业大学等的专利申请量排名较为靠前。农业机器人的种类开始丰富起来，如割草、采摘、喷药、码垛、育秧、播种、剪枝、除草、植保、移栽、嫁接、套袋、包装、水产养殖、清粪、禽蛋拾取、饲料投放、贝壳捕捞等机器人，但仍以采摘机器人相关专利的申请量最多。此外，随着无线网络、局域网及人工智能等技术的发展，农业机器人可以实现无线控制、远程控制以及智能、智慧管理。

专利申请量排名前五位的省市分别为江苏、广东、浙江、山东和北京，江苏的专利申请量占比约为16%，广东、浙江的专利申请量占比均超过10%。

国内专利申请量排名前三位的申请人分别为西北农林科技大学、浙江工业大学和江南大学。其中，西北农林科技大学专利申请技术主题主要为采摘机器人、除草机器人、喷药机器人；浙江工业大学专利申请技术主题主要为套袋机器人、剪枝机器人、采摘机器人、机器人关节；江南大学专利申请技术主题主要有柔性手爪/机械手，采摘、喷雾、抓取、植物养护等机器人。

该时期被引频次较高的专利技术：上海大学于2012年申请的"智能割草机器人"（CN202958189U），被引频次为25次；北京农业智能装备技术研究中心于2013年申请的"温室自动喷药机器人"（CN103380766A），被引频次为25次；东北农业大学于2012年申请的"一种适用于植物工厂化生产的立体式智能育秧机器人平台"（CN102960197A），被引频次为21次；浙江工业大学于2012年申请的"采摘机器人的自主导航和人机协同采摘作业系统"（CN102914967A），被引频次为21次。

（2）申请人分析 中国受理的农业机器人相关专利申请中，申请人为企业的有2610件，申请人为高校+科研院所的有1335件。无论是企业还是高校+科研院所，大部分专利申请均集中在近十年（2009—2018年），企业近十年申请的专利约占其总申请量的79%，高校+科研院所近十年申请的专利约占其总申请量的

76%。排名前十位的企业申请人中有七家与近十年排名前十位的企业申请人相同：国家电网有限公司、深圳普思英察科技有限公司、苏州科瓴精密机械科技有限公司、南京工程学院、浙江捷众科技股份有限公司、无锡同春新能源科技有限公、山东鲁能智能技术有限公司。排名前十位的高校+科研院所申请人有九家与近十年排名前十位的高校+科研院所申请人相同：西北农林科技大学、浙江工业大学、江苏大学、江南大学、山东农业大学、中国农业大学、广西大学、华南农业大学、济南大学（图3-17、图3-18）。

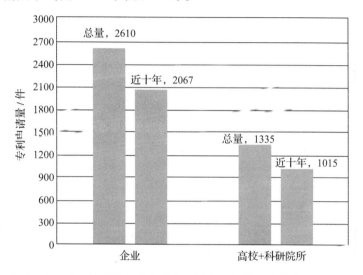

图3-17 农业机器人相关专利企业及高校+科研院所申请量对比

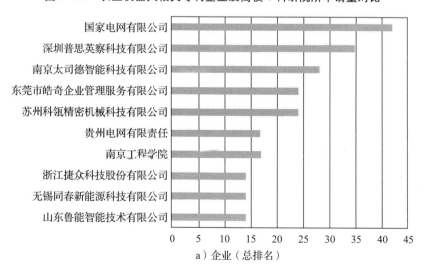

图3-18 农业机器人相关专利企业及高校+科研院所申请人排名对比

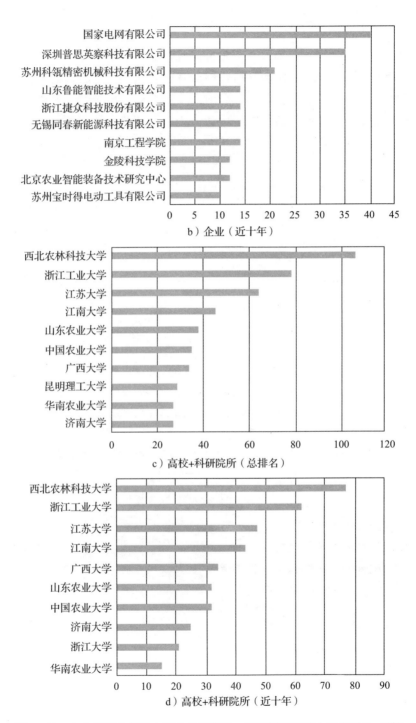

图3-18 农业机器人相关专利企业及高校+科研院所申请人排名对比（续）

3. 农业机器人专利申请主要国家技术分布分析

农业机器人专利申请的技术主题主要分布在割草/除草机器人、采摘机器人、挤奶机器人等领域。

其中，将技术领域专利分布分为四个等级：中国处于第一梯队的有采摘机器人、割草/除草机器人，专利申请量最多，在 300~600 件之间；处于第二梯队的有喷洒/喷药/施肥机器人、修剪机器人、动物养殖/饲喂机器人、驱赶动物机器人、植保/管理机器人、种植/移栽机器人，专利申请量在 100~300 件之间；处于第三梯队的有水产养殖管理机器人、收获机器人、拾取/分拣机器人、耕作机器人、捕捞机器人，专利布局量在 50~80 件之间，清洁、播种、挤奶、嫁接等机器人的相关专利申请量均低于 50 件。

美国处于第一梯队的为挤奶机器人，专利申请量最多，在 300 件以上；处于第二梯队的有割草/除草机器人，专利申请量超过 200 件；处于第三梯队的是采摘机器人，专利申请量超过 50 件；耕作、收获、拾取/分拣、喷洒/喷药/施肥、动物养殖/饲喂、修剪、驱赶动物、种植/移栽、捕捞、清洁、水产养殖管理、植保/管理、播种、嫁接等机器人的相关专利申请量均低于 50 件。

日本农业机器人细分领域的专利布局量均不超过 100 件，处于第三梯队的有挤奶、采摘、收获、嫁接机器人；割草/除草、种植/移栽、拾取/分拣、耕作、水产养殖管理、喷洒/喷药/施肥、驱赶动物、动物养殖/饲喂、修剪、捕捞、清洁、植保/管理等机器人的专利申请量均低于 50 件。

德国处于第二梯队的有挤奶机器人，专利申请量超过 100 件；割草/除草、耕作、采摘、喷洒/喷药/施肥、收获、动物养殖/饲喂、拾取/分拣、清洁、捕捞、驱赶动物、种植/移栽、水产养殖管理、修剪、播种、植保/管理、嫁接等机器人的专利申请量均不超过 50 件。

韩国农业机器人细分领域的专利申请量均不超过 50 件（图 3-19、图 3-20）。

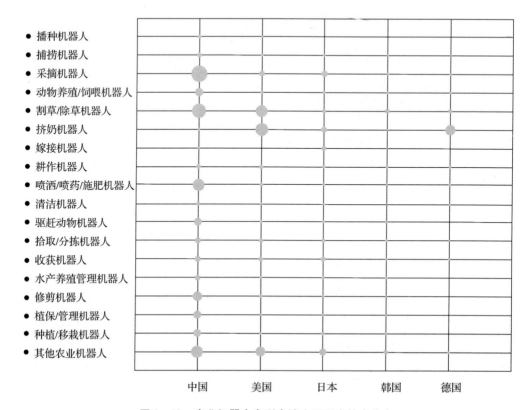

图 3-19　农业机器人专利申请主要国家技术分布

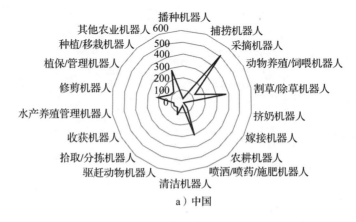

a) 中国

图 3-20　农业机器人专利申请主要国家重点技术分布

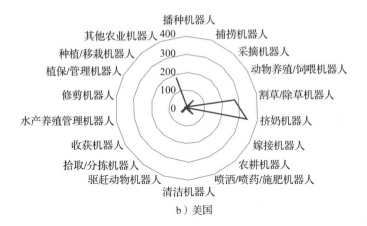

b）美国

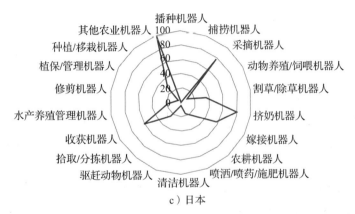

c）日本

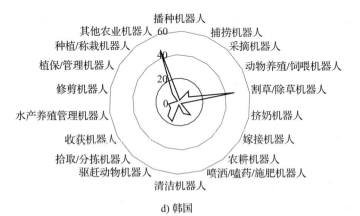

d）韩国

图 3-20 农业机器人专利申请主要国家重点技术分布（续）

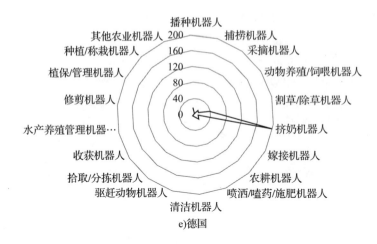

e) 德国

图 3-20　农业机器人专利申请主要国家重点技术分布（续）

4. 小结

（1）全球农业机器人发展分为 3 个阶段

1）技术萌芽期（1940—1980 年）。这一时期，还没有真正意义的农业机器人装置，大多为农业机械的改进，相关专利申请大多围绕着农业机械定位或导向技术，专利申请受理国主要为英国、美国。

2）缓慢发展期（1981—2007 年）。这一时期，相关专利申请从农业机器人自动导航技术，逐步扩展到农业机器人末端执行技术方面，如动物挤奶机械或设备、水果采摘装置等。这一时期，日本、韩国在农业机器人领域的技术有了很大的发展。专利申请量较多的申请人有马斯兰、井关农机、HITACHI（日立制作所）。高被引专利主要是来自美国的专利，涉及挤奶机器人等技术。由此可以看出，农业机器人从机械到系统都得到了发展，机器人技术进一步向智能化方向发展。

3）高速发展期（2008 年之后）。年均专利申请量达千件以上，中国受理的专利申请量占比高达 50%，美国、世界知识产权组织、欧洲专利局、韩国的专利申请量也较多。随着 3D 技术的发展，农业机器人相关专利申请在末端执行装置、目标探测与定位方面有了更大的进展，如水果采摘、割草、喷药、码垛机器人等。这一时期，中国农业机器人领域相关技术有了很大发展。高被引专利除了美国专利以外，还有一些来自中国。由此可以看出，2008 年后，中国在农业机器人技术上的研发投入进一步加大，在采摘技术上有了进一步突破，而国外农业机器人技术的发展主要集中在3D技术的应用、自动化系统等方面。新技术和新系统的技术布局是未来农业机器人产品发展的主要方向。

（2）中国农业机器人技术发展主要分为3个阶段

1）技术萌芽期（1987—2001年）。中国农业机器人技术刚刚起步，年均专利申请量低于10件，还没有真正意义上的农业机器人，专利技术主题主要是机器人传感器的应用。

2）缓慢发展期（2002—2011年）。中国农业机器人相关技术有了较大的发展，江苏大学、浙江工业大学、中国农业大学等众多高校开始对农业机器人进行研发，水果分级、土壤测试、驱鸟、堆垛、浇灌、割草、采摘、套袋等各种类型的农业机器人开始陆续出现，特别是采摘类机器人，如柑橘采摘、黄瓜采摘、苹果采摘机器人技术专利申请相继出现。浙江、江苏、北京、上海和广东的专利申请量较多。高被引专利都是来自高校和科研院所的专利。由此可以看出，国内农业机器人相关技术在企业研发上存在不足，高校和科研院所的合作有待进一步加强。

3）高速发展期（2012年至今）。中国农业机器人种类开始丰富起来，如割草、采摘、喷药、码垛、育秧、播种、剪枝、除草、植保、移栽、嫁接、套袋、包装、水产养殖、清粪、禽蛋拾取、饲料投放、贝壳捕捞机器人等，但仍以采摘机器人相关专利的申请量最多。相关研究仍集中在各大高校，西北农林科技大学、浙江工业大学、江南大学、江苏大学、山东农业大学、中国农业大学等高校的专利申请量排名较为靠前。此外，随着无线网络、局域网及人工智能等技术的发展，无线控制、远程控制、智能/智慧管理技术在农业机器人上应用的相关专利申请较多。高被引专利中出现了平台和系统方面的专利。由此可以看出，中国农业机器人在机械、平台、系统方面得到了进一步的发展，但是企业专利仍然存在申请不足的情况。如何实现高校、科研院所技术与企业生产的有效结合是未来发展的关键。

（3）专利申请技术主题　农业机器人专利申请的技术主题主要分布在割草/除草、采摘、挤奶机器人等领域。

从国家层面上看，中国专利申请的技术主题主要为采摘、割草/除草机器人；美国和德国专利申请的技术主题主要集中在挤奶机器人领域；日本专利申请的技术主题集中在挤奶、采摘、收获、嫁接机器人领域；韩国专利申请的技术主题在割草/除草机器人领域的专利申请量较为突出。

3.3.2 重点专利权人技术分析

在农业机器人领域,全球专利申请量相对较少,专利申请人排名前五的为荷兰的马斯兰股份有限公司(MAASLAND N.V.)、瑞典的利拉伐集团(DeLaval Holding Corp)、富世华机械制造有限公司(Husqvarna Corp.)、美国的科技控股公司(Technologies Holdings Corp.)、日本的井关农机株式会社,专利申请量分别为371件、349件、341件、211件、117件。这里选择利拉线、富世华、井关农机等企业进行具体分析(图3-21)。

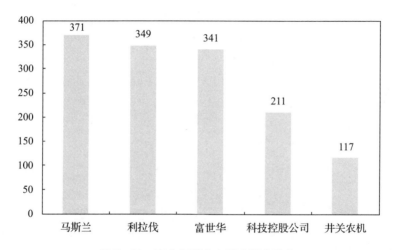

图3-21 农业机器人专利申请人排名

1. 利拉伐

(1)利拉伐全球专利申请及布局情况 利拉伐在农业机器人领域的首件专利申请出现在1998年,且在2001年前年申请量都较大,在2002~2007年进入了专利申请调整期。2008—2014年,年专利申请量相对比较稳定,2015年后利拉伐在本领域的专利申请量明显降低(图3-22)。

从专利申请受理局来看,利拉伐主要是通过世界知识产权组织和欧洲专利局进行专利申请布局;从申请国家来看,其在澳大利亚、加拿大、新西兰、瑞典、德国、中国的专利布局较多,可以看出,利拉伐的主要目标市场是澳大利亚、欧洲、中国等(图3-23)。

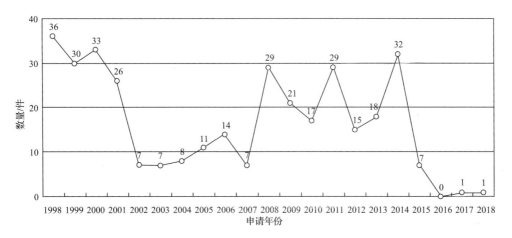

图 3-22 利拉伐全球专利申请趋势

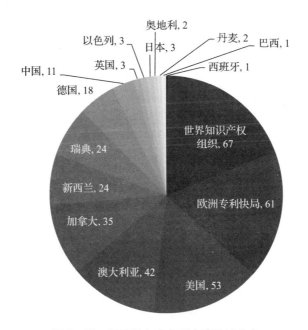

图 3-23 利拉伐全球专利申请地域分布

（2）利拉伐全球发明人情况　利拉伐全球发明人专利申请量排名中，Axelsson Thomas（T. 阿克塞尔森）、Nilsson Mats（M. 尼尔森）、Eriksson Jan（J. 艾瑞克森）、Birk Uzi（U. 布比尔克）四个发明人的发明量最多。由此可以看出，利拉伐的核心发明人团队由这四位发明人组成（图 3-24）。

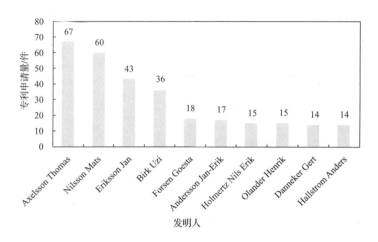

图 3-24 利拉伐全球发明人排名

其中,以 Axelsson Thomas 为核心的发明人团队有 6 位组员,主要研发内容为飞行成像系统配合机器人挤奶系统,以保证挤奶的准确性;配合挤奶系统的摄像机清洗系统;旋转挤奶设施的设计等。

以 Nilsson Mats 为核心的发明人团队有 5 位组员,主要研发内容为挤奶机器人摄像机清洗技术;挤奶机器人奶杯与奶头位置和挤奶量控制技术;动物机器人位置传感器技术等。

以 Eriksson Jan 为核心的发明人团队有 4 位成员,主要研发内容为旋转厅设计、乳头治疗设备、乳头清洗设备、挤奶臂技术、摄像机清洗技术等。

以 Birk Uzi 为核心的发明人团队有 5 位成员,主要研发内容为挤奶室、奶头位置测定技术、自动挤奶装置、检测动物不安等行为的方法和装置等(图 3-25)。

(3)利拉伐中国专利情况 利拉伐在农业机器人领域的中国专利共计 11 件,其中有效专利 7 件,审查中的专利 3 件,失效专利 1 件。11 件专利中仅有 1 件实用新型专利,其余都是发明专利。从申请的技术主题上看,主要是在旋转挤奶器、奶头处理装置、清洁机器人执行技术等方面进行的专利布局。

其中,2011 年申请的"用于保护光学检测装置不受污染的方法和设备"(CN103228127A),保护的是在自动或半自动挤奶系统中使用的光学检测器,这个光学检测器具有清洁装置,用来清洗或擦拭光学检测器表面,并可以用气流对光学检测器进行干燥。在此基础上,利拉伐于 2013 年申请了"末端执行器、机

器人和旋转挤奶系统"（CN105828600A）。(图 3-26)

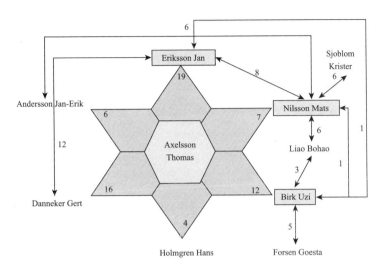

图 3-25　利拉伐发明人团队

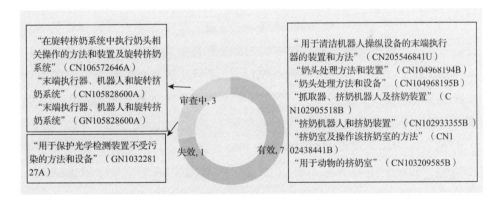

图 3-26　利拉伐中国专利情况

（4）利拉伐公司专利技术路线　利拉伐于 1998 年申请的 Apparatus for Moving an Animal Related Means and a Method Therefor（US6055930）保护了一种指示装置，这种指示装置可以精确地指示乳头的位置，以便于奶嘴更好地与奶头对准。

2001 年申请了 Apparatus for Performing Animal Related Operations（US6431116），该专利在传感器装置中加入了与控制装置相关联的图像捕获装置，用于增强传感性能；Method and Apparatus for Recognizing and Determining a Position and Robot Including Such an Apparatus（US6532892），由于乳房的尺寸随着动物的生长而增加，导致奶嘴之间的距离发生变化，该专利引入了一个具有识别和确定位置功能的系统，且该系统识别与乳房在动物身体上的位置无关，可通过自主学习进行模拟和确定位置。

在上述专利的基础上，利拉伐在 2006 年申请了 Arrangement and Method for Visual Detection in a Milking（WO2007050012A1），该专利的发明点在于提供了一种用于挤奶系统的视觉检测装置和控制装置。其中，视觉检测装置用于重复确定挤奶动物的奶头相对于机器人手臂的位置并连接到控制装置，以便使控制装置更加准确地确定挤奶动物的乳房/乳头的位置。

在此基础上，利拉伐于 2009 年申请了四件相关改进专利，Handling of Teat Cups（US8689735）的发明点为通过检测乳头、乳房中部、乳房根部的位置，调节奶杯高度，以适应动物乳房特征的方式进行安放；Arrangement and Method for Determining the Position of an Animal（WO2009093967A1）的发明点是加入一个三维摄像机来确定动物的位置；Arrangement and Method for Controlling a Movable Robot Arm（WO2010020457A1）的发明点是通过由三维摄像机装置和视觉奶嘴传感装置记录的图像来确定奶头位置，并控制机器人手臂的运动，以便进行连接；Handling of Teat Cups（WO2010060693A1）的发明点是通过控制装置来控制机器人手臂和夹持器装置，使得至少一个奶杯中的奶嘴接收端达到水平高度，在夹持装置中，该水平高度与乳房结构特征相适应。

在 2006 年申请的 WO2007050012A1 专利的基础上，利拉伐于 2010 年申请了两件专利：Milking Robot and Method for Teat Cup Attachment（WO2011023620A3）的发明点在于通过图像记录装置记录挤奶动物的后腿的至少一张图像，并且提供控制装置控制机器人手臂在动物后腿之间移动奶杯进行挤奶；Arrangement and Method for Determining Positions of the Teats of a Milking Animal（WO2011031210A1）的发明点在于加入发光装置，用于向挤奶动物的乳房发射光脉冲，允许一个或多个光脉冲在被挤奶动物的乳房反射之后整体通过快门，二维相机阵列用于在光脉冲通过快门后对其进行二维检测，由图像处理装置从二维检测中形成挤奶动物乳房的三维图像，并用于检测挤奶动物的乳头，从形成的三维图像中确定它们在所有三个空间维度中的位置。

近几年，利拉伐申请了两件专利。2017 年申请了美国专利 Milking Arrangement and a Method of Operating a Milking Arrangement（US20180153130A1），其发明点在于加入一个控制器，通过控制器的命令接收与反馈来控制挤奶杯的转换、清洗等工作，从而减少人工的工作量。

2018 年申请了 End Effector of a Robot Arm and Arrangement for Performing an Animal Related Operation（WO2018222121A1），该专利的发明点是在机械臂的末端执行器上套一个带有两个通风口的壳，以保证末端执行器的干燥与清洁（图 3-27）。

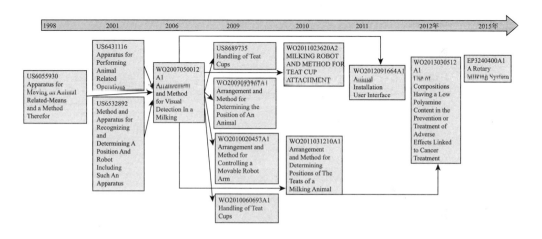

图 3-27　利拉伐公司专利技术路线

2. 富世华

富世华集团成立于 1689 年，总部设在瑞典，最初是军用设备制造商。在 1918 年收购了瑞典的 Norrahammars Bruk 后，其产品线扩展到了加热设备和割草机械。目前，富世华的产品线涉及户外电源产品、建筑和石材行业的金刚石工具、园林设备、切割设备、遥控破拆机器人等。

（1）富世华全球专利申请及布局情况　富世华在农业机器人领域的全球专利申请从 2000 年开始，早期的年专利申请量很少；2010 年之后，富世华在农业机器人领域的专利申请量突飞猛进，于 2015 年达到顶峰，2016 年之后年专利申请量突然减少。2018 年的专利申请量较少有部分原因是专利自申请到公开有 18 个月以内的延期（图 3-28）。

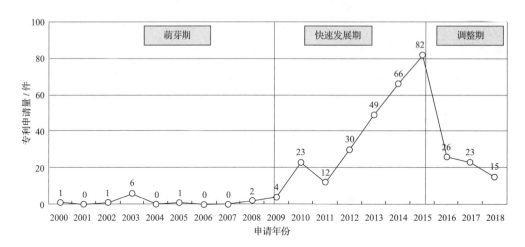

图3-28 富世华全球专利申请趋势

在农业机器人方面,富世华一共申请了341件专利,其在世界知识产权组织、欧洲专利局、美国、中国、瑞典的专利申请量相对较多(图3-29)。

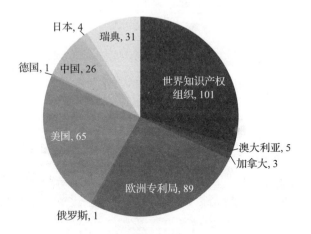

图3-29 富世华全球专利申请情况

(2)富世华全球发明人情况 富世华全球专利申请量排名前十的发明人中,Jagenstedt Patrik(帕特里克·耶金斯泰特)的发明量最多,其次是Ohrlund Magnus(芒努斯·奥尔隆德),排名第三的为Bjorn Jonathan(乔纳森·比约恩)(图3-30)。

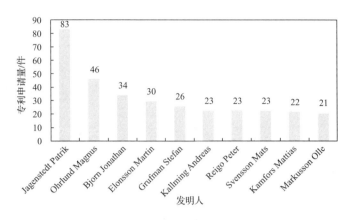

图 3-30 富世华全球发明人排名

富世华在农业机器人领域以 Jagenstedt Patrik 为核心构建了研发团队。与 Jagenstedt Patrik 合作较多的成员有 Ohrlund Magnus，合作申请了 30 件专利，主要是围绕传感器、导航、充电装置技术进行专利申请的。从整个团队来看，富世华在机器人导航、机器人充电技术、机器人通信、机器人检测和机器人定位等技术上的研发实力较强（图 3-31）。

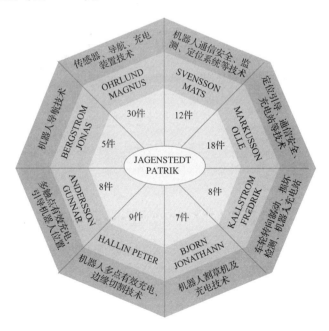

图 3-31 富世华全球发明人团队

(3) 富世华中国专利申请情况　富世华于 2008 年在中国成立富世华（中国）机械制造有限公司，正式进入中国市场。富世华在中国的专利申请量共计 26 件，其中发明专利 19 件，外观专利 7 件。从中国的专利布局可以看出，富世华很看重对产品外观的保护，并且其产品技术保护策略是将核心技术与外观相结合，防止其他设计的仿造。

从专利申请的主题类别来看，富世华在机器人作业、工作系统和方法的改进方面在中国申请的专利较多（图 3-32）。

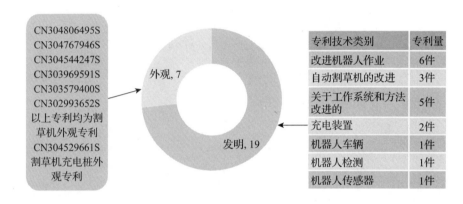

图 3-32　富世华中国专利申请情况

(4) 富世华专利技术路线　在机器人割草机的外观专利方面，富世华在 2011 年申请的两件相关专利被引频次较高，于 2012 年对机器人割草机的外观又增加了三种被引频次较高的设计，涉及外壳的改变及增加照明的改进。2014 年，富世华申请的两件专利被引频次较高：一件是针对外壳结构的改进；另一件是针对割草机主体的改进。之后，富世华在 2015 年和 2016 年针对割草机本身外观的改进各申请了一件专利（图 3-33）。

在机器人割草机领域，富世华于 2008 年申请了 An Autonomous Robotic Lawn Mower and a Method for Establishing a Wireless Communication Link Between the Lawn Mower and a User（WO2010077198A1），该专利保护的是一种割草机远程管理操作系统。在此基础上，富世华又进一步研发了以下 4 件专利。

1) 2012 年在中国申请的"用于骑乘式草坪护理车的电气系统"（CN104135848B）。技术发明点为设计了模块化、灵活、有效的配线系统，使得

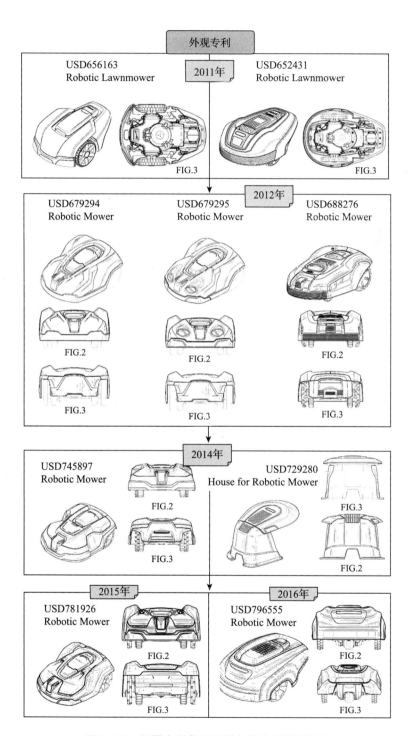

图3-33 机器人割草机外观专利技术发展路线

骑乘式草坪护理车具有更容易设计的特点。

2）Robotic Working Tool System With a Boundary Wire（EP3100126B1）。设计了一种远程控制信号，当剩余脉冲或其他脉冲的幅度降低到小于由磁场引起的总能量时，其中一些脉冲的幅度增加以便于进行远程检测。

3）2016年在美国申请的Electrical System for Riding Lawn Care Vehicle（US10028431）。此专利与2012年在中国申请的CN104135848B为同族专利。其研发技术点为通过智能技术实现线束与开关通信，控制机器人草坪护理车辆的当前开关状态。

4）Communication and Safety Device for Boundary Aided Systems（US8838291）。研发技术点为机器人园艺工具不需要在操作期间始终检测边界，同时系统变得更加抗干扰，从而使机器人园艺工具操作更加安全，没有逃离工作区域的风险。

富世华于2001年申请了Self-Propelled Lawn Mower（US7117660），这件专利保护的是用于大面积草坪护理的机器人割草机。在此基础上，于2012年申请了Calibration of Cutting Height for a Robotic Mower（WO2014007694A1），此专利研发的是一种控制电路，可以精确设置切割高度，从而控制机器人割草机的切割高度。2015年申请了Lawn Monitoring and Maintenance Via a Robotic Vehicle（WO2016103071A1），该专利进一步研发的技术点为通过包含一个或多个传感器的传感器网络来检测机器人车辆附近的状况，并架设分析器模块来分析从传感器网络接收的植物数据，以确定植物信息。

富世华于2012年申请的Robotic Lawn Mower（WO2013125995A1），保护的是机器人割草机中的升力检测装置，用来检测割草机底盘的提升量。在此专利的基础上，富世华又研发了以下五件专利：

1）2013年申请的Displacement Sensor for a Robotic Vehicle Detecting a Lift Event and a Collision Event（WO2014007728A1）。此专利改进的技术点为使用单一传感器而不是多个传感器检测来自多个扇区的运动，如一个传感器能同时检测碰撞和被抬起。

2）2013年申请的Displacement Sensor for a Robotic Vehicle Detecting a Lift Event and a Collision Event（EP2869689A4）。在WO2013125995A1的基础

上,该专利进一步研发了可以使用多个传感器来检测各种事件的机器人割草机,例如,可以检测割草机与物体的碰撞,或者检测割草机被抬起或翻倒。

3) 2013 年申请的 Displacement Sensor for a Robotic Vehicle Detecting a Lift Event and a Collision Event (US9766627),此专利是 EP2869689A4 专利的同族专利,保护的是用于检测被抬高和碰撞的机器人工具的位移传感器。

4) 2014 年申请的 Obstacle Detection for a Robotic Working Tool (EP3102914B1)。该专利在 WO2013125995A1 的基础上,进一步研发了能够检测所有方向上的碰撞,并且能够检测机器人工具的不同部位被部分抬高的传感器和系统。

5) 2015 年申请的 Lift/Collison Detection (US10108198)。此专利进一步研发了改进机器人作业工具碰撞检测与提升检测的方法(图3-34)。

3. 井关农机

(1) 井关农机全球专利申请及布局情况　井关农机在农业机器人领域的专利申请最早出现于 1984 年,其在 1989 年以前的年专利申请量很少,主要是围绕着机器人部件进行的专利申请。1989 年之后,井关农机的年专利申请量大幅度上升,主要围绕着嫁接机器人展开专利布局;1996 年以后,井关农机在农业机器人领域的专利布局范围加大,进一步在育苗机器人、收获机器人、采摘机器人等方面进行了专利布局。

(2) 井关农机全球发明人情况　从发明人排名来看,井关农机在农业机器人领域发明量较多的为大月晴树、有马诚一、大越崇博、沟田盛和、胁长和彦等(图3-35)。

井关农机在农业机器人领域的发明人团队主要以大月晴树、有马诚一、大越崇博、沟田盛和、胁长和彦为核心成员。其中有马诚一的团队为一个独立的团队,主要围绕果蔬收获装置进行研发。而由大月晴树、大越崇博、沟田盛和、胁长和彦等人组成的研发团队则主要围绕着嫁接机器人、接穗机器人、堆垛机器人等方面进行研发(图3-36)。

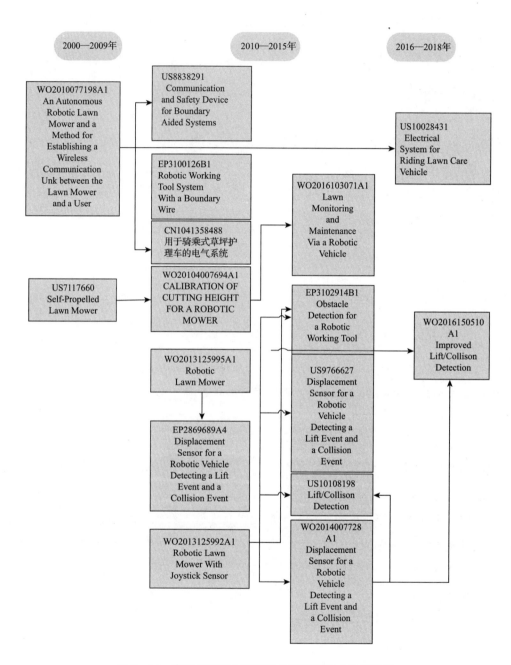

图 3-34 富世华机器人割草机发明专利技术发展路线

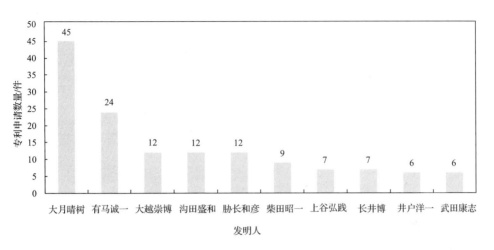

图 3-35 井关农机发明人排名

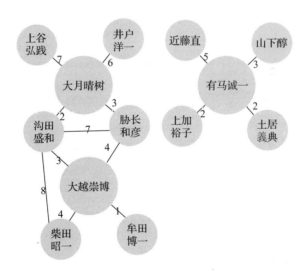

图 3-36 井关农机发明人团队

(3) 井关农机专利技术类型　井关农机在农业机器人领域的专利都是在日本本土进行申请的,在技术类型上看,嫁接机器人的专利申请量最多,共计 61 件;其次为采摘机器人,专利申请量为 16 件;水果收获机器人专利申请量为 12 件,堆垛机器人 4 件,接穗机器人 4 件。另外,还在机器人图像识别系统、机器人部件、粮食检测等方面申请了一些专利(图 3-37)。

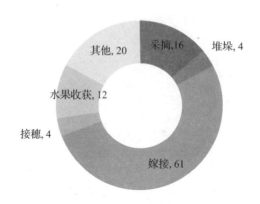

图 3-37 井关农机专利技术类型

(4) 井关农机专利技术发展路线　井关农机的农业机器人研发工作起步较早，起初为水果收获机器人，1991 年研发出水果收获机器人的视觉装置；1992 年研发出嫁接机器人；1994 年研发出收获机器人的水果识别装置；1995 年改进了草莓采摘机器人机械手的末端执行器；1996 年改进了农业机器人的收获设备；1998 年研发出水果、蔬菜收获机器人的采摘设备；1999 年改进出粮食自检系统；2000 年改进了嫁接机器人；2007 年研发出水果收获机器人和草莓栽培设施；2010 研发出授粉机器人；2013 年研发出植物诊断机器人；2016 年改进了农场工作机器人（图 3-38）。

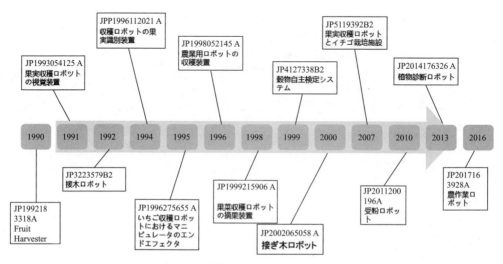

图 3-38 井关农机专利技术发展路线

3.4 总结

1）从专利技术发展情况可以看出，国内相较于国外在农业传感器、农业机器人本身上的研究较少，主要集中在传感器的应用及机器人部件、控制系统的研究上。而国外的研究则更侧重于核心部件、核心元件以及整个产品的设计。建议国内可以考虑在农业传感器、农业机器人的结构、材料等方面做一些研究，利用已经过了专利保护期的国外核心专利作为技术研发基础，开发一些适合于国内生产要求的产品。

2）2010年之后，无线射频技术、无线网络技术、定位技术、导航技术飞速发展并在农业领域获得了广泛应用，融合了先进信息技术的农业传感器和农业机器人均进入了高速发展期。中国农业传感器和农业机器人领域技术也获得了巨大的发展，但是技术研发领域较为分散，没有形成核心优势细分领域。建议国内农业机械高新技术产业通过建立农业传感器、农业机器人联盟、产业集群/特色产业园区等集中研发方式，形成不同的核心优势园区，推动农业机械高新技术产业的发展。

3）由专利分析可以发现，国内农业传感器和农业机器人领域的专利申请量虽然有了很大的增长，但是高被引专利数量不多，专利申请量排名前三位的申请人均为国外申请人，农业传感器和农业机器人领域的专利质量有待加强。建议对约翰迪尔、井关农机、久保田、洋马农机、马斯兰、富世华等行业内重点企业进一步进行关注，并进行相应核心技术的专利检索与数据处理，获取有效分析数据。对上述企业申请人、地区分布等信息数据的统计，进行系统的技术分类和比较研究。对申请人、发明人、专利引文等的某些特征进行科学计量，从而梳理出对于企业专利战略发展有用的信息。另外，对高被引专利进行充分调查、分析和研究，吸取现有技术精华，用于我国自己的技术创新。

附件1　1978年前约翰迪尔重点高被引专利列表

公开（公告）号	申请号	标题	被引频次
US4228638	US05/955021	Preservative Applicator for a Aound Baler	46
US4171606	US05/920999	Attitude Control for a Harvester Pickup	72
US4150524	US05/796057	Crop Conditioner Roll	23
US4147016	US05/758909	Harvester Having Height Adjustable Head	27
US4138837	US05/735378	Variable Speed Reversible Drive for a Harvesting Apparatus	79
US3990520	US05/601660	Tractor with Hydraulic Draft Control	20
US3995696	US05/548584	Capacitance Transducer Load Sensor	32
US3938684	US05/535414	Combine Unloading Auger Drive	27
US3749035	US05/101916	Precision Depth Seed Planter	108

附件2　1979—1998年约翰迪尔重点高被引专利列表

公开（公告）号	申请号	标题	被引频次
US4332126	US06/186073	Automatic Height Control for a Harvester Header	73
US4306403	US06/197838	Overload Sensor for a Cotton Harvester Unit Drive	48
US4518044	US06/360748	Vehicle with Control System for Raising and Lowering Implement	189
US4573308	US06/595869	Harvesting Platform with a Floating Cutterbar	108
US4634855	US06/649098	Photoelectric Article Sensor with Facing Reflectors	46
US4728954	US06/684217	Ground Velocity Sensor with Drop-out Detection	50
US4843767	US07/174284	Automatic Forage Harvester Knife Sharpening System	55
US4875889	US07/253834	Combine Crop Material Flow Adjustment System	69
US4934612	US07/398285	Automatic Forage Harvester Shearbar Adjusting	63
US5025951	US07/429664	Electronic Seed Rate System for a Grain Drill	50
US4967544	US07/455486	Automatic Speed Control System for a Harvesting Assembly	112
US5586033	US08/466957	Control System with Neural Network Trained as General and Local Models	124

附件3 1999年至今约翰迪尔重点高被引专利列表

公开(公告)号	申请号	标题	被引频次
US6671698	US10/327277	Method and System for Automated Tracing of an Agricultural Product	521
US20070175198A1	US11/344447	Tractor and Baler Combination with Automatic Baling and Steering Control	174
US7222475	US11/125419	Header Hydraulic Float System	164
US5936234	US08/858393	Seed Planter Monitoring System with Optical Sensors	161
US9326444	US13/951062	Method and Stereo Vision System for Facilitating the Unloading of Agricultural Material From a Vehicle	150
US8074586	US12/431366	Seed Delivery Apparatus with Sensor and Moving Member to Capture and Move Seed to a Lower Outlet Opening	150
US6421990	US09/573317	Measuring Device for Measuring Components in and/or Properties of Crop Material	149
US6584390	US10/151654	System for Measuring the Amount of Crop to be Harvested	143
US6553300	US09/906490	Harvester with Intelligent Hybrid Control System	138
EP2561744A1	EP2012177085	A Seed Sensor Assembly, Planter with Such and Method	112
US20100116974A1	US12/270317	Seed Sensor System and Method for Improved Seed Count and Seed Spacing	112
US20140230391A1	US13/771727	Per Plant Crop Sensing Resolution	83
US6820459	US10/246217	Automatic Mass-Flow Sensor Calibration for a Yield Monitor	78
US6285198	US08/888354	Grain Moisture Sensor	52
US6917206	US10/718147	Multiple Frequency Grain Moisture Sensor for Combines	49
US5686671	US08/710128	Grain Mass Flow Sensor for an Agricultural Combine	41

附件4 1980年前久保田高被引专利列表

公开（公告）号	申请号	标题	被引频次
JP1980028184A	JP1978101597	Movable Agricultural Unit	10
GB2044064A	GB1979036097	Harvester Stalk Length Sensor	11
US4315548	US06/143933	Tractor with a Traction Load Sensing Device	17

附件5 1981—2000年久保田高被引专利列表

公开（公告）号	申请号	标题	被引频次
US6320497B1	US09/511808	Display Control System for a Working Vehicle	68
US4868752A	US07/094996	Boundary Detecting Method and Apparatus for Automatic Working Vehicle	83
US4775940A	US06/861844	Plowing Depth Detecting System for Rotary Plow	34
US4663925A	US06/661992	Fruit Harvesting Robot Hand	67
US4628454A	US06/496566	Automatic Running Work Vehicle	221
US4546840A	US06/494017	Travelling Vehicle Equipped with Obstacle Detector Sensors	60
US4626993A	US06/445755	Teaching-Playback Type Automatically Running Vehicle	61

附件6 2001年后久保田高被引专利列表

公开（公告）号	申请号	标题	被引频次
US20040026150A1	US10/397056	Work Vehicle Having Overridable Automatic Engine Stop Circuit	57
US20120239260A1	US13/407374	Tractor	18
US20060201123A1	US11/220971	Fill Detection Device for Grass Container and Grass Container	15
US7316322B2	US10/540742	Quality Evaluation Apparatus for Fruits and Vegetables	19

附件7　久保田高被引专利及其后引专利申请人

高被引专利		后引专利申请人	
专利号	标题	申请人	专利
US4868752	Boundary Detecting Method and Apparatus for Automatic Working Vehicle	JOHN DEERE Company	US6615570　Header Position Control with Forward Contour Prediction
			US8649940B2　Method and Stereo Vision System for Managing the Unloading of an Agricultural Material From a Vehicle
		Case Corporation	US7792622　Method and System for Vehicular Guidance Using a Crop Image
			US7350343B2　System for Automatically Steering a Utility Vehicle
			US6445983　Sensor-Fusion Navigator for Automated Guidance of off-Road Vehicles
		Irobot Corporation	US6385515B1　Trajectory Path Planner for a Vision Guidance System
			US6285930B1　Tracking Improvement for a Vision Guidance System
			US6278918B1　Region of Interest Selection for a Vision Guidance System
			US6490539B1　Region of Interest Selection for Varying Distances Between Crop Rows for a Vision Guidance System
			US9229454　Autonomous Mobile Robot System

(续)

高被引专利		后引专利申请人	
专利号	标题	申请人	专利
US4315548A	Tractor With a Traction Load Sensing Device	JOHN DEERE Company	US4982613 Force Sensor
US5079706A	Control System for Self-Propelled Working Vehicle Including Vehicle Course Correction Means	JOHN DEERE Company	US7916898B2 Method and System for Identifying an Edge of a Crop
US4626993A	Teaching-Playback Type Automatically Running Vehicle	JOHN DEERE Company	US8131432B2 Method and System for Managing the Turning of a Vehicle
			US8204654B2 System and Method for Generation of an Inner Boundary of a Work Area
			US7739015 System and Method for Controlling a Vehicle with a Sequence of Vehicle Events
US4600999A	Automatic Running Work Vehicle	JOHN DEERE Company	US8209075B2 Method and System for Generating end Turns
US4628454A	Automatic Running Work Vehicle	Irobot Corporation	US9215957 Autonomous Robot Auto-Docking and Energy Management Systems and Methods

(续)

高被引专利		后引专利申请人	
专利号	标题	申请人	专利
US4628454A	Automatic Running Work Vehicle	Kyle H Holland	US20070285041A1 Method and System for Multi-Mode Coverage for an Autonomous Robot
			US20100037418A1 Autonomous Coverage Robots
			US9360300 Methods and Apparatus for Position Estimation Using Reflected Light Sources
			US9486924 Remote Control Scheduler and Method for Autonomous Robotic Device
			US8239992B2 Compact Autonomous Coverage Robot
			US8594840B1 Celestial Navigation System for an Autonomous Robot
			US8374721B2 Robot System
			US9599990 Robot System
			US8816262B2 Auto-Calibration Method for Real-Time Agricultural Sensors
			US8558157B2 Sensor-Based Chemical Management for Agricultural Landscapes
			US9026316B2 Variable Rate Chemical Management for Agricultural Landscapes with Nutrition Boost

(续)

高被引专利		后引专利申请人	
专利号	标题	申请人	专利
US4628454A	Automatic Running Work Vehicle	Kyle H Holland	US9075008B2 Plant Treatment Based on a Water Invariant Chlorophyll Index
			US9585307B2 Optical Real-Time Soil Sensor and Auto-Calibration Methods
US4546840A	Travelling Vehicle Equipped with Obstacle Detector Sensors	Crown Equipment Corporation	US20110118903A1 Systems and Methods of Remotely Controlling a Materials Handling Vehicle
			US8452464B2 Steer Correction for a Remotely Operated Materials Handling Vehicle
			US9122276B2 Wearable Wireless Remote Control Device for Use with a Materials Handling Vehicle
			US8731777B2 Object Tracking and Steer Maneuvers for Materials Handling Vehicles
		Altra Technologies Incorporated	US6268803B1 System and Method of Avoiding Collisions
			US6933837B2 Trailer Based Collision Warning System and Method
			US6894608B1 System and Method for Warning of Potential Collisions
			US6642839B1 System and Method of Providing Scalable Sensor Systems Based on Stand Alone Sensor Modules

附件8 检索式

1. 农业传感器检索式

((TA:(农业传感器 or 农业用传感器 or "Agricultural Sensor" or "Agricultural Transducer" or 土壤传感器 or 农业机械传感器 or 植物茎流传感器 or 植物茎秆直径传感器 or 叶绿素传感器 or 植物叶片厚度传感器 or 作物生长传感器 or 农业气象信息传感器 or 土壤养分传感器)) or (TTL:(传感器)) and (TA:(农业 or 农田 or 田间 or 作物 or 果园 or 畜牧 or 水产养殖 or 农作物 or 禽畜 or 牲畜 or 农产品 or 水果 or 育苗 or 育种 or 养殖 or 耕地 or 农场 or 养鸡场 or 养鸭场 or 养猪场 or 养鹅场 or 鱼塘 or 养鱼 or 耕地 or 耕作 or 植物栽培 or 温室大棚 or 畜禽 or 菜园) or IPC:(A01B or A01C or A01D or A01F or A01G or A01K or A01M))) or (TAC:(卫星遥感系统 or "Satellite remote sensing system" or 全球定位系统 or 北斗卫星导航系统 or BDS or 传感器 or GPS or 接近开关 or 激光雷达 or transducer or "Sensing Element" or Sensor or Sensors or "Rotary Encoder" or 旋转编码器 or 光电编码器) and IPC:(A01 not (A01L or A01J or A01P or A01N or A01H))) or (IPC:((A61B1/05 or A61B5/023 or A61B5/1455 or B60G17/019 or B60L15/18 or B60L15/28 or B62M6/50 or B64G1/36 or E21C35/10 or F02M69/48 or F02P7/063 or F02P7/067 or F02P7/07 or F02P7/073 or F15C or G01B11/245 or G01C17/26 or G01C17/28 or G01G11/02 or G01G11/04 or G01G11/06 or G01G19/10 or G01G19/12 or G01G19/16 or G01G19/18 or G01G19/28 or G01G19/30 or G01N29/265 or G01N29/27 or G01N29/275 or G01S19/26 or G03G or G10K11/34 or G10K11/35 or H01H37/34 or H04N5/335 or H04N5/341 or H04N5/349 or H04N5/372 or H04N5/374 or H04N5/3745 or H04R1/00 or H04R1/18 or H04R1/28 or H04R1/30 or H04R1/40 or H04R3/06 or H04R3/08 or H04R9/00 or H04R9/14 or H04R9/18 or H04R11/00 or H04R11/10 or H04R11/14 or H04R15/00 or H04R15/02 or H04W84/18 or H04R31/00 or H04R23/02 or H04R21/00 or H04R19/08 or H04R19/00) and (A01 not (A01L or A01J or A01P or A01N or A01H)))) or ((AN:(德州仪器 or "Texas Instruments" or 美国模拟器件公司 or "Analog Devices" or 飞思卡尔 or "Freescale Semiconductor" or Kionix or 楼氏声学公司 or "Knowles Acoustics" or Akustica or SiTime or 惠普公司 or "Hewlett-Packard" or IMT or "Innovative Micro Technology" or SMI or "Silicon Microstructures" or 霍尼韦尔 or "Honeywell" or 精量电子 or "Measurement" or 凯勒公司 or "Keller America" or 艾默生电气 or "Emerson Electric" or 罗克韦尔自动化有限公司 or 通用电气公司 or "General Electric Company" or 雷泰 or "Raytek" or PCB 公司 or 邦纳工程国际有限公司 or "Banner Engineering Corp" or "Merit Sensor Systems" or Sensortronics or "STS" or WIKA or 爱普科斯 or "EPCOS" or "First Sensor Technology" or 巴鲁夫 or "Balluff" or 图尔克 or "Hans Turck" or 倍加福 or "Pepperl-Fuchs" or 施克 or "SICK AG" or 德森克 or "di-soric Industrie-electronic" or Sensortechnics or 爱尔邦 or "Ahlborn Mess- undRegelungstechnik" or 柏西铁龙 or "Proxitron" or 宝得 or "Christian Bürkert" or 英飞凌 or "Infineon" or "Metallux SA" or 凯乐测量技术有限公司 or "KELLER" or "Endress Hauser" or 堡盟集团 or "Baumer Group" or MEMSENS or "Microtel Tecnologie Elettroniche" or Datalogic or Gefran or 日本横河电机株式会社 or "Yokogawa Electric" or 欧姆龙 or "OMRON" or 富士电机集团 or "Fuji Electric Group" or 基恩士 or KEYENCE or 村田 or "VTI Technologies" or "Sunpro Instruments" or "India Pvt" or "Haris Sensor Technologies" or "Syscon Instruments" or "Ajay sensors & Instruments" or "Green Sensor" or "Wise Control" or "Sensor System Technology" or "Pressure Development of Korea" or 沈阳仪表科学研究院 or 深圳清华大学研究院 or 河南汉威电子股份有限公司 or 北京昆仑海岸传感技术有限公司 or 天津市中环温度仪表有限公司 or 意法半导体 or "ST" or 博世 or BOSCH or 西门子 or "Siemens" or 科勒尔 or "KELLER AG für Druckmesstechnik") or ANS:(德州仪器 or "Texas Instruments" or

美国模拟器件公司 or "Analog Devices" or 飞思卡尔 or "Freescale Semiconduct" or Kionix or 楼氏声学公司 or "Knowles Acoustics" or Akustica or SiTime or 惠普公司 or "Hewlett-Packard" or IMT or "Innovative Micro Technology" or SMI or "Silicon Microstructures" or 霍尼韦尔 or "Honeywell" or 精量电子 or "Measurement" or 凯勒公司 or "Keller America" or 艾默生电气 or "Emerson Electric" or 罗克韦尔自动化有限公司 or 通用电气公司 or "General Electric Company" or 雷泰 or "Raytek" or PCB 公司 or 邦纳工程国际有限公司 or "Banner Engineering" or "Merit Sensor Systems" or Sensortronics or "STS" or WIKA or 爱普科斯 or "EPCOS" or First Sensor Technology or 巴鲁夫 or "Balluff" or 图尔克 or "Hans Turck" or 倍加福 or "Pepperl-Fuchs" or 施克 or "SICK AG" or 德森克 or "di-soricIndustrie-electronic & Co. KG" or Sensortechnics or 爱尔邦 or "Ahlborn Mess- und Regelungstechnik" or 柏西铁龙 or "Proxitron" or 宝得 or "Christian Bürkert" or 英飞凌 or "Infineon" or "Metallux SA" or 凯乐测量技术有限公司 or "KELLER" or "Endress + Hauser" or 堡盟集团 or "Baumer Group" or MEMSENS or "Microtel Tecnologie Elettroniche" or Datalogic or Gefran or 日本横河电机株式会社 or "Yokogawa Electric" or 欧姆龙 or "OMRON" or 富士电机集团 or "Fuji Electric Group" or 基恩士集团 or "KEYENCE" or 村田 or "VTI Technologies" or "Sunpro Instruments" or "India Pvt" or "Haris Sensor Technologies" or "Syscon Instruments" or "Ajay sensors & Instruments" or "Green Sensor" or "Wise ControlInc." or "Sensor System Technology" or "Pressure Development of KORea" or 沈阳仪表科学研究院 or 深圳清华大学研究院 or 河南汉威电子股份有限公司 or 北京昆仑海岸传感技术有限公司 or 天津市中环温度仪表有限公司 or 意法半导体 or "ST" or 博世 or BOSCH or 西门子 or "Siemens" or 科勒尔 or "KELLER AG für Druckmesstechnik") or ANC：（德州仪器 or "Texas Instruments" or 美国模拟器件公司 or "Analog Devices" or 飞思卡尔 or "Freescale Semiconductor" or Kionix or 楼氏声学公司 or "Knowles Acoustics" or Akustica or SiTime or 惠普公司 or "Hewlett-Packard" or IMT or "Innovative Micro Technology" or SMI or "Silicon Microstructures" or 霍尼韦尔 or "Honeywell" or 精量电子 or "Measurement" or 凯勒公司 or "Keller America" or 艾默生电气 or "Emerson Electric" or 罗克韦尔自动化有限公司 or 通用电气公司 or "General Electric Company" or 雷泰 or "Raytek" or PCB 公司 or 邦纳工程国际有限公司 or "Banner Engineering Corp" or "Merit Sensor Systems" or Sensortronics or "STS" or WIKA or 爱普科斯 or "EPCOS" or First Sensor Technology or 巴鲁夫 or "Balluff" or 图尔克 or "Hans Turck" or 倍加福 or "Pepperl-Fuchs" or 施克 or "SICK AG" or 德森克 or "di-soricIndustrie-electronic & Co. KG" or Sensortechnics or 爱尔邦 or "Ahlborn Mess- und Regelungstechnik" or 柏西铁龙 or "Proxitron" or 宝得 or "Christian Bürkert" or 英飞凌 or "Infineon" or "Metallux SA" or 凯乐测量技术有限公司 or "KELLER" or "Endress + Hauser" or 堡盟集团 or "Baumer Group" or MEMSENS or "Microtel Tecnologie Elettroniche" or Datalogic or Gefran or 日本横河电机株式会社 or "Yokogawa Electric" or 欧姆龙 or "OMRON" or 富士电机集团 or "Fuji Electric Group" or 基恩士集团 or "KEYENCE" or 村田 or "VTI Technologies" or "Sunpro Instruments" or "India Pvt" or "Haris Sensor Technologies" or "Syscon Instruments" or "Ajay Sensors & Instruments" or "Green Sensor" or "Wise ControlInc" or "Sensor System Technology" or "Pressure Development of Korea" or 沈阳仪表科学研究院 or 深圳清华大学研究院 or 河南汉威电子股份有限公司 or 北京昆仑海岸传感技术有限公司 or 天津市中环温度仪表有限公司 or 意法半导体 or "ST" or 博世 or BOSCH or 西门子 or "Siemens" or 科勒尔 or "KELLER AG für Druckmesstechnik") or ANCS：（德州仪器 or "Texas Instruments" or 美国模拟器件公司 or "Analog Devices" or 飞思卡尔 or "Freescale Semiconductor" or Kionix or 楼氏声学公司 or "Knowles Acoustics" or Akustica or SiTime or 惠普公司 or "Hewlett-Packard" or IMT or "Innovative Micro Technology" or SMI or "Silicon Microstructures" or 霍尼韦尔 or "Honeywell" or 精量电子 or "Measurement" or 凯勒公司 or "Keller America" or 艾默生电气

or "Emerson Electric" or 罗克韦尔自动化有限公司 or 通用电气公司 or "General Electric Company" or 雷泰 or "Raytek" or PCB 公司 or 邦纳工程国际有限公司 or "Banner Engineering Corp" or "Merit Sensor Systems" or Sensortronics or "STS" or WIKA or 爱普莱斯 or "EPCOS" or First Sensor Technology or 巴鲁夫 or "Balluff" or 图尔克 or "Hans Turck" or 倍加福 or "Pepperl-Fuchs" or 施克 or "SICK AG" or 德森克 or "di-soric Industrie-electronic" or Sensortechnics or 爱尔邦 or "AhlbORn Mess-und Regelungstechnik" or 柏西铁龙 or "Proxitron" or 宝得 or "Christian Bürkert" or 英飞凌 or "Infineon" or "Metallux SA" or 凯乐测量技术有限公司 or "KELLER" or "Endress + Hauser" or 堡盟集团 or "Baumer Group" or MEMSENS or "Microtel Tecnologie Elettroniche" or Datalogic or Gefran or 日本横河电机株式会社 or "Yokogawa Electric" or 欧姆龙 or "OMRON" or 富士电机集团 or "Fuji Electric Group" or 基恩士集团 or "KEYENCE" or 村田 or "VTI Technologies" or "Sunpro Instruments" or "India Pvt" or "Haris Sensor Technologies" or "Syscon Instruments" or "Ajay Sensors & Instruments" or "Green Sensor" or "Wise Control Inc." or "Sensor System Technology" or "Pressure Development of Korea" or 沈阳仪表科学研究院 or 深圳清华大学研究院 or 河南汉威电子股份有限公司 or 北京昆仑海岸传感技术有限公司 or 天津市中环温度仪表有限公司 or 意法半导体 or "ST" or 博世 or BOSCH or 西门子 or "Siemens" or 科勒尔 or "KELLER AG für Druckmesstechnik")) AND TA：(农业 or 农田 or 田间 or 作物 or 果园 or 畜牧 or 水产养殖 or 农作物 or 禽畜 or 牲畜 or 农产品 or 水果 or 育苗 or 育种 or 养殖 or 耕地 or 农场 or 养鸡场 or 养鸭场 or 养猪场 or 养鹅场 or 鱼塘 or 养鱼 or 耕地 or 耕作 or 植物栽培 or 温室大棚 or 畜禽 or 菜园)) or (APNO：(AU1970023404) or PN：(AU206673B or US4209131 or US5389781 or USR36528 or US20120232691))))

2. 农业机器人检索式

((TA：(农业机器人 or 农业用机器人 or 农用机器人 or "Agricultural Robot" or "Agricultural Robots" or 采摘机器人 or 温室机器人 or 采棉机器人 or 套袋机器人 or 植保机器人 or 喷雾机器人 or 喷药机器人 or 喷施机器人 or 剪枝机器人 or 修剪机器人 or 农业信息采集机器人 or 除草机器人 or 果园作业机器人 or 收获机器人 or 收割机器人 or 果蔬分拣机器人 or 精挑机器人 or 采棉机器人 or 田间作业机器人 or 割草机器人 or 喷灌机器人 or 嫁接机器人 or 耕耘机器人 or 扦插机器人 or 移栽机器人 or 耕地机器人 or 耕地分拣机器人 or 剪羊毛机器人 or 挤奶机器人 or 挤牛奶机器人 or 采蘑菇机器人 or 摘取机器人 or 育苗机器人 or 施肥机器人 or 放牧机器人 or 牧羊机器人 or 插秧机器人 or 播种机器人 or 畜牧机器人 or "Robotic Lawnmower" or "Robotic Fruit Harvester" or "Robot Type Fruit Harvester")) or (TA：(机器人 or robot* or robotic) and TA：(采摘 or 摘取 or 育苗 or 嫁接 or 采棉 or 植保 or 剪枝 or 除草 or 收获 or 收割 or 割草 or 喷灌 or 扦插 or 移栽 or 田间作业 or 果园作业 or pick* or seed* or graft* or "plant protect" or prun* or weed* or harvest* or mow* or sprinkl* or transplant* or "field work" or "orchard work")) or (TA：(机器人 or robot* or robotic) and TA：(套袋 or 喷药 or 喷施 or bag* or spray*) and IPC：(A01)) or (TA：(机器人 or robot* or robotic) AND IPC：(A01B or A01C or A01D or A01F or A01G or A01K or A01M)) or (AN：(南京农业大学 or 中国农业大学 or 西北农林科技大学 or 浙江工业大学 or 西北农林科技大学) AND ((IN：(姬长英 or 周俊 or 张铁中 or 安秋 or 陈军 or 陈立彬 or 杨庆华 or 沈明霞 or 鲍官军) and TA：(机器人)) or TA：((农业 or 农田 or 田间 or 作物 or 果园 or 畜牧 or 水产养殖 or 农作物 or 禽畜 or 牲畜 or 农产品 or 水果 or 育苗 or 育种 or 养殖 or 耕地 or 农场 or 养鸡场 or 养鸭场 or 养猪场 or 养鹅场 or 鱼塘 or 养鱼 or 耕地 or 耕作 or 植物栽培 or 温室大棚 or 畜禽 or 菜园) and 机器人) or (TA：(机器人) and IPC：(A01)))) or (AN：(江苏大学 or 江南大学 or 浙江理工大学 or 浙江大学 or 华南农业大学 or 北京农业智能装备技术研究中心 or 东北农业大学 or 河南科技大学 or 昆明理工大学 or 青岛农业大学 or 上海大学 or 华南理工大学) and (TA：((农业 or agricultur

* or 农田 or 田间 or 作物 or 果园 or 畜牧 or 水产养殖 or 农作物 or 禽畜 or 牲畜 or 农产品 or 水果 or 育苗 or 育种 or 养殖 or 耕地 or 农场 or 养鸡 or 养鸭 or 养猪 or 养鹅 or 鱼塘 or 养鱼 or 耕地 or 耕作 or 种植 or 采收 or 采摘 or 植物栽培 or 温室大棚 or 菜园 or 园艺 or 花卉 or 蔬菜 or 牧场 or 灌溉 or 滴灌 or 微灌 or 植物培养 or 播种 or 施肥 or 整地 or 收获 or 脱粒 or 繁育 or 繁殖 or 拣蛋 or 喂水 or 饲养 or 挤奶 or 码垛 or 堆垛 or 驱鸟 or 浇灌 or 套袋 or 拾蛋 or 捕捞)and(机器人 or robot* or robotic))or(TA：(机器人 or robot* or robotic)and IPC：(A01))))or(AN：(井关农机 or Iseki or 胡斯华纳 or Husqvarna or 富世华 or 哈斯科瓦那 or 久保田 or Kubota or 迪尔 or "Deer Company" or "Deer & Company" or 洋马农机株式会社 or 洋马农机制造株式会社 or "Yanmar Agricult Equip" or "Yanmar Agricultual Equipment" or 博世公司 or 博世有限公司 or 博世株式会社 or 博世股份有限公司 or "Robert BOSCH gmbh" or "BOSCH Corp" or "BOSCH GmbH Robert" or "BOSCH Robert" or 三菱电机株式会社 or "Mitsubishi Electric" or 凯斯纽荷兰 or "CNH Ind" or Frobotics or Delaval)and(TA：((机器人 or robot* or robotic)and(农业 or agricultur* or 农田 or 田间 or 作物 or 果园 or 畜牧 or 水产养殖 or 农作物 or 禽畜 or 牲畜 or 农产品 or 水果 or 育苗 or 育种 or 养殖 or 耕地 or 农场 or 养鸡 or 养鸭 or 养猪 or 养鹅 or 鱼塘 or 养鱼 or 耕地 or 耕作 or 种植 or 采收 or 采摘 or 植物栽培 or 温室大棚 or 菜园 or 园艺 or 花卉 or 蔬菜 or 牧场 or 灌溉 or 滴灌 or 微灌 or 植物培养 or 播种 or 施肥 or 整地 or 收获 or 脱粒 or 繁育 or 繁殖 or 拣蛋 or 喂水 or 饲养 or 挤奶 or 码垛 or 堆垛 or 驱鸟 or 浇灌 or 套袋 or 拾蛋 or 捕捞 or agricultural or agriculture or farmland or crop or orchard or "animal husbandry" or aquaculture or livestock or "agricultural product" or fruit or seedling or breeding or farming or "arable land" or farm or "fish pond" or "fish farming" or "cultivated land" or farming or "plant cultivation" or greenhouse or livestock or "vegetable garden")))))

第4章 农业机械产业科技发展报告

Chapter Four

4.1 引言

农业机械作为农业先进生产力的核心要素，是提高农业生产效率，转变农业发展方式，实现农业农村现代化的重要物质支撑。党中央、国务院对推进主要农作物生产全程机械化给予了高度重视，乡村振兴战略规划对此也提出了明确要求。坚持农业机械技术的创新与产业发展，对于推进农业农村现代化进程，加快农业机械产业升级，缩小我国与国际先进水平的差距，增强我国现代农业机械装备，保障国内农业机械需求供给能力和提高国际竞争力，促进农业增效、农民增收、农村发展以及全面建成小康社会的进程具有重要的战略意义。

当前，乡村振兴战略深入实施，工业化、城镇化步伐加快，农业农村劳动力结构发生了很大变化，青壮年劳动力相对比较短缺，"谁来种地、怎样种地"成为农业农村现代化发展亟待解决的重大课题。实现农业机械化是根本前提，发展农业机械是重要基础，必须做好统筹规划，系统谋划和推进。本报告立足全球视野，总结分析了2018年度国内外农业机械行业发展状况、国内外前沿技术与发展动态、成果产出、应用现状、市场与政策以及存在的问题等，为探讨我国农业机械发展方向与重点、研究部署未来农业机械产业创新提供参考。

4.2 全球农业机械产业科技发展概况

4.2.1 产业发展概况

1. 全球农业机械市场呈现复苏态势

据德国机械制造商协会（VDMA）统计数据显示全球主要农机生产分布在欧洲、中国和北美，2016年其农机产量分别占全球产量的27.3%、21.2%和19.3%。全球农机生产分布如图4-1所示，欧洲为全球最大的农机生产地区，而中国则为全球第一大生产国。在持续3年的低迷期之后，2017年以来全球农机市场呈现复苏态势，进入2010年以来的再次高位运行，全球农机市场景气指数如图4-2所示。在全球农机市场复苏的大趋势下，主要农机生产国欧洲、北美地区的农机产量出现较大增长，欧洲农机市场总量变化情况如图4-3所示。

德国机械制造商协会认为，欧洲农机市场回暖，奶价上涨为关键因素。欧洲奶价在2016年进入低谷后，2017年奶制品价格出现大幅攀升；粮食价格则维持平稳。奶制品价格上涨，受益最大的是中欧各国，其中波兰和德国的农机产量增长幅度最大，法国有所改善。2017年，德国农机工业营业额增长约6%；法国农机市场摆脱了2015年欧洲农业危机低谷的影响，整体呈积极发展趋势，投资情况

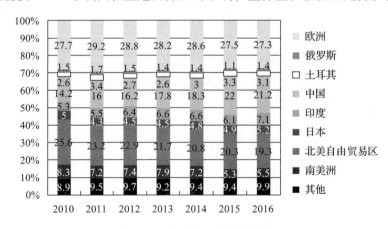

图4-1 全球农机生产分布图

数据来源：德国机械制造商协会（VDMA）

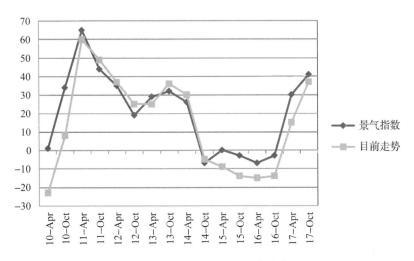

图4-2 全球农机市场景气指数

数据来源:国际制造商组织(Agrievolution)

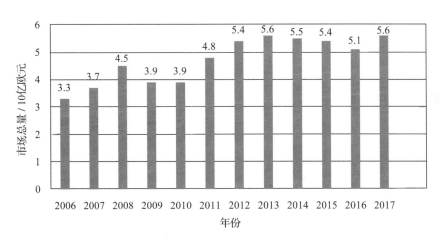

图4-3 欧洲农机市场总量变化情况

数据来源:国际制造商组织(Agrievolution)、欧洲机械制造商协会(CEMA)

得到改善。2017年,东欧各国尤其是俄罗斯和乌克兰的农机市场分别达到10%和25%,成为欧洲农机市场复苏的强大动力。可见,农机市场复苏的条件充分,且将持续一段时期。据德国机械制造商协会等机构的调查数据显示,农民需求重新被激活,投资计划同比增加50%;另一方面,工厂订单也很充足。

北美农机市场同样迎来复苏,除部分大型设备外,其他产品的营业额均有所上升。加拿大的大型拖拉机及联合收割机销量很好,但美国市场该类产品销量的走低抑制了整个北美地区该产品销量的走势。美国设备制造商协会统计,受美国疲软的农业经济影响,100马力以上拖拉机的销量处于低位徘徊,而100马力以下则保持强劲增长势头。据该协会统计,2017年美国农场数量约为206.5万个,相比1997年减少了1.7%～6.1%,减少的农场规模主要集中在9～2000英亩(1英亩=4046.86m^2);50～1999英亩的农场数量比2012年普查时减少了3%,占总农场数的38%。这类消费群体的减少,导致100马力以上拖拉机的销量持续减少。另一方面,1～9英亩的农场数量增长1.2%,表明新的农场正在形成,这将为小马力拖拉机提供新的市场需求。

2. 区域间发展差异大

按区域划分,全球农业机械市场分为北美、欧洲、亚太和其他地区。由于中国和印度等发展中国家对粮食的需求刚性增长,亚太地区在2022年以前是最主要的农业机械市场。再加上该区域各国政府的补贴政策等支持措施,其对农业机械的需求激增,采用先进技术的农业机械不断出现,以农业机械作业服务为主导的农业生产性服务业蓬勃兴起,如中国的田田圈农业服务中心、中化MAP(Modern Agriculture Platform,现代农业技术服务平台)和印度的Agribolo(一个农业服务平台,提供信息传播、优质投入采购、市场联系、灌溉设施和农业装备等服务)。随着科技的快速发展和人口的增长,北美农业机械市场近期将保持稳步增长态势。与此同时,在美国和加拿大等北美国家,利用先进的农业机械进行更有效、更可靠和更节省时间的农业生产的情况也有所增加。在欧洲,应用先进的农业机械将促进该地区的农机市场增长,如应用多用途拖拉机等先进设备,为欧洲现代农业生产的需求提供先进动力,对农机市场增长也会产生积极影响。

3. 农机企业兼并重组再度活跃

兼并重组是优势农机企业发展壮大的主要手段之一。经过20世纪两次大的并购潮,当今国际农机企业的集中度大为提高。曾经在行业中知名的国外知名农机品牌大多归入到几个大型跨国公司集团的麾下,如菲亚特农机(Fiatagri)、福特(Ford)、纽荷兰(New Holland)、凯斯(Case)等农机品牌进入了凯斯纽荷兰(Case-New Holland);阿里斯查尔默斯(Allis-Chalmers)、麦赛福格森(Massey Ferguson)等农机品牌进入了爱科集团(AGCO);沙姆(SAME)、道依兹法尔(Deutz-Fahr)、兰博尔吉尼(Lamlborghini)等农机品牌进入了沙姆道依兹法尔集团(SAME Deutz-Fahr)。

近年来,全球经济衰退,全球农机行业总体处于低迷状态,引发了新一轮农机企业并购潮。

2015 年，全球最大农机企业——约翰迪尔以 3.05 亿美元收购 AI 除草创业公司——蓝河科技公司（Blue River），进一步扩大其在农业自动化领域的布局，又收购世界著名播种机厂家——满胜公司（MONOSEM），旨在加强其在精量播种技术方面的领导地位。美国著名导航设备生产商——天宝公司（Trimble）宣布将收购加拿大阿尔伯塔省红鹿市的私营企业 Agri-Trend，该公司经营着北美洲最大的独立农业咨询师网络。收购 Agri-Trend 将加强天宝公司的农艺咨询业务，天宝公司在精准农业方面的经验与 Agri-Trend 公司的农艺、谷物市场、农场业务和数据管理板块的结合，将使种植者在整个农场经营循环中获得更大效益。日本三菱重工株式会社（Mitsubishi Heavy Industries Ltd）宣布，将通过股权合作与印度汽车和农机制造巨头——马恒达公司（Mahindra & Mahindra Ltd）建立农业机械领域的紧密合作关系。我国知名农机企业福田雷沃国际重工股份有限公司收购意大利国宝级农机品牌阿波斯、农机具企业马特马克和高端拖拉机品牌高登尼的跨国并购，让全球农机产业见识了中国农机资本的力量。

2016 年，爱科集团与农业科技公司 Aglytix 和 Farmobile 缔结发展合作关系。凯斯纽荷兰收购 DLG A. m. b. A. 集团 Kongskilde 工业公司旗下的牧草和耕作设备业务部门，扩展其产品范围。日本久保田以 4.3 亿美元收购美国大平原公司，这是其继 2012 年控股挪威草业专业制造企业——格兰（Kverneland）后的又一大举措，基本实现了其"从水田到旱田，从全程到全球"的战略部署。

2017 年，约翰迪尔收购意大利家族企业——植保机械制造商玛佐蒂（MAZZOTTI），这是其继收购植保机械制造商海吉（Hagie）后的另一大动作，使其在植保机械领域的话语权得到进一步加强。2017 年，天宝公司又收购了德国一家致力于专业农机具控制和精准农业解决方案的私营公司——米勒电子（Müller-Electronik）。

2018 年，德国农机具制造企业——雷肯公司（LEMKEN）为了增长全球业务，扩展生产设施和制造能力，全资收购荷兰 Steketee 公司。该公司专有的相机控制技术能帮助农民精确地控制他们的机器，其主要产品应用于传统的行间锄草和行内植物间锄草。

4.2.2 国外知名企业发展概况

1. 美国约翰迪尔公司（JOHN DEERE）

约翰迪尔公司是世界上规模最大、综合技术最领先的农业和林业机械产品及服务供应商。该公司为世界 500 强企业，2018 年营业收入为 297.377 亿美元，利润达 20.59 亿美元（数据来源：2018 年《财富》美国 500 强排行榜）。其典型先进技术产品有：新系列旋转刀具，可提高切割质量、效率和材料分布及适用范围；全新 9000 系列自行走式饲料收割机（SPFH）的性能和功能得到改善，生产商通过定制收割机能够在狭窄的收获窗口内获得尽可能高的投资回报；耕作机械增加了 2660VT 和 2680H 型号；Bale Mobile 应用程序能够帮助干草和饲料生产商获取详细信息，提高效率，帮助决策；智能 W170 割晒机和各种刨刀头满足了高产油菜品种的收割需求，也适用于丘陵地区；低矮和窄的 5075GL 型特种拖拉机适用于果园和葡萄园。

2. 美国凯斯纽荷兰工业公司（CNH）

凯斯纽荷兰是世界第二大农业机械制造公司，产品涵盖拖拉机、联合收割机、采棉机、葡萄收获机、甘蔗收割机及各种牧草机械等，可充分满足不同农业生产需求，为用户提供全面、完整的产品线。其拖拉机、联合收割机和牧草机械的销量名列世界前茅，目前在中国推广的农业机械品牌主要为凯斯（CASE IH）和纽荷兰（NEW HOLLAND）。随着乳制品及乳业饮料的市场需求不断增长，纽荷兰 FR 系列青贮收获机也在全面推动我国牧草收割作业的机械化进程，在鼓励用户逐渐从使用连接在拖拉机上的青贮收获机转向使用自走式收获机的转变中起到了积极的推进作用。典型先进技术产品：改进的 FR 青贮收获机，性能得到极大提升，可一机多用，匹配不同型号的割台，对不同作业环境的适应性增强，易于维护，性价比大幅提升；TS6.120 高地隙拖拉机是目前国内市场上功率最大、可携带多种复式农具的高地隙拖拉机，适用于甘蔗中耕、施肥、培土及打药工作，极大地提高了工作效率和收益；全新 Magnum3404 拖拉机是专门为中国市场打造的一款产品，几乎可以满足该级别产品的全部作业需要，其发动机的动力性和节油性具有绝对优势，搭载的很多智能操作功能极大提高了作业效率，为中国需求大马力的客户提供了领先行业标准的动力解决方案；凯斯 AF4088 轴流滚筒联合收割机的发动机强劲高效，可以收割玉米、小麦、水稻、大豆、油菜等多种作物，一机多用，提升了用户收益；成套牧草与秸秆收获机械，因作业效率高、运行成本低和可靠性高而得到了专业用户的青睐。

3. 美国爱科集团（AGCO）

爱科集团是全球农业机械设备设计、生产、销售领域的先行者，为世界各地的农民提供全套的农业解决方案,包括拖拉机、联合收割机、牧草与秸秆收获设备、播种与耕作设备、粮食储藏、油脂生产系统和零部件。其五大核心品牌是麦赛福格森(Massey-Ferguson)、维美德(Valtra)、芬特(Fent)、挑战者(Challenger)和谷瑞(GSI)。2018年,爱科集团营业收入为83.065亿美元,利润达18.64亿美元(数据来源:2018年《财富》美国500强排行榜)。

典型先进技术产品如下:

(1) IDEAL联合收割机 核心为高效处理系统,在各种条件下都有出色的表现。IDEAL是第一款具有独特狭窄机体的高容量联合收割机,其在设计上也便于公路运输。更为重要的是,IDEAL能够实现完全流程化管理、全面自动化调整和实时谷物流向可视化等功能。

(2) 维美德(Valtra)第四代A系列拖拉机 其显著特色是采用全新技术和驾驶室设计方案,以及多种可选底盘,可提供了更多的定制选择。设计者非常重视拖拉机的使用性、人体工程学、安全性、耐用性、适用性和生产性能。获得"红点设计奖"是对A4系列拖拉机高设计品质的认可,爱科品牌产品已因成功的设计分别于2016年和2017年荣获此奖。

(3) 麦赛福格森大马力拖拉机MF 3404 该款产品是爱科集团汇集全球资源,结合本地需求,专为中国用户开发的,是麦赛福格森采用业界领先技术精心研发的大功率型拖拉机,满足了用户对大马力拖拉机的需求,荣获了技术创新金奖。

(4) 麦赛福格森小方捆打捆机MF 1840 这是一款专门为中国市场研发改进的中置式、两道绳小方捆打捆机,适用于苜蓿、小麦秸秆、水稻秸秆、玉米秸秆及天然草等多种作物的打捆作业,产品适应性广,设备利用率高,作业周期长,投资回报高。在作业效果方面,草捆密度高、捆型好、易堆放、不散捆,可有效地降低运输费用。

4. 德国科乐收集团(CLAAS)

科乐收是一家家族企业,是世界领先的农业机械制造商之一。科乐收也是自走式饲料收割机研发的全球领导者,以及全球农业技术最佳表现者,拥有拖拉机、农业打包机和绿色收割机械等多种产品,其产品组合还包括最先进的农业信息技术。科乐收在全球拥有约11000名员工,近几年,在农机市场大幅度下滑的背景下,科乐收却逆势向上,2018年的销售收入达到了历史新高。科乐收集团(CLAAS)是第一家将饲料收割机与集成履带式解决方案推向市场的制造商,这一屡获殊荣的新概念在各种条件下都能提供最佳的土壤保护。科乐收不仅投资于新产品,还投资于创新的工作环境。与 2017 年相比,2018 年的固定资产投资明显增加。随着主要装配线的现代化在法国勒芒开始,该路线仍然适用于拖拉机业务的增长。以客户为导向的服务和更换零件业务也在不断扩展。

典型先进技术产品如下:

(1) 新型 CONVIO 系列柔性输送头 这是业内唯一具有 9in(1in = 25.4cm)垂直弯曲范围的柔性输送带,具有即时自动调节功能。通过各种自动功能提供最高水平的操作舒适性,这些功能完全集成在 Lexion 联合收割机驾驶室的 Cebis 终端显示屏上。

(2) 可变速率收获技术 利用精确传感器技术和自动机器控制,目前可在所有 Lecion 联合收割机和 Jaguar 饲料收割机上使用。它通过感应变化的现场条件、作物密度和机器速度并进行相应的调整来自动优化机器性能。它通过区域管理帮助农民了解其田地的变化,从而提高产量潜力最大地区的生产力。可变速率收获技术可以根据作物条件、作物体积和田间地形最大化机器性能;可以减少人工、燃料和机器成本,同时提高产量,保证粮食、饲料质量和收获速度。

(3) Exion 联合收割机 新增 Cemos Automatic 系统,可自动感知不断变化的收获条件,并自动调整机器的清洁和分离系统,以最大限度地提高产量和谷物质量。2018 年,Lexion 联合收割机的另一项重要更新是增加了谷物质量摄像机(Grain Quality Camera)。这种新型的摄像机可监控谷物升降机中的谷物质量,并在 Cebis Mobile 监视器上显示相关图像。农民可以在粮食运输到谷物罐时看到谷物的质量,并可以根据需要修改组合设置。

(4) 新型 ORBIS 玉米割台 ORBIS 600 SD 和 ORBIS 750 其工作宽度分别为 6.0m 和 7.5m。在 ORBIS 600 SD 上,外部单元有两个小型圆盘,而 ORBIS 750 则配有一个大型外圆盘和一个小型内圆盘。因此,即使是在玉米种植行距不同的情况下,两种型号的附件都具有 V 形作物流,具有最佳的功能可靠性。割台前面新设计的拨禾机构确保了低损失的作物收集,能够很好地适应玉米植株收获。驱动概念与 Jaguar 900(包括可变前连接驱动器和 Jaguar 800)完美匹配,确保了完美的切割质量。双速齿轮箱用于调节玉米前部附件的整体速度,而控制饲料桶的三速齿轮箱则可完美地协调作物流量。可变前部附件驱动的自动功能允许从驾驶室方便地优化作物流;较少的齿轮单元和有效的动力传输有利于保持较低的功率和使效率最大化;换油间隔延长至 2500h 或 5 年,有效地降低了成本。每个 ORBIS 都配有通信模块,可将数据从前部附件传输到牧草收割机并简化 Jaguar 设置。即使在更换前部附件后，设置也不会丢失，这是一种可以节省时间并避免操作错误的功能。

（5）JAGUAR 960 TERRA TRAC 玉米割台　新的 JAGUAR 960 TERRA TRAC 玉米割台，为土壤保护设定了新的标准。基尔应用科学大学（Kiel University of Applied Sciences）的测试结果证实，即使履带行走系统使用最窄的轨道（宽 635mm），实际超过 $1.3m^2$ 区域内的行动系统与土壤的接触面积是 800 型轮胎的两倍。JAGUAR 960 TERRA TRAC 结合轮胎压力调节系统（也可在出厂时用于后桥）提供最佳的土壤保护，其优点之一是当机器处于极端作业条件下时，也不会深陷到土壤中。这让跟在收割机后面的运输车辆的行走操作更加方便。另外，还可以选配宽度为 735mm 和 890mm 的行走系统。TERRA TRAC 履带传动系统的地头保护系统在草地应用上独树一帜。在转弯操作期间，每个履带单元中的支撑辊由液压系统向下推动，前驱动辊升高且接触面积减小约 1/3，使机器在转弯时可以有效地避免碾压草覆盖物。基尔应用科技大学的测量结果表明，支撑辊降低时的土壤压力小于轮式机器施加的土壤压力。CLAAS TERRA TRAC 几十年的经验积累，这项技术完美地集成在新的 JAGUAR 系统中，底盘延长约 1m，以适应履带行走系统，延长的轴距通过履带上方的隔板提供了更大的维护空间和更好的可达性。

Aguar 960 Terra Trac 采用了 900 系列的成熟斩波技术，全液压无级变速前部附件驱动器可在不同速度下实现高效的动力传输。如果切割长度发生变化，系统会自动根据行走速度进行相应的调整，调整好后，剪切杆通过液压夹紧就位，并可靠地保持在所需位置，以保证均匀的作物流和良好的切割质量。该机器还配有可自动调节的凸凹面，凸凹面与安装块和另一个枢轴点相连接，并在调节剪切杆时自动与剪切杆一起移动。这意味着凸凹面和切割刀之间的距离在凸凹面的整个长度上保持恒定，从而确保了均匀的作物流，而不管刀的情况如何。此外，这种结构节省了燃料并减少了磨损。出料口上的高分辨率摄像机在运行期间连续检测草料运输车的轮廓，并按轮廓和负载自动调整作物排放方向。它的一项新功能是支持卸载到车后。

（6）秸秆、牧草水分测试仪　其探头配有压力传感器，可在插入探头时自动确定捆包密度，并根据捆包密度计算结果，不再需要手动输入数据对捆包密度进行精确调整。内存可提供总共 1000 个测量读数的空间。通过 USB 连接，可以轻松快速地下载读取值，并且可以随时更新软件。橡胶防滑手柄和长寿命探头即使在高密度捆包中也具有很好的耐用性。这些特性使新型水分测试仪成为专业秸秆和干草交易企业以及专业打包操作员的理想选择。除了用于干草和稻草的水分测试仪，克拉斯经销商还提供多种适用于其他谷物水分测量仪。

5. 日本久保田株式会社（KUBOTA）

久保田公司是日本最大的农业机械制造商，长期以来在"水""土""环境"这些与人类生活和文化息息相关的领域中，不断地开发符合时代要求的先进技术和产品，为人类富裕、美好的生活做出了贡献。久保田公司在全球各地全方位地开展业务，共有150家子公司及20家关联公司，在农业机械、小型建筑机械、小型柴油发动机等领域处于世界前列。2018年，日本久保田集团的综合基础营业额为18503亿日元，同比上涨5.7%；利润额为1893亿日元，同比减少5.3%，主要由于日本的销售额增长无法弥补原材料价格的上涨和固定成本等费用的增加。2018年6月，福布斯全球企业2000强榜单发布，久保田排名第547。其典型先进技术产品如下：

（1）SL38型拖拉机　机械传动机构简单，采用易操作的H形手动换档，可实现细粒度换档。

（2）PRO988Q型履带收割机　具有输出高、能耗低的特点，即使在水田中也能实现高效收割，最高行走速度可达2.1m/s；配备大直径长脱粒滚筒，使脱粒效果更好、破损率降低、含杂率更低；粮仓容量达1400L，减少了在工作过程中卸粮的次数，提升了工作效率。

（3）PRO688Q型履带收割机　该履带收割机为全喂入收割机，"一机多用"，能够收获油菜、水稻、小麦等作物；具有高效率、高性能、高性价比，实现了联合收割机效益最大化；宽幅履带能够在湿田里更加平稳地工作，不易积泥，在烂田中的适应性则更强。

（4）为中国市场开发的大排量柴油发动机　这种柴油发动机具有高性能和低运行成本，与同等功率范围内的其他发动机相比，不仅可以优化单位排放的输出，还可以实现最高水平的低油耗。该发动机不需要SCR系统，因此不需要柴油机废气流体（DEF）和补充流体，从而降低了运行成本。由于没有SCR系统或DEF储罐，因此体积有所减小。该发动机的配置允许从一侧维护所有部件，有助于提高工作效率。

6. 意大利赛迈·道依茨·法尔公司（DEUTZ FAHR）

意大利赛迈·道依茨·法尔是世界领先的农业机械（如拖拉机、收割机）和柴油发动机制造商之一,产品以 SAME、Lamborghini Trattori、Hürlimann、DEUTZ-FAHR 和 Grégoire 等品牌为主。该集团生产的拖拉机功率范围为 25～336 马力,收割机的功率高达 395 马力。其先进技术产品如下:

(1) SAME Frutteto CVT S　3 缸或 4 缸 FarMotion 发动机提供良好的动力性能和特定的燃油消耗,CVT 车型采用了由 SAME 专门开发的新型无级变速器、全新的 MaxCom 扶手、比以往更舒适的驾驶室以及控制台,为专业拖拉机提供无与伦比的人体工程学和舒适度。配备在 SAME Frutteto CVT S 牵引车上的新型无级变速器将机械系统的最佳效率与液压系统的舒适性和平稳性相结合,实现了 0～40 km/h 的无缝速度控制,低发动机转速下可达到非凡的燃油效率。没有离合器也没有齿轮,通过简单选择并获得所需的油门速度,甚至可以在不使用油门或制动器来保持正确速度的情况下执行许多操作。发动机速度和传动比自动匹配,以确保达到负载相关的最大效率。巡航功能可用于控制拖拉机的速度:只需按下按钮,即可存储新的工作速度或调用先前设定的工作速度。全玻璃驾驶室结构采用单片风窗玻璃,没有分隔门玻璃的水平条,可确保在所有条件下都能看到无障碍的前部景象,而通过车顶的延伸玻璃则可以清晰地看到跨越行的高大前部工具。

(2) CD1304-1 型轮式拖拉机　采用意大利知名品牌发动机 YC4A150-T313。更环保:采用电控技术,排放满足国Ⅲ标准,清洁环保。低油耗:增压动力,直喷燃烧,效率高,油耗低。好保养:服务网络覆盖面广,配件供应及时,维护成本低。性能可靠:采用加强型传动系,传递效率高;采用 16+8 梭式换档结构,多种速度覆盖;关键部件采用知名品牌,可靠性更高,维护成本低。

(3) CD1104S 型拖拉机　采用知名品牌发动机,中外技术联合开发,具有功率大、转矩大、可靠性高、结构紧凑、重量轻等特点。在结构上具有以下特点:高压共轨系统采用大排量、轻量化设计,智能控制动力和燃油消耗;防泥水前桥可适应恶劣水田作业环境;大转向角前桥和高地隙使驾驶和转弯更加轻松自如,通过性更高;仿生外观时尚机罩具有大开启角度,维护保养更方便;高品质透镜前照灯的光照强度更高;水田专用传动系的 16+8 和 12+12 档位可满足更多需求;全新升级梭式换档结构采用国际知名同步器,操控更轻便,可靠性更高;旋转部位采用了更多的进口组合油封,防泥阻污性能更可靠。

7. 法国库恩公司(KUHN)

法国库恩公司是世界大型农业机械生产厂家之一,专门从事牧草收获和田间农业耕作机械的设计、生产和销售工作。KUHN 通过专业网络将一整套农业装备销往世界各地，已有180余年专业从事设计、生产、销售农业机械的经验。目前，它在法国有5家工厂，美国有2家工厂，在巴西有1家工厂，在荷兰有1家工厂，员工约3000人，每年生产70000余台农业机械。其出口的机器占总销量的一半以上，在全世界80多个国家和地区设有分公司、经销商和代理商。

典型先进技术产品：Premia 4000型机械式条播机，其播种器能够在各种土壤条件下进行高效播种，并配备压力可调的开沟器和能适应各种作业条件的覆土耙；HR 4004动力驱动耙，适用于有众多小面积地块的农场，这种可折叠式动力驱动耙仍具有紧凑的结构，可在拖拉机前后轴上均匀分配载荷；悬挂式圆盘割草机，采用拖拉机三点提升装置调节主机架高度，确定浮动弹簧张力，精确地适应地面进行仿形，作业倾角最高位35°，最低位25°；GMD10&100割草机，其割台具有低矮、平滑的外形轮廓，可以保证更佳的割草效果，可快速适应崎岖地面，悬挂装置可确保刀杆的最优平衡，单缸操作的提升挂接装置使地头转弯灵活机动，独特的刀盘和可翻转刀片在任何前进速度下都可获得整齐的割茬。

8. 日本洋马农机株式会社（YANMAR）

洋马农机株式会社是日本四大农机生产厂家之一，它在世界各地拥有多个生产制造基地、公司和零部件经销中心，产品覆盖发动机（船用、陆用）、农业机械、工程机械、发电机组和游艇等。其先进技术产品如下：

（1）洋马全喂入联合收割机YH1180　采用大升限割台，配合拨苗轮刚性传动设计，收割作物高度适应性广，输送稳定可靠；大仰角输送槽结合喂入滚筒，即使是在不连续作业状态下，也能保证喂入作业稳定；超长六面体耙齿主滚筒+枝梗处理筒、三风扇多风道设计，使得脱粒更加高效，精选优良作物；使用底盘履带全时驱动FDS变速器；转向盘操控流畅、转向平稳、负荷小；采用底盘升降与平衡系统UFO，在湿、烂田的通过性好，可单边独立升降，克服机体倾斜。

（2）洋马乘坐式高速插秧机VP9D（YR90D）　通过机身水平与栽秧台水平两个传感器的传感信号控制液压缸锁定工作中的秧台水平状态，使得在田基与泥面不平整状态下作业时，不会因插秧机颠簸造成秧台晃动而影响插秧深度，从而保证插秧深度一致。高速回转式仿形插植机构由变速回转箱、仿形插植臂、护苗导轨等组成，其优点是高速取秧不伤秧，高速插秧不推秧，可保证单株插秧的直立性。采用插秧深度补偿装置，由伺服电动机驱动秧台升降。油压感度用于控制秧台浮船的对地压力，减少高速作业时水的浮力对浮船的影响，可避免漂秧、稳定浅插效果。油压蓄能器在栽秧台升降中起减振作用。电控秧台锁可防止秧台在不工作状态下误动作而损坏机具。划线杆与秧台在倒车时可自动提升,作业方便、安全、可靠。

4.2.3 国外典型农机产品技术进展

1. 拖拉机

虽然经过多次洗牌,欧美国家的拖拉机产业已经高度集中,但拖拉机的种类却有增无减。功率越来越大的拖拉机,全履带、半履带、折腰转向拖拉机,果园用、大田用、休闲农业用拖拉机,常规能源拖拉机、新能源拖拉机等种类不断出现。拖拉机功率不断增大是一个特点,但更多的是作业性能的提升,操作便捷,安全性、舒适性不断完善,以及应用更多的新技术。例如,配套发动机为了实现节能环保,大多采用电控高压共轨、废气再循环(EGR)、可变截面涡轮增压系统(VGT)以及SCR等技术。再如,无级变速传动系统(CVT)以前只在大功率拖拉机上应用,如今已广泛应用于各种功率段拖拉机,而且还出现了多样性设计。

另外,电子控制系统、自动导航技术、驾驶室技术、ABS及线控技术、虚拟现实技术和液压技术等高新技术越来越多地应用到拖拉机上,尤其是电子和信息技术的应用,不仅使拖拉机的经济性得到提升,同时也改善了其驾驶操纵舒适性和监控性能。

随着能源的紧缺和排放法规的不断严格,很多企业开始开发新能源拖拉机,如爱科集团旗下的芬特公司研发了e100纯电动拖拉机。另外,使用天然气动力的拖拉机也是研究热潮。

2. 谷物收获机械

国外谷物联合收获机械的割幅大多在10m以上,功率最高可达514.5kW(700hp);大部分收获机的粮箱容量超过10000L,减少了卸粮次数,提高了作业效率。

在谷物收获机领域,电控智能化已经成为明显趋势,而物联网也开始被越来越多的厂家开发出来。其应用不仅是为了提高效率,还能够提高生产率,这对帮助种植户提高收益有很重要的意义。

国外联合收获机采用的新型脱粒、分离系统,脱粒效果好、含杂率低、籽粒破碎少。各种操纵控制系统均采用了电子技术和信息技术,并普遍采用GPS,使联合收获机实现最佳化的收获作业。如获得汉诺威创新金奖的"联合收割机自动脱粒机组",获得汉诺威创新银奖的"联合收割机优化设置系统"以及"IDEAL联合收割机"等。

3. 青贮饲料收获机械

国际知名畜牧机械制造商都在青贮饲料收获机械方面有所涉及,如约翰迪尔、纽荷兰、科乐收、科罗尼等,而且这些企业的相关产品在很多方面都有创新。例如,科乐收的JAGUAR系列青贮收获机,以独特的设计、顶尖的品质、高效率、低油耗占据全球同功率段产品一半左右的市场份额。采用Shredlage揉丝技术的JAGUAR系列青贮收获机屡获大奖,该技术使被切碎的青贮玉米的表面积扩大很多倍,不仅有益于奶牛的健康,还能增加牛奶的产量。

4. 播种机械

国外播种机械的技术发展主要体现在三个方面。一是大:纵观各厂商的播种机,24行、36行甚至48行的产品非常普遍;播种单体控制技术已非常发达,能够保证多个单体同时运行不出差错,这是播种机向大型化发展的基础。二是精准:这几年,几乎所有的高端播种机械都加装了总线技术,能够直接和拖拉机通信,保障拖拉机和播种机之间的各种速度匹配,实现基于土地环境的精准播种。三是高效:欧美大地块要求的不但是幅宽大,还要求速度快、效率高,一些播种机的速度高达15km/h。

从排种器结构上看,播种机械多采用新型气力式,如气吸、气吹式和整体式排种器,可同时为多行供种,精准播种;保证播深一致的仿形机构和限深机构,适宜在留茬地上作业的圆盘开沟器,有利于出苗的新型镇压轮、碎土器等部件应用广泛。

5. 耕整机械

耕整机械种类繁多,随着拖拉机功率不断增大,配套的耕整机械也向宽幅、大功率和高效能方向发展。从产品结构原理上看,由拖拉机动力输出轴驱动的耕作机械得到了广泛应用并有新的发展;集犁耕、耙地、施肥、播种和镇压等多功能于一体的联合作业机具发展迅速;由机械传动向液压传动、气力传动发展;机电一体化、微电子技术用于作业机组的自动监测、显示和控制,自动调节耕深、机组水平和作业速度、液压折叠等。

6. 植保机械

国外植保机械以大中型喷雾机为主，有自走式、牵引式和悬挂式。植保机械正向智能化和机电一体化方向发展。在施药技术方面，国外已实现了精准化，如低量喷雾技术、自动对靶施药技术、防漂移技术和精密施药技术等应用广泛。

电子显示和控制系统被大量应用。电子控制系统可以显示机组的前进速度、喷杆倾斜度、喷量、压力、喷洒面积和药箱药量等。控制系统除了可与计算机连接外，还可配备 GPS，实现精准、精量施药。

大型植保机械尤其是自走式喷杆喷雾机普遍采用全液压系统，如转向、制动、行走和加压泵等都由液压驱动，不仅使整机结构简化，也使传动系统的可靠性增加。有些机具还采用了液压减振悬浮系统，在牵引杆上安装电控液压转向器等。普遍采用自动混药技术，并配备完善的过滤系统，以避免系统堵塞及因堵塞造成漏喷或喷头雾化不良。

7. 牧草机械

欧美地区的畜牧业比较发达，因此牧草机械的发展水平也是世界领先的。国际农机巨头及专业牧草机械制造商都研发了不同种类的牧草机械，如牧草收割机、翻晒机、搂草机、打捆机、捡拾机、堆垛机及运输车等；还包括一些复式作业机具，如打捆包膜一体机、收获打捆一体机等。纵观牧草机械产品，多以大型机具为主，具有功能齐全、自动化程度高、液压控制和智能监控等特点。大量采用自动监测和控制技术，如打捆机上的触摸控制系统、摄像系统及远程监控系统；收割机上防止金属、小动物或者其他异物进入喂入或切割系统的检测装置；压力传感器、数据采集系统；液压转向、独立后桥悬挂系统等。

8. 经济作物收获机械

经济作物收获机械和果蔬收获机械也是国外农业机械的发展重点，如马铃薯、甜菜、甘蔗、花生、胡萝卜、西红柿、葡萄等收获机械，其生产企业大多是专业化的中小企业。虽然这些产品的市场规模并不是很大，但其技术水平却处于世界领先位置，自动化、智能化技术广泛应用。在经济作物中，棉花比较特殊，其收获机械市场基本被约翰迪尔和凯斯纽荷兰两大农机巨头控制。约翰迪尔研发的 CP690 系列 6 行棉花收获机，配套动力 439kW，能实现棉花的连续不间断收获,该机配置 JDLinkTM 远程信息处理系统,包括远程显示访问、无线数据传输和远程诊断系统,智能化水平非常高。

4.2.4 国外农机技术与产业发展趋势

1. 产品向大功率、多功能、集约型方向发展

20世纪70年代以来,欧洲农场土地规模不断扩大,迫切需要发展大马力拖拉机来不断提高农业劳动生产率。很多企业的拖拉机功率从原来的60hp发展到现在的150hp以上,拖拉机配套农具的工作幅宽也相应加大,机组速度普遍提高。德国克拉斯公司新推出的四轮多功能拖拉机 Xerion3800 的功率达到379hp,最大的谷物收割机 Lexion600 每小时可收获 120t 作物。为适应保护性耕作的需要,许多农机企业开发出免耕、深松、灭茬、施肥、播种一次完成的大型复式作业机具;还有的兼顾气吸式精密播种等高性能作业机具的要求,将多种高性能机具前后挂接,进行联合作业。德国格力莫公司生产的大型马铃薯(甜菜)播种机,能够一次完成旋耕、覆土、播种、施肥、起垄五项作业;其大马力马铃薯(甜菜)收获机械能将去叶、挖掘、收获、清土、装运五项作业联成一体,农机作业效率明显提高,同时又可减少机器的类型和在田间的运行次数,达到了保护土壤、节约成本、提高效率的多重功效。

许多企业都生产出了有利于保护资源和环境的农业机械,以适应农机化与农业可持续发展相结合的新发展趋势。大力研发推广节水、节药、节肥、节种、节能减排等新兴农机具。如有利于保护性耕作的深松灭茬圆盘犁、有利于节约化学药剂的精密喷雾植保机械、有利于节水的喷灌机械、节约种子的精密播种机等。德国 LEMKEN 公司展出的铧式犁全部是液压旋转双向犁,可以往返作业,既减少了空运转时间,又节约了燃料。其推出一款新型材料翻转犁由电子控制切入点,硬度高、阻力小,能节约15%的燃油。为应对当前石油紧张的局面,许多农机企业开始关注新能源,德国的道依茨公司已经研制出石化柴油和生物柴油混合的发动机,英国的凯斯纽荷兰公司也早已宣布生产的拖拉机全部装配新型的生物柴油发动机。

2. 智能化、信息化技术推动农机应用革新

现代农业正在向以互联网为媒介,将网络科技深度融入农业生产经营决策、农业生产精细管理、农产品运输销售等各个环节,实现农业的智能化、精准化、

定制化的 3.0 时代迈进。特别是互联网、大数据、云计算、物联网、电子农情监测等现代信息技术在农业领域的应用越来越广泛，促使世界农业加快转型升级。世界各国纷纷启动和加快农业信息化进程，形成了一批良好的产业化应用模式。利用卫星、电子农情监测等技术对土地、气候、苗情等信息进行实时监测，其结果进入信息融合与决策系统；物联网技术已成为生产管理、辅助决策、精准控制、智能实施的关键技术；互联网技术广泛用于农产品电商、运输环境调控、农产品质量安全溯源等多个方面。

3. 普遍采用智能制造技术保障产品质量和可靠性

发达国家农机企业普遍采用智能化生产线，在其车间内，机器人制造已成为主要生产手段，焊接机器人、喷漆机器人及物料搬运配送机器人等比比皆是。使用机器人的最大价值在于帮助提高生产制造质量、效率和安全性，对于员工则可以实现"解放双手"，通过操纵软件程序等即可轻松地完成生产任务。大量使用自动化设备可以充分保证制造过程的一致性。各模块制造单元自动衔接完成，结合物料传输系统，将人为因素的影响降到最低水平。如自动导向车 AGV 越来越普及，总装线由多个 AGV 组成，每个工位有可移动的 MES 终端显示，提示装配工艺、装车信息和物料信息等。AGV 还广泛用于物流配送、检测试验和传输等环节。智能化管理也是国外先进农机企业的共同特征，所有的生产环节实现了全程可追溯。例如，所有出厂零部件均标有二维码，可以扫码识别；所有配件都有相应的数字编码。因而，从产品最初的状态直到出厂，其零部件均全程可追溯。如果零件出现了问题，只需输入编号就可知道发货时间及地点，对批量故障可提前预警并召回。

4.3 国内农业机械产业科技进展

4.3.1 产业发展概况

2018 年，我国农业机械行业增速放缓，进入深度调整转型升级期，市场发展状况整体低迷。2018 年 1~6 月，2018 年 10 月数据显示，中国农机工业景气指数（AⅡ，由中国农业机械工业协会发布，以 6 个月为发布周期，一般每年的 4 月与 10 月为发布期）为 -42，不景气程度加深。总体来说，2018 年中国农机行业处于低位平稳运行，产业下行压力明显，但子行业间压力表现各有不同，产品结构调整进一步加大。下行压力感受最大的三个子行业是排灌机械、拖拉机和种植施肥机械。相反，零部件、收获后处理机械及初加工机械、田间管理机械、畜牧机械行业则经营状况较好（图4-4）。

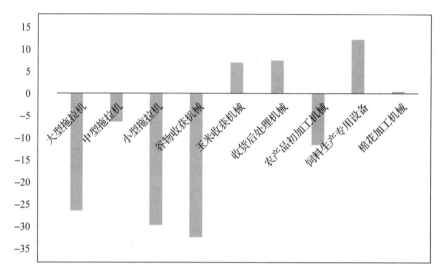

图4-4 2018年农机工业子行业增幅情况

国家统计局数据显示，2018年农机工业全行业主营业务收入2601.32亿元，同比增长1.67%，为历年新低，低于机械行业其他子行业。从2月开始，行业增速迅速跌到2017年同期的一半以下，且一直保持低位运行。2018年规模以上企业利润大幅下降15.76%，一直处于负增长状态，且下滑幅度很大。其中骨干企业利润暴跌，利润增长率同比下降近45%，业内人士普遍认为，农机行业进入了新常态低位运行模式。农机行业骨干企业占比情况如图4-5所示。

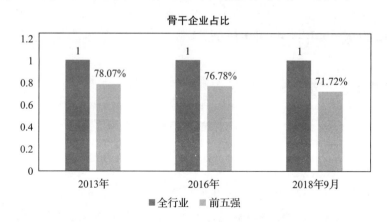

图4-5 农机行业骨干企业占比情况

2018年，我国主要农作物耕种收综合机械化率超过67%，全程机械化有新突破。2018年，水稻机插（播）率超过48%，玉米、马铃薯机收率分别接近70%、30%，同比均提高2个百分点以上；油菜收获、花生种植及收获机械化率均超过40%，同比均提高3个百分点以上；新疆棉花机采率达到35%，同比提高8个百分点，北疆地区和新疆兵团机采率超过80%；广西等甘蔗主产区机械化装备能力、生产模式、运行机制等加快优化提升。全国果菜茶机械化技术推广面积超过3.9亿亩次，水果蔬菜生产综合机械化率接近30%。茶叶种植加工全过程机械化模式在浙江等主产区开始普及。重庆、湖南等地农田"宜机化"改造步伐加快，丘陵山区机械化开始提速。农业机械产业已成为拉动内需、带动农民致富、促进农业经营方式转变的重要基础战略性产业。农机新装备、新技术在农业各产业各环节加速应用，农业机械化全程全面、高质高效发展迈出了新步伐。

4.3.2 主要产品市场发展情况

1. 传统产品市场萎缩，进入深度调整转型期

（1）拖拉机　拖拉机产量继续下滑，大中型拖拉机集中度持续降低。

前瞻产业研究院发布的统计数据显示，大型拖拉机产量方面，2018年12月产量为2958台，比去年同期下降45.2%。累计方面，2018年1~12月我国大型拖拉机产量为40147台，累计同比下降27.1，较1~11月下降幅度上升了0.2个百分点。

中型拖拉机产量方面，2018年12月产量为20801台，比去年同期下降2.6%。累计方面，2018年1~12月我国中型拖拉机产量为203341台，累计同比下降6.1%，较1~11月下降幅度上升了2.9个百分点。

小型拖拉机产量方面，2018年12月产量为2.5万台，比去年同期下降32.4%。累计方面，2018年1~12月我国小型拖拉机产量为32.8万台，累计同比下降34%，较1~11月下降幅度下降了1.3个百分点。

拖拉机持续下滑，大中型拖拉机行业集中度降低。据中国农业机械工业协会统计，2018年我国骨干企业拖拉机产量持续下滑。其中大中型拖拉机产量为17.98万台，同比下降20.79%；小四轮拖拉机产量为3.69万台，同比下降79.14%；手扶拖拉机生产7.23万台，同比下降21.21%。大中型拖拉机行业集中度持续降低，一大批中小企业进入大型拖拉机生产领域。据不完全统计，能生产147kW（200hp）及以上拖拉机的企业就有六七十家。从市场结构分析，功率段增幅呈现"两头大"的情况,大型拖拉机产量下滑超过27%,中型拖拉机下滑10%左右,手扶拖拉机下降5%~10%,而这其中又主要是对外销量比较大。同时,从出口贸易来看,大中型拖拉机出口一改以往向好的趋势,今年仅出口19562台,同比下降4.12%。拖拉机出口目前主要集中在44.1kW(60hp)以下产品,占总出口量的62%;73.5kW(100hp)以上拖拉机出口3427台,其中外资企业出口2704台,占78.90%。各马力段拖拉机增幅及台数如图4-6所示。

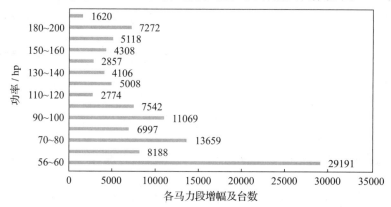

图4-6 各马力段拖拉机增幅及台数

(2)谷物收获机 轮式小麦机下滑严重,大功率横轴流机型占主导。近几年,我国轮式小麦收获机产销量不断下滑,基于市场保有量大,目前销售主要以更新为主,但产品结构不断优化提升,向大功率、多功能、智能化方向发展的趋势明显。据中国农业机械工业协会统计,2018年,我国生产轮式小麦收获机15399台,同比下降52.66%。其中喂入量为6kg/s的横轴流机型占3.9%,6kg/s的纵轴流机型占4.7%;7kg/s的横轴流机型占7%,7kg/s的纵轴流机型基本退出市场;8kg/s的横轴流机型占65.6%,成为主导产品;9kg/s的纵轴流机型占2.2%。

履带水稻机功率和集中度进一步提高。据中国农业机械工业协会统计,2018年我国履带水稻收获机累计生产67090台,同比下降17.14%。其中喂入量小于2kg/s的产品下降83.68%;2kg/s≤喂入量<3kg/s的产品下降72.64%;3kg/s≤喂入量<4kg/s的产品生产8844台,增长96.14%,说明小喂入量产品功率上延趋势明显。4kg/s≤喂入量<5kg/s的产品下降48.93%;5kg/s≤喂入量<6kg/s的产品生产48600台,下降17.07%,尽管该功率段产品产量是下滑的,但在所有产品中所占份额达到72.4%,成为市场主导机型。

水稻收获机械生产企业数量从2015年的82家,减少至2017年的65家,下降幅度达20.73%;经销商数量从2015年的3310家,减少至2017年的3041家,减少269家，减少幅度达8.13%。从减少幅度来看，2017年明显高于2016年；2016年生产企业减少幅度是2.44%，2017的减少幅度上升至18.75%；经销商数量减少幅度则有所放缓。2017年，水稻收获机械销量约7.5万台，同比略降4.80%；销售额80.07亿元，同比略涨6.48%。销量略降既与市场需求有关，也与水稻收获机械产品升级、作业销量等因素有关，从销售额逆销量上升即可看出这一点（表4-1）。

表4-1 2018年履带式水稻收获机械产量

产品		10月份产量/台	年累计产量/台	同比增幅（%）
履带式水稻收获机械		5440	60607	-18.59
喂入量/(kg/s)	<2	12	143	-84.16
	≥2~3	60	2186	-72.86
	≥3~4	119	8794	181.95
	≥4~5	262	4387	-46.22
	≥5~6	4911	42438	-21.71
	≥6	76	2659	16518.75

据中国农机工业协会数据统计，2018年我国履带式收获机械销量呈现若干家公司占据主要市场的形式，在13家履带式收获机械生产企业中，前六家的销量占总销量的97.81%，分别是洋马、久保田、星光、沃得、中联和雷沃。喂入量为5~6kg/s机型的销量占据市场的68.02%，如图4-7所示。

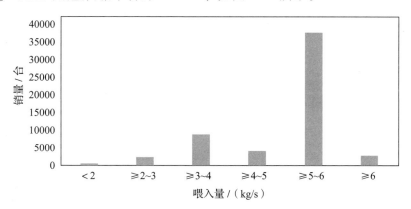

图4-7 履带式收获机械销量

2018年在用小麦联合收获机械63万台,小麦基本实现了全程机械化生产。小麦收获机械市场已经基本稳定,目前以更新为主,且8kg/s横流机型占据大部分市场,购机主体已由个人用户向专业合作社转变。

玉米收获机产量大幅增加,去库存效果明显。据中国农业机械工业协会统计,2018年,我国生产玉米收获机24063台,同比增长32.43%,成为众多传统子行业中唯一的增长点。其中,3行玉米收获机产量4064台,增长41.16%;4行玉米收获机产量12225台,增长18.01%;5行玉米收获机产量1916台,增长119.47%。3行玉米收获机、4行玉米收获机依然是玉米收获机的主力机型,占总产量的67.7%,但5行玉米收获机发展势头迅猛(图4-8)。与产量有较大增幅相比,2018年的玉米收获机销售市场增长不大,全年销售3.5万台左右。市场销量增长不明显的主要原因是2018年玉米总产量减少2.2%,单产下降1.6%,而且玉米市场价格也一直走低,导致农民购买力受影响。玉米收获机销量高于产量1.1万台左右,主要原因是玉米收获机骨干企业去库存效果明显,将2017年积压的产品大部分都销售了出去。另外,由于前几年玉米收获机市场低迷,很多企业在竞争中被淘汰出局,行业去产能效果明显。

玉米收获机器产量比例如图4-8所示。

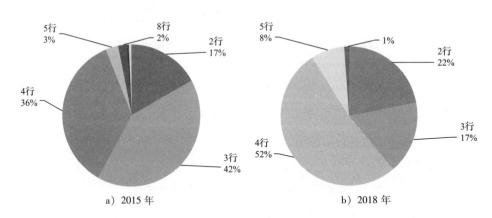

图4-8 玉米收获机械产量比例

(3)插秧机 插秧机行业遭遇腰斩。2018年,我国插秧机行业也遭遇了大幅下跌,据中国农业机械工业协会统计,插秧机累计生产54194台,同比下降46.12%。其中,手扶式4行插秧机下降40.89%,手扶式6行插秧机下降50.75%;高速乘坐式6行插秧机与高速乘坐式8行插秧机分别下降41.25%、41.29%。插秧机产销率在110%左右,说明大多数企业还在集中消化2017年的库存(图4-9)。

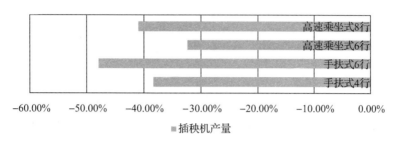

图 4-9　插秧机产量

（4）烘干机　烘干机行业急转直下，主要市场不振。2018 年烘干机产量同比下降 36.32%。2017 年，谷物烘干机生产 2.8 万台，10~20t/h 的产品为主导，占 60% 以上，市场主要分布在江苏、安徽、湖南等水稻产区以及山东、河南、河北等粮食大省。2018 年，江苏等水稻产区烘干机销售同比下降明显（图 4-10）。

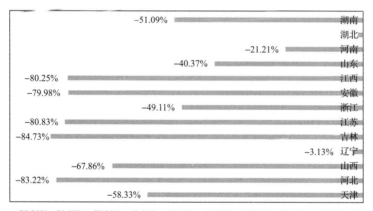

图 4-10　烘干机各省地区销量

2. 薄弱环节机具销量增长明显，部分核心技术实现突破

2018 年，虽然农机行业整体低位运行，但部分子行业的表现可圈可点，折射出曙光，主要体现在薄弱环节机具销量增长明显。

青贮机产量同比增长 8% 左右，畜牧机械产量同比增长 12% 左右，花生联合收获机械增幅超过 50%；甘蔗收获机械快速增长，马铃薯机械、果园机械、残膜回收机械等的市场也不错，采棉机更是一机难求。

另外，零部件领域近几年一直保持着稳健的增长态势。这主要得益于外资企业加大本地采购力度、零部件出口能力增强、大企业产品质量整合升级，以及后市场销售追求品牌化等因素的拉动。

（1）花生收获机械　花生收获机械是2018年农机行业"寒冬"中少有的销量出现迅猛增长的大型农机产品，2018年其市场销量增幅超过50%。虽然花生收获机械技术还不是太成熟，故障率也还比较高，但由于市场保有量比较小，收益比较好，补贴额度较高，用户对花生收获机械的购买热情仍在持续上升，预计2019年花生收获机械行情仍将会出现超过50%的增幅，花生收获机械将会成为2019年最为畅销与赚钱的农机细分产品之一。

（2）甘蔗机械　我国最大的蔗糖生产基地——广西壮族自治区的甘蔗生产机械化进入快车道。2017/2018年榨季结束后，全区甘蔗生产机械化水平达到59.1%，比上一榨季提高2个百分点，其中耕作、种植、收获机械化水平分别达到97.78%、55.33%、11.3%。据统计，在2017/2018年榨季期间，广西糖料蔗联合收获机械拥有量达到319台，比上一榨季增加157台，实现翻番；120hp大型拖拉机超过1.3万台，同比增加1000多台，其中用于平地机、重力耙等高效作业的180hp以上大型拖拉机超过200台；安装北斗卫星远程监测系统超过1000台套，无人驾驶植保飞机大范围配套应用。糖料蔗联合收获机械分布由上一榨季的16个县增加到2017/2018榨季的28个县，同比增长75%，占全区"双高"基地41个任务县的68%。全区机收作业量达到54.6万t，比上一榨季提高35万t。

（3）采棉机　2018年，采棉机市场呈现井喷之势，新疆采棉机全年新增650台左右。生产企业包括外资企业约翰迪尔、凯斯，以及以现代农装、新疆钵施然为代表的本土企业。值得欣喜的是，国产采棉机在经历了多年的研发试验、改进完善后，终于实现了产业化生产应用，在市场上占有一席之地，打破了外资品牌的长期垄断。

（4）林果业机械　我国水果种植面积和产量近年来一直稳居世界第一，同时我国也是世界上最大的水果消费国。据统计，目前全国林果业机械化技术推广应用面积达到3.88亿亩次，果蔬生产综合机械化率接近30%，相较前些年取得了明显进步。

（5）畜牧养殖机械　我国畜牧业机械化水平一直处于上升的趋势，尽管与发达国家仍有一定差距，但已经处在奋力追赶的道路上。不少地区的畜牧业机械化已经进入人们的视野，牲畜饲养、畜牧产品的加工与生产都离不开机械的运用。我国畜牧业机械化主要应用于以下几方面：牧草机械化、饲养机械化、加工机械化。近年来，国家采取一系列措施整合畜牧业养殖产业，促进畜牧业专业化、技术化、标准化、规模化、产业化，改变以往以散养、经验养殖为主的现状，加快畜牧业机械化进程，从而使畜牧业满足现代化的更高层次的需求。

（6）废弃物处理机械　农业废弃物资源的利用是实现节能减排和可持续发展的重要途径。农业废弃物主要分为种植废弃物、养殖业废弃物、农业生产生活固体垃圾与农村污水四大类型。我国是世界上农业废弃物产出量最大的国家，每年大约有 40 多亿 t。根据作物和养殖规模估算，我国每年产生畜禽粪便 26.0 亿 t、农作物秸秆 7.0 亿 t、蔬菜废弃物 1.0 亿 t、乡镇生活垃圾和人粪便 2.5 亿 t、肉类加工厂和农作物加工场废弃物 1.5 亿 t、林业废弃物（不包括薪炭林）0.5 亿 t，其他有机废弃物约 0.5 亿 t。

废弃物处理机械主要有自走式翻堆机、堆肥发酵翻堆机、污泥翻堆机、垃圾处理设备、畜禽粪便发酵翻堆机、翻抛机、翻拌机、有机肥设备、蘑菇培养料翻堆机、牛粪翻堆机、对辊制粒机、分级回转筛、链式粉碎机等。

3. 积极应对国Ⅳ标准，库存消化明显

2017 年农机行业的低位运行，导致很多企业都出现了大量库存。2018 年开局，很多企业审时度势，主动降低了产量，市场销售以消化库存、回笼资金为主。例如，玉米收获机、插秧机、拖拉机等大宗产品的库存销量甚至一度超过了新机销量。与此同时，国Ⅳ排放标准升级迫在眉睫，企业忙于"处理"手中的国Ⅲ产品，一些企业甚至全年都在搞促销，各种活动层出不穷。在重重优惠之下，一些刚需用户择机出手，一方面他们担心未来的国Ⅳ产品价格太高，质量也未必稳定；另一方面，眼下的促销力度确实诱人。因此，这部分用户的积极性被调动起来，拉动了市场销售，从而使企业的库存消化效果明显。这从另一个侧面也反映了企业积极应对排放标准升级的态度：一方面加大国Ⅲ产品的促销力度；另一方面加快国Ⅳ产品的研发进程。

4.3.3　农业机械产品贸易情况

我国农业机械产品相较于国际品牌的优势在于性价比高，具体而言，就是既有相对低廉的价格，又有不错的性能。所以在国际竞争中应该专注于中低端市场，致力于满足中小农业机械用户的需求。农业机械产业的发展前景非常广阔，但在某些农业机械产品细分领域，由于门槛较低、低水平重复建设，结构性产能过剩问题较为突出，产业发展受到很大影响，不少行业企业出现无序竞争，企业亏损面扩大。

2018年农机工业运行数据显示，行业不景气，主营业务收入为历年最低，规模以上企业利润大幅下降。在出口方面，出口交货值下降2.17%，出现疲软无力的现象。国产农机产品在国内外市场低迷，且持续走低。根据国家统计局资料，2018年全国机械行业主营业务增幅显示，农业机械行业收入增幅基本仅为工程机械行业的近1/10，并且远低于其他机械行业，其利润增幅也为负。且远落后于其他机械行业（图4-11）。

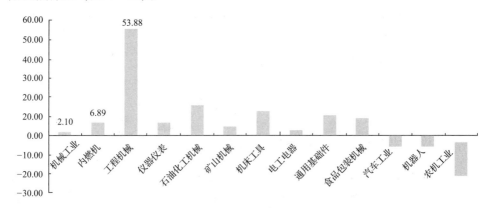

图4-11　机械行业利润增幅对比图（1~10月,%）

据中国农业机械工业协会统计分析，2018年骨干农机企业的增速压力更大，出现了较大的负增长。这主要是因为骨干企业大多是拖拉机和收获机生产企业，而这两大类产品也是近几年下滑比较明显的领域，因此给骨干企业造成了较大的压力。同时，骨干企业也在积极地进行调整，会不同程度地影响行业的发展速度。业内的多数企业，尤其是大企业，都采取了比较谨慎的经营策略和经营思路，如主动去除过剩产能、淘汰部分产品等；还有很多企业采取非常谨慎的销售策略，如放弃零首付、低首付等经营方式。

导致企业利润下滑的因素是多方面的。首先是原材料成本的大幅上升，特别是钢材等原材料的涨价。国家统计局数据显示，生产资料价格同比上涨4.6%，建筑材料及非金属类价格同比上涨10.0%，燃料动力类价格同比上涨9.2%，钢铁材料类价格同比上涨5.1%。还有环保成本的增加，环保压力造成很多企业的铸件、锻件采购成本上涨；另外，由于环保上的要求，一些企业的生产线无法正常运行，维护成本较高。

同时，国Ⅲ产品全面投放市场，提高了企业成本。国三产品的制造成本提高，原材料和配置涨价，但由于市场疲软，多数农机产品的价格不变，有些还存在降价销售的情况。在这样的情况下，企业的利润下降是必然的。

随着企业资金成本增加，社保资金税务征收新政及工资增加（9.33%~30%）都在不同程度上增加了企业成本。国家统计局数据显示，规模企业的财务成本上升6.21%，利息支出增加2.89%；中国农机工业协会统计的大企业财务费用增长42.60%，其中利息增长69.04%。这种状况造成资金占有量大，资金回笼出现问题。

钢材涨价、环保压力是机械行业普遍存在的共性问题，但可以看出，农机工业的利润是最低的，其中最大的问题是经营规模的下降。农机多数是微利经营产品，而规模化经营靠量来获得利润，企业产量锐减必然影响企业盈利状况。同时由于企业产能过剩，也推高了财务成本（图4-12）。

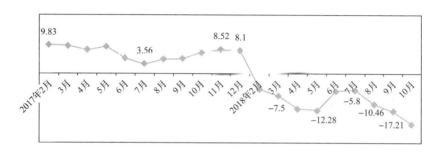

图4-12　我国农机工业利润连续负增长（1~10月，%）

通过对农业机械行业各项统计数据进行分析，农业机械行业公司排名靠前的有中国一拖、雷沃重工、约翰迪尔、五征集团、久保田、中联重机、东风农机、勇猛机械、巨明机械。据统计，我国骨干企业利润下滑严重。几大领头企业利润下滑是我国农业机械产业利润下滑的主要牵动力（图4-13）。

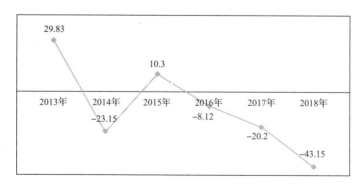

图4-13　我国骨干农机企业利润情况（1~10月，%）

4.3.4 智能农机技术进展

2018年,以国家重点研发计划"智能农机装备"重点专项为主体,推进了大型与专用拖拉机、田间作业及收获等主导产品智能技术与智能制造技术研发,逐步构建形成自主的农业智能化装备技术体系;推进丘陵山区、设施生产及农产品产地处理等智能装备研发,着力支撑全程全面机械化发展。

1. 农机作业信息感知与精细生产管控应用基础技术

围绕农业精细生产要求,重点开展了土壤、动植物、机器作业等信息感知、监测应用基础研究,在植物信息感知与精细生产管控机理研究方面,融合农机、农艺、生物等技术,研制了土壤水分、温度、水势、耕作阻力等土壤环境信息,以及播种量、施肥量、稻麦长势、作物产量等作物精细生产信息的传感器,研制了基于信息传感控制的仿生耕整、精准播种等作业新机构。在动物信息感知与精细生产管控机理研究方面,在畜禽动物生理生态监测、数字化表征和分类辨析、生长调控等方面取得了新进展,开发了畜禽舍温湿度及气体等环境参数,鸡猪体表温度、生长监测以及猪采食、活动、发情等传感监测技术及装备,研发了基于生理生态、环境、生长信息检测的精细饲喂装置及系统。在机器作业状态参数测试方法研究方面,针对动力机械、收获机械、施肥播种机械、植保机械及作业质量智能化测试监控的需求,研究了田间作业人/畜探测、基于CO探测的隐性火灾探测等作业环境、滑转率、动态载荷等机器物理特性、种子流量、播施深度、谷物水分、谷物收获损失等作业状态等监测、测试方法及技术,研制了专用传感装置及系统并实现了应用。

2. 农机装备智能化设计与验证关键技术

围绕拖拉机和联合收割机等典型农机装备,开展了农机装备智能化设计技术、质量检测技术、试验检测方法与技术等的研究,在拖拉机和联合收割机等关键部件及整机数字化建模、虚拟设计、动态仿真验证及关键零部件标准化、系列化、通用化技术,制造过程检测、整机检测、电磁兼容试验检测等技术,关键核心零部件及整机的田间载荷、工况环境、失效特征、作业质量等检测、数据分析技术及系统等方面取得了阶段进展,形成了一批零部件设计数据库及模型,初步构建了农机装备智能化设计平台、拖拉机与联合收割机质量在线检测系统、农机田间试验采集平台等，为构建覆盖采集制造过程、试验验证、田间工况及产品数据的农机公共数据平台奠定了基础。

3. 农机智能作业管理关键技术

开展农机定位与导航技术研究，研发复杂工况下基于北斗系统、自组网络技术、机器视觉技术等的定位及导航系统与装置。开展农机变量作业技术研究，突破光机电液多源信息采集、融合控制等技术，面向播种、施肥、灌溉、施药等作业环节，开发智能变量施用执行机构与系统装置。开展农机智能管理技术研究，研发智能调控策略、作业流程检测、故障自动诊断、机群调度与远程运维技术与系统。开展农机作业决策与管理技术研究，面向智慧农场，基于作物生长信息监测与控制技术，开发作业决策、作业质量管理技术及系统。

4. 智能农业动力机械

开展新型节能环保农用发动机关键技术研究，围绕节能、减排、降噪，瞄准国Ⅳ排放要求，研究了发动机电控高压喷射、废气再循环、尾气后处理等关键技术，以及动力输出智能化控制、整机工作状态监控及故障诊断、智能管理系统等，为发动机关键零部件及整机的开发奠定了基础。开展重型拖拉机关键技术研究，在动力换档和无级变速器、电液提升器与悬浮式转向驱动桥、智能操控和安全舒适驾驶室等核心技术上取得了进展。研究变速器智能制造技术，完成了全动力换档拖拉机（功率为147～191.2kW）、无级变速传动拖拉机（功率为147～191.2kW）、动力高低档拖拉机（功率为88～117.6kW）三种重型拖拉机的整机总体设计。开展电动拖拉机研究，重点研究电动拖拉机动力优化分配控制、能量管理策略、智能车载终端等关键技术，以及传动、转向、悬挂等关键部件与系统，完成了25hp、35hp双电动机耦合驱动式电动拖拉机的设计。开展丘陵山地拖拉机、水田拖拉机、园艺拖拉机等的研究，在高通过性及高适应性底盘技术、轻量化技术、与作业机具匹配技术、智能化控制技术及关键零部件等方面取得了进展。

5. 高效精准环保多功能农田作业装备

围绕高效、精准、环保作业需求，突出播种、栽植、施药等关键环节，重点开展了精量播种装备、高速移栽装备、多功能田间管理作业装备、农用航空植保作业技术装备、农田提质工程装备、种子繁育技术装备等的研发，在规模化制种、土壤改良、耕层保护、精细耕整地、精量播种、高速移栽、多功能田间管理、农用航空植保作业等智能农用装备关键核心技术方面取得了阶段成果。研发了水稻精量直播、大豆与玉米单粒精播、小麦精量条播、马铃薯气吸精播等高速精量播种作业装备，突破高速精量排种、播深调控、种肥同步输送、高效育秧播种等关键技术。研制了超级稻高速插秧、甘蔗种苗及栽种、油菜与蔬菜移栽等作业装备，突破健壮苗识别、精准插秧、覆膜栽植、智能监控等关键技术。研制了高地隙精量施药、中耕培土、除草及精量配混施肥联合作业和机动水田植保等多功能田间管理作业装备，在作业流程监控、苗带识别等关键技术方面取得突破。突破了机载信息探测、多源信息融合、能源载荷匹配、操控系统等关键技术，研发了自主飞行控制系统、施药系统、农用航空植保作业装备。突破了土壤快速检测、耕层剥离、保护性耕作、土壤残膜治理、土壤生态修复等农田提质关键技术，开发了激光平地、残膜清除、节能深松、暗管改碱、标准筑埂等装备。突破了小区精细种床整备、父母本精量播种、去雄授粉、高净度收获等关键技术，集成研发玉米、小麦、水稻、蔬菜种子繁育、播种与收获等装备。

6. 粮食作物高效智能收获技术装备

开展了智能化稻麦联合收获技术与装备的研发，在联合收获机械智能化控制、高效减损收割、高通量脱粒分离与清选等关键技术方面取得进展，应用形成了喂入量分别为10kg/s、12kg/s的智能高效稻麦联合收割机样机。开展了玉米联合收获技术与装备的研发，在玉米植株切割输送、减损摘穗、高含水率籽粒低损脱粒、智能控制等关键技术方面取得阶段性突破，研制了玉米籽粒收获机、玉米穗茎联合收获机、鲜食玉米联合收获机等第一轮样机，经初步试验，含水率30%以下玉米的籽粒破损率为7%。开展了薯类、杂粮、秸秆等的高效收获技术与装备研发，融合机电、液压、控制、材料以及农艺等技术，在低损挖掘、高效切割、智能控制等方面取得了阶段进展，提升了青饲、小麦、棉花秸秆高效收获水平，开发了一批马铃薯、甘薯、木薯、谷子、荞麦、燕麦、青稞等收获装备，满足了高效、低损收获的需要。

7. 经济作物高效能收获与智能控制技术装备

开展了自走式智能采棉机的研发，突破了自动对行、在线测产、工况监控等关键技术与智能控制系统，研制了6行棉箱式、打包式高效智能采棉机样机并进行了试验。甘蔗收割机研究取得阶段性进展，研究了甘蔗切割、输送、茎叶分离、电液智能控制等关键技术，开发了切断式甘蔗联合收割机样机并进行了试验。研究了油菜智能化、低损收获关键技术与装置，研制了自走式油菜联合收获机和油菜割晒、捡拾收获机样机并进行了试验。研制了自走式牧草切割调质收获机、饲用农作物秸秆收获技术与成套装备，并进行了第一轮试验。研究了花生减阻挖掘、果土分离、高效脱果、无阻滞清选等关键技术，研制了高效自走式花生联合收获机和挖掘铺放、捡拾脱果收获机并进行了试验。另外，在甜菜、苎麻、亚麻、大麻、油茶籽、油葵、茶叶、橡胶、大枣等区域优势经济作物高效收获方面，针对不同作物收获特点，研究了挖掘收获、切割收获、梳刷式收获、振动式收获工艺技术，并通过应用智能化技术，研究和研制了一批收获新技术、新机构、新装置。

8. 设施智能化精细生产技术装备

围绕蔬菜、果园、食用菌、畜禽、水产的精细生产需求，以环境监测与调控、高效种养采收、智能化管理为主线，开展了蔬菜智能化精细生产技术及装备的研发，突破了叶类、根茎类、茄果类等蔬菜标准化育苗、苗床精整、精量播种、高速定植等关键技术，开发了蔬菜精量播种、高速移栽、水肥管理设备和联合收获装备；研发了果园嫁接、对靶变量植保、深位施肥、水肥一体化灌溉技术装备，以及套袋、采收、剪枝等装备，提升了现代果园智能化精细生产水平；突破了高效节能设施、环境精细调控、作业对象目标特性识别、营养耦合供给等关键技术，研制了基于蔬菜生长特性的日光温室和食用菌培植智能化光温湿调控、育苗和接种、苗床空间输送和收获等智能化设备，实现了设施节能、高质高效生产；突破了养殖设施环境、工程防疫、生态养殖及智能管理机械化装备关键技术，研制了舍饲环境精确调控、个性化精准饲喂、健康识别和自动挤奶、防疫消毒机器人及饲草料加工、病死畜禽全隔离无害化处理等装备，促进了养殖业向集约化、绿色化、智能化方向发展；突破了水产养殖设施高效节能、水质与环境在线监控、高效智能管理等关键技术，研发了集约化水产养殖设施及智能化精确投饲、水产品机械化收集等装备，提升了设施水产养殖的智能化精细生产水平。

4.3.5 智慧农业重点技术进展

1. 发展概况

智慧农业按照工业发展理念，充分应用现代信息技术成果，以信息和知识为生产要素,通过互联网、物联网、云计算、大数据、智能装备等现代信息技术与农业深度跨界融合,实现农业生产全过程的信息感知、定量决策、智能控制、精准投入和工厂化生产的全新农业生产方式与农业可视化远程诊断、远程控制、灾害预警等职能管理,是农业信息化发展从数字化到网络化再到智能化的高级阶段,是继传统农业(1.0)、机械化农业(2.0)、生物农业(3.0)之后,中国农业4.0的核心内容。智慧农业已成为合理利用农业资源、提高农作物产量和品质、降低生产成本、改善生态环境及实现农业可持续发展的前沿性农业科学研究热点之一。

目前,我国农业仍处于由传统农业向现代农业转变的过程中,与国外智慧农业条件比较,还存在诸多不利因素,如地形复杂,机械化和集约化水平不高,信息技术及其装备薄弱、农民素质不高等。此外,前期仪器、设备、装置等的成本投入相对过高,也影响了智慧农业在我国的发展。我国智慧农业技术的应用较发达国家要落后20年以上,有些方面甚至还是一片空白。

近年来,信息技术飞速发展,其在农业上的应用也得到重视。目前,我国北京、上海等地已开展了智慧农业的研究应用,例如,在京郊小汤山智慧农业基地,由北京师范大学遥感与地理信息系统研究中心、中国科学院地理科学与资源研究所热红外遥感实验室以及北京市农林科学院联合实施的大型定量遥感联合试验和北京农业信息技术研究中心,根据国家973项目与智慧农业示范项目的总体要求,在小麦病害的高光谱遥感检测和预测预报试验等方面,都取得了大量试验数据。总体来看,目前我国关于智慧农业的研究应用还处于起步阶段。

2. 重点领域技术进展

(1) 农业传感器技术　近年来,智能感知、移动嵌入与无线通信网络等现代信息技术的发展,推动着农业传感器技术的快速发展。传感器技术在智慧农业中的应用前景非常广阔,但目前我国农业传感器在技术应用上还远未成熟,无法满足智慧农业发展的技术要求。农业传感器技术存在的诸多技术瓶颈严重制约着智慧农业的快速发展。

目前,我国农业传感器的种类不到世界的10%,传感器价格现阶段还比较高,对于普通农作物来说并不适用,传感器在覆盖面、适用性等方面还有很大提升空间。部分国产传感器性能不够稳定,需要经常校正。器材长期暴露在自然环境下,寿命短,维护成本高。现阶段开发的植物、土壤和气体传感器设备,大多是基于单点和静态测定,缺少对植物生长信息、农药残留及农田生态综合环境等的动态实时感知监测设备，缺乏高灵敏度、高选择性、多点同步检测或多组分高通量的信息动态、连续测定设备。

目前，我国农业生产中的无线传感网络拓扑多数还是基站星型拓扑结构的应用，并不是真正意义上的无线传感器网络，传感器的无线可感知化和无线传输水平不高。智慧农业还非常缺乏稳定、可靠、节能、低成本、具有环境适应性和智能化的设备和产品。

（2）农业机器人技术　自20世纪80年代开始，发达国家根据本国实际，纷纷开始了农业机器人的研发，并相继研制出嫁接机器人、移栽机器人和采摘机器人等多种农业生产机器人，如澳大利亚的剪羊毛机器人、荷兰的挤奶机器人、日本和韩国的插秧机器人、英国的柑橘采摘机器人等。近年来，东南亚一些国家对农业机器人的研发也表示出较大的兴趣。由于农业生产环境、作业对象及使用者等与工业生产领域截然不同，发达国家研发成功的农业机器人目前尚未实现商品化生产和大面积普及。

中国的农业机器人研发起步晚、投资少、发展慢，与发达国家相比差距很大，目前还处于起步阶段。20世纪90年代中期，国内才开始农业机器人技术的研发。中国农业大学为我国农业机器人技术早期研发中心之一，研制出来的自动嫁接机器人已成功进行了试验性嫁接生产，解决了蔬菜幼苗的柔嫩性、易损性和生长不一致性等难题，可用于黄瓜、西瓜和甜瓜等幼苗的嫁接，形成了具有自主知识产权的自动化嫁接技术。随后，南京农业大学、东北林业大学等高校也相继开展了相关研究，并取得了不错的成果。

（3）智慧农业关键技术

1）精准农业。利用从图像和传感器中获得的数据实时跟踪农作物、土壤和空气状况，帮助农场主实时观察并响应特定地点发生的变化。

2）可变速率技术。可以提高播种及肥料、杀虫剂用量的精准度，因地制宜，确保每块农田获得最适宜的投放量，从而节约化工产品的费用和劳动力。

3）智能灌溉技术。可以减少水资源浪费，确保在合适的时间对合适的农田进行灌溉。

4）土壤监测系统。可以跟踪并改善农田土壤的整体质量和化学成分，农场主可以依此为特定农作物施肥，并解决有毒物质污染、土壤盐化和酸化等问题。

5）收成监测。可对影响农业收成的各方面因素进行监测，包括谷物收成总量、质量和水量。

6）农业无人机。可以从空中监测农田，摄像机和传感器收集到的数据还可以为其他农业系统提供支撑。

7）智能温室。可以管理农作物生长环境，自动调节气候状况和灌溉系统，使各气候状况维持在最适宜作物生长的水平，将作物种植过程中的人工干预程度降到最低水平。

8）精准牲畜饲养。可以管理并提高牲畜健康状况。

9）农业管理系统。可以将农场数据与农业机械远程信息系统、天气预报、国际贸易市场等更广泛的信息结合起来，通过数据分析、风险评估和金融分析等端到端服务，帮助农场主减少浪费，实现产出最大化。

智慧农业可以应用于各个农业生产领域，优化种子、肥料、杀虫剂、人力等农业资源配置，降低农业机械的燃料消耗和维护成本，从而大幅削减运营成本。

（4）智慧农业集成应用技术

1）智慧种植服务平台。北京云洋数据科技有限公司专注智慧农业行业，以解决实际种植问题为己任，依托自主研发的分布式农业物联网系统，通过对设施农业整个种植周期的生产管理，深入研究种植模型，辅以专家系统，打造了国内首个基于设施农业的智慧种植服务平台。2018年，智慧云平台全面升级，智慧种植服务平台"AI AGR OS"上线。

2）京东农场。京东为京东农场研发具有完整功能的无人机服务平台，满足农场监测、植保、农事服务等数据的统一采集和管理需求。在无人机管控平台的基础上，提供智慧农场整体管理系统，包括全天候视频监控、物资管理后台、土地信息监控、灌溉、供应链管理、农产品溯源等一系列功能，全面推动智慧农场和生态农场系统建设。还将直接利用京东物流、冷链仓储、京东商城等资源缩短流通环节，实现直接从田间到餐桌的"京造"模式。

3. 我国智慧农业发展趋势

我国发展智慧农业必须分步推行，从应用较为成熟、投资较少的阶段性成果开始，逐步配套提高精准程度。在技术上，首先发展3S集成技术，开发应用软件，再研制智能控制装备和农机具；在技术实施过程中，先进行人工采集信息、常规机械操作，逐步过渡到半自动化、自动化作业；在推广上，先在受自然条件影响小、时空差异不大和工业化程度较高的设施农业生产中应用，在大规模的农场和农业高新技术综合开发试验区进行实践，然后才向有条件的农村和农户渗透。这样，既可使我国的智慧农业与国际接轨，又符合我国的国情，逐步形成自身特点。

在农业生产环节，智慧农业技术对农业生产各种要素实行数字化设计、智能化控制、精准化运行、科学化管理，促进生产要素的优化配置，提高农业生产力，推动农业生产向集约化、规模化、精准化方向转变。

在农业经营环节，智慧农业通过"互联网+"电子商务等模式，发展农业新业态，促进农业一二三产业融合发展，促进农民收入持续较快增长；在农村信息服务方面，智慧农业技术可以实现农业农村信息服务的个性化、精准化，提高服务效能。随着我国土地流转、农业规模化发展、新型农业经营主体壮大，智慧农业技术必将成为我国发展现代农业、改变传统农业生产方式、提高农业生产效率和效益、推进农业一二三产业融合发展的重大选择。

在智慧农业装备方面，主要集中在农业专用传感器与仪器仪表、农业大数据与云计算、智能化植物生产工厂、农业机器人、农业精准作业与智能装备、农业物联网等智能化农机装备构建技术研究上，逐步从粗放式过渡到以智能化、自动化为标志的集约化发展与制造业转型的阶段。按照智能制造试点示范所包含的智能工厂、数字化车间、智能装备、智能新业态、智能化管理、智能化服务六个维度的要求来构建智能化农机装备制造体系，是未来智能装备发展的方向，为智能化农机发展提供支撑与保障。

4.3.6 农业机械智能制造进展

1. 发展概况

全球制造业正在进行的产业升级，是以智能制造为主的工业革命，其主旨是将先进制造技术与互联网技术相融合，推动制造业供给侧结构性改革，加快制造业转型升级。

（1）政策及标准体系逐步完善　农机装备被列入国务院印发的《中国制造2025》十大重点领域之一。由科学技术部牵头组织，启动实施"智能农机装备"国家重点研发计划专项，重点开展农业装备领域智能装备、精益制造、精细作业等方面的研究和示范应用，项目总投入超过15亿元。工业和信息化部实施智能制造综合标准化与新模式应用项目，开展了农机装备工艺设计仿真、信息技术集成、远程运维标准、智能工厂通用集成模型及运行管理系统等方面的标准体系制定、试验验证平台构建及应用服务。农业装备智能制造标准体系及试验验证平台的制定和建设对于填补国内空白、提升农业装备制造能力和水平具有重要的支撑和引领作用[27]。

（2）整体处于智能制造起步期　在设计、生产和物流层面，国内大部分规模以上农业装备企业已经进入产品数字化设计阶段，但数字化设计生产应用能力和技术水平普遍不高，仅在部分整机产品和关键零部件方面形成了水平较高的数字化设计生产能力。在销售和服务层面，国内农业装备生产企业已经开始建设线上、线下相结合的销售与服务系统，但与设计生产过程的集成度不高，"信息孤岛现象"未能得到妥善解决，难以为新产品设计生产提供有效信息。从生命周期维度总体来看，我国农业装备制造业尚处于数字化设计制造起步阶段，整体水平不高，仅有部分重点企业通过技术引进消化和产品整合创新，逐步形成较为完善的研发、生产、销售和服务体系，为实施智能制造提供了良好的基础条件。截至2018年年底，只有潍柴动力、中国一拖、大禹节水、利欧集团等企业获得了工信部智能制造试点示范项目和专项资金支持，开始实施智能制造。

（3）智能制造体系不健全。自动化装备包括数控机床、数控折弯设备、程控激光切割设备、工业机器人（焊接、冲压、涂装）、物流运输系统（AGV、程控葫芦）等已经大量应用于实际生产，部分重点企业实现了核心工艺的自动化生产，但自动化装备数量和智能化程度与本行业国际先进水平和国内高端制造业水平仍有较大差距。同时，在传感与控制、人机交互及在线检测方面，国内企业的应用能力和集成水平普遍不高，尚未突破符合行业产品生产实际需求的关键技术，缺乏实施智能制造的基础装备和软件系统。国内仅有少量重点企业拥有完整的企业信息化管理系统。

（4）高端智能产品产业链不完善 我国农业装备行业多采用技术引进和跟踪模仿的发展模式，长期以来缺乏针对农艺农机融合的应用机理、设计理论、关键技术的研究，核心原创技术匮乏，导致现有产品系列以中低端为主，高端智能化装备的进口率长期居高不下，产品技术水平和结构性矛盾突出。国内一批农业装备制造骨干企业通过产学研紧密合作，在大马力动力换档拖拉机、高效能联合收获机械、精准变量复式作业机具等整机产品和重型节能柴油机、无级变速器、自动定位导航控制系统等关键零部件的设计生产方面取得了长足进步，部分整机产品已实现智能化。

2. 农机智能制造技术进展

农业装备智能制造是以机械装备为主体，融合电子、信息、生物、环境、材料、现代制造等技术，不断增强装备的技术适应性能、拓展精准作业功能、保障季节性强的作业可靠性、提升复杂结构制造性能、改善土壤-动植物-机器-人与生态环境协调性的复杂过程。

我国大型农机制造企业在国家科技政策的支持下，结合大型农机产品的生产特点，突破了核心部件数字化设计及数字化制造工艺、自动化生产过程检测与控制、自动化生产线等先进制造关键技术，形成了高端拖拉机变速器柔性制造生产线、大型玉米联合收获机械底盘机架、大型稻麦联合收获机械脱粒室总成焊接生产线等大型农机装备的先进制造与自动化生产成套技术，实现了大型农业装备核心部件的数字化设计和工艺规划、加工生产过程的智能化控制、动态性能在线检测和质量保障。这些先进制造工艺、数字化软件、自动化生产线设备和柔性生产技术，使大型拖拉机和收获机关键部件的生产线初步达到自动化，具备了农业装备进一步开展智能制造的基本软、硬件资源和必要的技术支撑。

面对小批量、多品种、定制化的制造业发展趋势，以及已经形成的数字化、智能化制造技术与规模化的生产模式，如何运用先进的制造技术和管理技术，及时响应市场需求的快速变化、降低生产成本、缩短交付周期，国内针对制造环节开展了一系列研究与应用。例如，重庆大学的曹军围绕多品种小批量机加车间数字化制造模式及支持系统，研究构建了多品种小批量机加车间数字化制造模式和支持系统的总体框架体系、功能结构体系，提出了车间生产设备集成运行模式、基于实时信息反馈的生产作业动态调度方法和关键工序动态 SPC 质量控制方法等；苏州大学的周波开展精益方式在客户定制化业务模式中的应用研究，建立在极短的交货期内提供含有客户定制化特殊要求产品的目标，以精益管理理念优化 SE 机柜系统制造的供应链和现有生产模式，并开展实践取得了很好的效果。

3. 农机企业智能制造应用模式

（1）雷沃重工股份有限公司　该公司致力于通过工业互联网技术实现智能制造、智能管理、智能服务，投资数字化的智能生产装备，进一步提升生产过程信息化水平和核心制造竞争力。近年来，雷沃阿波斯农业装备一直致力于自动化设备的研究、投入，先后自主研发了"谷神号"AGV、数字化磨合台、在线检测等智能设备，促进了产品制造质量升级。

2018 年 10 月 26 日，雷沃重工在湖北武汉发布了 iFarming 智慧农业应用解决方案。公司不断创新与探索智能农机和智慧农业，运用"互联网+"思维，将制造业与信息化深度融合，实现了农业装备从制造到智造的智慧升级，使农业生产方式向更加智能、便捷的方向迈进。

（2）中国一拖集团有限公司　中国一拖构建起了覆盖全公司的集成信息化管理平台，建立了覆盖全价值链流程的"6 + N + X"（业务运营平台 + 管理平台 + 基础平台）信息化支撑平台，支撑了企业的高速发展，真正站在客户的角度提供拖拉机、收获机械等产品制造的一站式解决方案。

（3）中联重机股份有限公司　中联重机围绕"互联网＋"与工业4.0的内涵与外延，通过移动互联网、云计算、大数据、物联网等与农业装备制造行业的结合，推进智能制造，促进企业转型升级。公司依据"互联、智慧、可控、安全"八字方针，加速从传统生产制造业向高端智能制造服务业的转型升级，实现信息化和工业化的两化融合。通过农业装备＋互联网＋农艺，以智能农机和智能服务推进现代农业发展，为"中国制造2025"战略的实施加油助力。

4. 我国农机智能制造发展趋势

大力发展智能农业装备和智能装备制造企业，对实现农业由"机器替代人力""电脑替代人脑""自主可控替代技术进口"的三大转变，进一步提高我国农业现代化水平，增强农产品安全保障能力，建立现代农业经营体系，促进农业三产融合发展，形成我国农业"精准高效绿色"的发展方式，将发挥重大的作用。农业装备先进制造、农业物联网和农业大数据、农业机器人等正逐步应用到农业生产的各个领域，智能农业、智能制造显现出强劲的发展势头。

智能化农机既能完成传统农业装备的耕作、收获、灌溉和病虫害防治等作业，还能根据作业需求变化自动调整和控制、降低人工劳动强度，并能够采集土壤、农作物产量等信息，为实施精准农业提供技术支撑，是未来农业装备发展的主要方向。今后一段时间，智能农机装备将围绕农机作业信息感知与精细生产管控应用基础研究、农机装备智能化设计与验证关键技术研究、农机智能作业管理关键技术研究、智能农业动力机械研发、高效精准环保多功能农田作业装备研发、粮食作物高效智能收获技术装备研发、经济作物高效智能收获与智能控制技术装备研发、设施智能化精细生产技术及装备研发、农产品产后智能化干制与精细选别技术装备研发、畜禽与水产品智能化产地处理技术装备研发与示范、丘陵山区及水田机械化作业技术装备研发与示范等重点方向发展。

整体解决方案等新型商业模式兴起。随着"互联网＋"战略的日益深入，农业装备企业也将从提供单一的产品向提供智能整体解决方案转型。2016年，中国农业机械化科学研究院提出构建现代农业整体解决方案技术体系、标准规范并示范应用，实现农业生产全程机械化、规模养殖智能化、农产品加工精深化、农业剩余物综合利用、农资调度、农特产品全程可溯源安全有效供给以及美丽乡村和特色小镇规划、建设与运营管理的一体化，建立"大农业、大系统、大产业"的产业格局，引领国内现代农业工程发展。

4.4 总结

1. 全球农机发展总体呈稳定态势，区域竞争加剧

农业机械厂商逐渐兼并重组，中小型农机厂商缺乏关键技术及大量资金，面临被并购的严峻考验，进而影响全球农业机械整个市场需求量的变化；全球经济发展速度放缓，农业机械工业总体呈现稳定态势；全球农业用地基数减少，人口增长，城市化，生产力需求提高，农业机械产业总需求增长；在全球竞争情况下，消费者重视有品牌的厂商，耐用性高且价格低的产品，创新主导下的农机市场值得期待。

2. 我国农机行业增速放缓，进入深度调整期

我国农机行业增速放缓，进入深度调整转型升级期；主要产品市场全面萎缩，行业下行压力大；农机薄弱环节的机具销量增长明显，部分核心技术实现突破；库存消化明显，积极应对国Ⅳ标准。规模以上企业的利润大幅下降，骨干企业压力明显。在出口方面，出口交货值下降，出现疲软无力的现象。国产农机产品在国内外市场上销量低迷，且持续走低。全国机械行业主营业务增幅远远低于其他机械子行业。

3. "互联网+"农机、智慧农业与智能制造发展迅速

随着"互联网+"战略的日益深入，农机企业从提供单一的产品向提供智能整体解决方案转型。中国农机院提出构建现代农业整体解决方案技术体系、标准规范并示范应用，实现了农业生产全程机械化、规模养殖智能化、农产品加工精深化、农业剩余物综合利用、农资调度、农特产品全程可溯源安全有效供给。知识高度密集型的现代农业高阶形态——智慧农业成为未来发展方向。目前，北京、上海等地已开展了智慧农业的研究应用，如京郊小汤山智慧农业基地、京东农场等。总体上，智慧农业的研究应用还处于起步阶段。在互联互通和信息融合方面，部分重点企业利用互联网专线、工业物联网和工业云等平台和服务，实现了企业级产品研发异地协同设计、生产需求和库存信息共享协同、农机产品在线查询销售等功能，智能车间应用尚处于起步阶段。

4. 存在差距不容忽视，亟待创新驱动转型升级

我国是世界上的农业机械生产和使用大国，随着农业农村现代化的加速推进，农机产业发展已进入新的历史阶段，主要矛盾由总量不足转变为结构性矛盾。与发达国家相比，我国在产业竞争力、研发能力、制造装备水平等方面尚有较大差距。一是应用基础研究薄弱、关键核心技术创新不足等，80%以上的主要农机技术来源于国外，重大装备、关键核心技术对外技术依存度更是高达90%以上；二是产业结构性矛盾相对突出，90%以上国产农业装备仍为中低端产品，80%左右农业装备仍为农业田间生产装备，且有超过3000多种装备仍处于空白，80%的高端产品主要依赖进口，中低端产品同质竞争、产能过剩；三是农机装备质量水平较低，农机产品可靠性指标仅为国外的50%左右，作业效率、水肥种药利用率等仅为国外的70%左右，能耗水平高于国外先进水平的30%以上，生产过程损失率高于国外先进水平的20%左右；四是薄弱环节、薄弱区域、薄弱作物农机化水平低，林业生产机械化水平不到40%，畜牧业、渔业、农产品初加工、果蔬茶桑、设施农业以及丘陵山区农业生产机械化水平不到30%，产后商品化处理率仅为30%左右；五是农机和农艺融合不够，品种选育、栽培制度、种养方式、产后加工与机械化生产的适应性有待加强，适宜机械化的基础条件建设滞后，存在农机"下田难""作业难"和"存放难"问题。

未来一个时期，中国农机行业转型发展压力巨大：行业下行压力持续加大，产能过剩风险进一步加剧；实施乡村振兴战略，对农机多样化需求增加，创新能力不足成为农机行业发展"软肋"；供需双趋紧约束下企业经营压力将不断加剧，保障国家口粮安全将持续对农机装备水平提高要求。

第5章 智能农机装备重点专项研究进展报告

Chapter Five

5.1 专项概况

5.1.1 专项目标

"智能农机装备"重点专项围绕现代农业发展方式转变、提质增效对高端技术和市场重大产品的紧迫需求，立足"智能、高效、环保"，按照"关键核心技术自主化，主导装备产品智能化，薄弱环节机械化"的发展思路，进行智能装备、精益制造、精细作业的横向产业链与基础研究、关键攻关、装备研制与示范应用的纵向创新链相结合的一体化科技创新设计，重点突破市场机制和企业无力解决的信息感知、决策智控、试验检测等基础和关键共性技术与重大产品智能化核心技术，实现自主化，破解完全依赖进口、受制于人的瓶颈；加大力度开发大型与专用拖拉机、田间作业及收获等主导产品智能技术与智能制造技术，创立自主的农业智能化装备技术体系；创制丘陵山区、设施生产及农产品产地处理等装备，支撑全程全面机械化发展。掌握200hp以上大型拖拉机和采棉机等高端产品和核心装置的设计与制造关键技术；突破动植物对象识别与监控核心技术，田间播种施肥、植保、收获智能作业机械和养殖场挤奶机器人投入使用；大宗粮经作物生产全程机械品种齐全，国产农机产品市场占有率稳定并高于90%，支撑主要作物耕种收综合机械化水平达到70%以上，为中国农机装备"走出去"提供科技支撑。

5.1.2 专项任务

专项围绕智能农机装备的应用基础技术研究、关键共性技术与重大装备开发、典型应用示范等环节，一体化设计部署11项重点任务。

1. 基础研究

开展农机作业信息感知与精细生产管控应用基础研究，重点突破农机作业对土壤质构的作用机制及对植物生长影响机理、动植物信息感知及特征参数识别和表征方法；精细生产过程的物质投入、生长发育管控机制和智能操控数字化建模、重点生产环节开放工况的机器作业状态参数测试方法等。

2. 关键共性技术与重大装备开发

开展农机装备智能化设计与验证、农机智能作业管理关键技术研究，突破智能环保动力、精量高速种植、航空植保作业、农作物高效收获等智能化作业技术，以及果蔬水肥管理、套袋、采收等技术，开发智能农业动力机械、高效精准环保多功能农田作业装备、粮食作物高效智能收获装备、经济作物高效能收获与智能控制装备、设施智能化精细生产装备、农产品产后智能化干制与精细选别技术装备。

3. 典型应用示范

突破高效低损洁净化处理，高效自动化分割、剥制、分级包装技术，以及粮食作物耕种收、林果管采运及水田保护性作业技术；开展畜禽和水产品智能化产地处理、丘陵山区经济林果及水田机械化作业技术装备研发和成套装备示范。

5.1.3 专项指标

突破信息感知、决策智控、试验检测、精细生产管控等应用基础及节能环保拖拉机、精量播栽、变量植保与高效收获装备等关键共性核心技术 200~300 项；创制关键共性核心技术装置与系统 60~80 项；研制大型及专用拖拉机、智能谷物联合收割机等智能化重大装备，甘蔗收获、棉花机采、橡胶割胶等薄弱环节装备，以及农产品智能化产地处理、丘陵山区优势作物生产等重大装备产品 115~165 种；建立典型示范基地 6~10 处，实现技术自主和产业应用；研制标准 150~250 项，申请专利 200~300 项，并培养创新人才 300~500 名，形成创新团队 15~20 个；构建形成关键共性技术、核心功能部件与整体试验检测开发和协同配套能力。

5.2 年度总体进展

5.2.1 项目部署

2018 年，专项在农产品产后智能化干制与精细选别技术装备研发、畜禽与水产品智能化产地处理技术装备研发与示范、丘陵山区及水田机械化作业技术装备研发与示范三个方向部署启动了 11 个项目、55 个课题、165 个子课题。

截至 2018 年，专项全面完成了实施方案中确定的全部任务启动工作，累计部署 49 个项目、244 个课题、276 个子课题；共 306 家单位参与专项，其中企业 150 家、大专院校 86 家、科研院所 66 家、其他事业单位 4 家；专项总预算 196828 万元，其中国家重点研发计划专项经费预算 97688 万元、承担单位自筹配套 99140 万元。

5.2.2 成果概况

2018 年，专项实施取得各类新原理、新技术、新装置、新产品 521 项，其中新理论、新原理 61 项，新技术、新工艺、新方法 159 项，新产品、新装置 301 项；研制国家标准、行业标准、企业标准等 63 项，其中国家标准 1 项、行业标准 12 项、企业标准 50 项；申请发明专利 632 件，申请国外发明专利 4 件，授权 88 件；申请实用新型等其他专利 352 件，授权 275 件；取得软件著作权 141 项；发表论文 671 篇，其中 SCI/EI 收录 407 篇，出版著作 21 部；培养研究生 461 人，其中硕士研究生 402 人、博士研究生（含博士后）59 人；建立示范线（基地、工程）13 条（个），示范推广面积 66230 亩，培训农民 8226 人、技术人员 2174 人；获国家科技奖 1 项、省部级奖 8 项（表 5-1）。

表 5-1 专项取得的主要科技成果

	名称	数量	名称	数量		名称	数量
专利	申请发明专利/件	632	申请实用新型专利/件	352	论文	论文/篇	671
	授权发明专利/件	88	授权实用新型专利/件	275		SCI/EI 收录/篇	407

(续)

名称		数量	名称	数量	名称		数量
成果转化	成果转让/项	4	软件著作权登记/项	141	示范	示范基地/个	13
	转让收入、创造产值/万元	1736	新原理、新技术、新装置、新产品/项	521		示范面积/亩	66230
培训	农民/人	8226	培养硕士研究生/人	402	奖励标准	省部级以上/项	9
	技术人员/人	2174	博士研究生/人	59		国家（地方/行业/企业）/项	63

5.2.3 人员及经费投入使用

截至2018年底，专项已累计投入11.27多亿元，其中专项经费累计到位7.37多亿元。2018年，合计到位4.53亿元，其中专项经费合计到位2.55亿元。2018年，共有5026人参加专项实施，总投入3927人年，其中院士2人、千人计划专家4人、万人计划专家2人、百人计划专家1人、杰出青年5人、优秀青年1人、外籍专家8人（表5-2）。

表5-2 专项人员投入情况表

总人数	女性	高级	中级	初级	其他	博士	硕士	学士	其他学历	总人年
5026	893	1566	1280	561	1374	1011	1497	1914	377	3927

5.2.4 配套支撑条件

1. 专项实施汇集了行业优势科技资源

近年来，围绕农业装备产业链科技创新，构建形成了以企业为主体、产学研深度融合的技术创新体系，形成了以土壤植物机器系统技术国家重点实验室、拖拉机动力系统技术国家重点实验室（筹）、农业生产机械装备国家工程实验室、国家农业机械工程技术研究中心、国家农业信息化工程技术研究中心、国家农业智能装备工程技术研究中心、国家草原畜牧业装备工程技术研究中心等为主，农业农村部、教育部、工业和信息化部等一批省部级及行业重点实验室、工程中心等创新平台为支撑的创新平台布局，探索实践形成了以农业装备产业技术创新战略联盟为核心的产学研协同创新的体制机制，为专项实施提供了良好的试验检测、中试验证、成果转化、示范应用以及资源共享、联合攻关的制度保障等条件。

2. 专项实施充分发挥产学研用多方优势

共有 306 家单位参与，其中企业 150 家、大专院校 86 家、科研院所 66 家、其他事业单位 4 家，组成了 49 个产学研结合的协同攻关团队，汇集了农机行业及相关领域优势的骨干和优势产学研单位，既有中国农机院、中国科学院沈阳自动化研究所、中国农业大学、浙江大学、吉林大学、华南农业大学等国内一流的院所、高校，也有国机集团、中国一拖、雷沃重工、中联重机、山东时风、山东五征等一批具有先进制造条件的企业，还有南京农机化所、山东农机院、甘肃机械院、黑龙江农机院、广西农机院等特色优势研究院所，有力地支撑和保障了专项的实施。同时，农机装备产业的坚实基础以及稳步发展趋势，农机企业科研投入能力的逐步增强，为专项实施奠定了良好的基础。

3. 专项实施充分吸纳其他专项及计划科技成果

充分利用国家自然科学基金在基础研究和科学前沿探索方面取得的新思想、新理念，利用国家科技重大专项核心电子器件、高端通用芯片及基础软件产品、新一代宽带无线移动通信网、新一代人工智能发展等方面取得的传感器、互联网、大数据、人机协同、机群自主等关键技术，以及七大农作物育种、化学肥料和农药减施增效综合技术研发、粮食丰产增效科技创新等重点专项形成的农艺技术，实现专项间成果共享，有力促进专项取得具有创新性、引领性的重大科技成果，同时，积极通过各类成果转化平台，促进科技成果转移转化和产业化，促进全链条的科技创新。

5.3 取得的重要成果

1. 农机作业信息感知与精细生产管控应用基础技术

围绕农业精细生产要求，重点开展了土壤、动植物、机器作业等信息感知、监测应用基础研究，在植物信息感知与精细生产管控机理研究方面，融合农机、农艺、生物等技术，研制了土壤水分、温度、水势、耕作阻力等土壤环境信息，以及播种量、施肥量、稻麦长势、作物产量等作物精细生产信息的传感器，研制了基于信息传感控制的仿生耕整、精准播种等作业新机构。在动物信息感知与精细生产管控机理研究方面，在畜禽动物生理生态监测、数字化表征和分类辨析、生长调控等方面取得了新进展；开发了畜禽舍温湿度及气体等环境参数，鸡猪体表温度、生长监测，猪采食、活动、发情等传感监测技术及装备；研发了基于生理生态、环境、生长信息检测的精细饲喂装置及系统。在机器作业状态参数测试方法研究方面，针对动力机械、收获机械、施肥播种机械、植保机械及作业质量智能化的测试监测需求，研究了田间作业人/畜探测、基于CO探测的隐性火灾探测等作业环境，滑转率、动态载荷等机器物理特性，种子流量、播施深度、谷物水分、谷物收获损失等作业状态的监测、测试方法及技术，研制了专用传感装置及系统，并实现了应用。

2. 农机装备智能化设计与验证关键技术

围绕拖拉机和联合收割机等典型农机装备，开展了农机装备智能化设计技术、质量检测技术、试验检测方法与技术等的研究，在拖拉机和联合收割机等关键部件及整机数字化建模、虚拟设计、动态仿真验证及关键零部件标准化、系列化、通用化技术，制造过程检测、整机检测、电磁兼容试验检测等技术，关键核心零部件及整机的田间载荷、工况环境、失效特征、作业质量等检测、数据分析技术及系统等方面取得了阶段进展，形成了一批零部件设计数据库及模型，初步构建了农机装备智能化设计平台、拖拉机与联合收割机质量在线检测系统、农机田间试验采集平台等，为构建覆盖制造过程、试验验证、田间工况及产品数据的农机公共数据平台奠定了基础。

3. 农机智能作业管理关键技术

开展了农机定位与导航技术研究，研发了复杂工况下基于北斗系统、自组网络技术、机器视觉技术等的定位及导航系统与装置。开展了农机变量作业技术研究，突破了光机电液多源信息采集、融合控制等技术，面向播种、施肥、灌溉、施药等作业环节，开发智能变量施用执行机构与系统装置。开展了农机智能管理技术研究，研发了智能调控策略、作业流程检测、故障自动诊断、机群调度与远程运维技术与系统。开展了农机作业决策与管理技术研究，面向智慧农场，基于作物生长信息检测与控制技术，开发了作业决策、作业质量管理技术及系统。

4. 智能农业动力机械

开展了新型节能环保农用发动机关键技术研究，围绕节能、减排、降噪，瞄准国Ⅳ排放要求，研究了发动机电控高压喷射、废气再循环、尾气后处理等关键技术，研究了动力输出智能化控制、整机工作状态监控及故障诊断、智能管理系统等，为下一步发动机关键零部件及整机开发奠定了基础。开展了重型拖拉机关键技术研究，在动力换档和无级变速器、电液提升器与悬浮式转向驱动桥、智能操控和安全舒适驾驶室等核心技术方面取得了进展，研究了变速器智能制造技术，完成了全动力换档拖拉机（功率为147～191.2kW）、无级变速传动拖拉机（功率为147～191.2kW）、动力高低档拖拉机（发动机功率为88～117.6kW）三种重型拖拉机的整机总体设计。开展了电动拖拉机研究，重点研究了电动拖拉机动力优化分配控制、能量管理策略、智能车载终端等关键技术，以及传动、转向、悬挂等关键部件与系统，完成了25hp、35hp双电动机耦合驱动式电动拖拉机的设计。开展了丘陵山地拖拉机、水田拖拉机、园艺拖拉机等的研究，在高通过性及高适应性底盘技术、轻量化技术、与作业机具匹配技术、智能化控制技术及关键零部件等方面取得了进展。

5. 高效精准环保多功能农田作业装备

围绕高效、精准、环保作业需求，突出播种、栽植、施药等关键环节，重点开展了精量播种装备、高速移栽装备、多功能田间管理作业装备、农用航空植保作业技术装备、农田提质工程装备、种子繁育技术装备的研发，在规模化制种、土壤改良、耕层保护、精细耕整地、精量播种、高速移栽、多功能田间管理、农用航空植保作业等智能农用装备关键核心技术方面取得了阶段成果。研发了水稻精量直播、大豆与玉米单粒精播、小麦精量条播、马铃薯气吸精播等高速精量播种作业装备，突破高速精量排种、播深调控、种肥同步输送、高效育秧播种等关键技术。研制了超级稻高速插秧、甘蔗种苗及栽种、油菜与蔬菜移栽等作业装备，突破健壮苗识别、精准插秧、覆膜栽植、智能监控等关键技术。研制了高地隙精量施药、中耕培土、除草及精量配混施肥联合作业和机动水田植保等多功能田间管理作业装备，在作业流程监控、苗带识别等关键技术方面取得突破。突破了机载信息探测、多源信息融合、能源载荷匹配、操控系统等关键技术，研制了自主飞行控制系统、施药系统，以及农用航空植保作业装备。突破了土壤快速检测、耕层剥离、保护性耕作、土壤残膜治理、土壤生态修复等农田提质关键技术,开发了激光平地、残膜清除、节能深松、暗管改碱、标准筑埂等装备。突破了小区精细种床整备、父母本精量播种、去雄授粉、高净度收获等关键技术,集成研发了玉米、小麦、水稻、蔬菜种子繁育播种与收获等装备。

6. 粮食作物高效智能收获技术装备

开展了智能化稻麦联合收获技术与装备研发,在联合收获机智能化控制、高效减损收割、高通量脱粒分离与清选等关键技术方面取得进展,应用形成了喂入量分别为 10kg/s、12kg/s 的智能高效稻麦联合收割机样机。开展了玉米联合收获技术与装备研发,在玉米植株切割输送、减损摘穗、高含水率籽粒低损脱粒、智能控制等关键技术方面取得阶段性突破,研制了玉米籽粒收获机、玉米穗茎联合收获机、鲜食玉米联合收获机等第一轮样机,经初步试验,含水率30%以下玉米的籽粒破损率为7%。开展了薯类、杂粮、秸秆等高效收获技术与装备研发,融合机电、液压、控制、材料以及农艺等技术,在低损挖掘、高效切割、智能控制等方面取得了阶段进展,提升了青饲、小麦、棉花秸秆高效收获水平,开发了一批马铃薯、甘薯、木薯、谷子、荞麦、燕麦、青稞等收获装备,满足了高效、低损收获的需要。

7. 经济作物高效能收获与智能控制技术装备

开展了自走式智能采棉机研发,突破了自动对行、在线测产、工况监控等关键技术与智能控制系统,研制了6行棉箱式、打包式高效智能采棉机样机并进行了试验。甘蔗收割机的研究取得阶段性进展,研究了甘蔗切割、输送、茎叶分离、电液智能控制等关键技术,开发了切断式甘蔗联合收割机样机并进行了试验。研究了油菜智能化、低损收获关键技术与装置,研制了自走式油菜联合收获机和油菜割晒、捡拾收获机样机并进行了试验。研制了自走式牧草切割调质收获机、饲用农作物秸秆收获技术与成套装备,并进行了第一轮试验。研究了花生减阻挖掘、果土分离、高效脱果、无阻滞清选等关键技术,研制了高效自走式花生联合收获机和挖掘铺放、捡拾脱果收获机并进行了试验。另外,在甜菜、苎麻、亚麻、大麻、油茶籽、油葵、茶叶、橡胶、大枣等区域优势经济作物高效收获研究方面,针对不同作物的收获特点,研究了挖掘收获、切割收获、梳刷式收获、振动式收获等工艺技术,并通过智能化技术应用,研究和研制了一批收获新技术、新机构、新装置。

8. 设施智能化精细生产技术装备

围绕蔬菜、果园、食用菌、畜禽、水产精细生产需求，以环境监测与调控、高效种养采收、智能化管理为主线，开展了蔬菜智能化精细生产技术及装备研发，突破了叶类、根茎类、茄果类等蔬菜标准化育苗、苗床精整、精量播种、高速定植等关键技术，开发了蔬菜精量播种、高速移栽、水肥管理设备和联合收获装备；研发了果园嫁接、对靶变量植保、深位施肥、水肥一体化灌溉技术装备，以及套袋、采收、剪枝等装备，提升了现代果园智能化精细生产水平；突破了高效节能设施、环境精细调控、作业对象目标特性识别、营养耦合供给等关键技术，研制了基于蔬菜生长特性的日光温室以及食用菌培植智能化光温湿调控、育苗和接种、苗床空间输送和收获等智能化设备，促进了设施节能、高质高效生产；突破了养殖设施环境、工程防疫、生态养殖及智能管理机械化装备关键技术，研制了舍饲环境精确调控、个性化精准饲喂、健康识别和自动挤奶、防疫消毒机器人及饲草料加工、病死畜禽全隔离无害化处理等装备，促进养殖业向集约化、绿色化、智能化方向发展。突破了水产养殖设施高效节能、水质与环境在线监控、高效智能管理等关键技术，研发了集约化水产养殖设施及智能化精确投饲、水产品机械化收集等装备，提升了设施水产养殖的智能化精细生产水平。

5.4 主要研究进展

1. 机器作业状态参数测试方法研究

（1）研究内容　针对农机使用过程作业粗放、可靠性和安全性差、能源资源浪费严重等问题，探索复杂开放工况下农机作业参数检测原理，研究农用动力机械、施肥播种机械、植保机械和收获机械等量大面广的典型农机装备田间作业过程中关键运动参数、作业状态和质量效果等的测试方法及技术，研制系列专用传感器和检测装置，集成开发相应的测试系统。

（2）取得的进展及成果

1）复杂环境下作业可靠与安全监测方法研究。开展了适合农田土壤硬质异物检测需求的无损探测方法研究，确定了基于电磁波技术的异物探测方案，研制了基于探地雷达的土壤异物探测装置样机，采用探地雷达（Ground Penetrating

Radar，GPR）进行农田土壤异物探测试验。

完成了基于超宽带雷达的农机作业区隐性人畜探测方法研究、关键电路设计以及样机开发，研制了基于超宽带雷达技术的隐蔽人畜探测传感器，并开展了室内及田间静态试验，传感器的特征参数如下：探测距离≥20m；检测误差为±0.04%；响应时间<5s（探测距离为20m时）。

完成了针对收获作业隐性火灾探测的抗干扰新型红外 CO 传感器光路和各种电路设计，设计了各种差分吸收的时间和空间双光路（含有不同数量的光源和探测器），设计了微弱信号检测电路和透红外导电膜，研制了红外 CO 火灾预警系统样机，并对仪器灵敏度和稳定性等指标进行了测试标定。

2）农用动力机械作业状态参数测试方法研究。完成了滑转率、30kN 空间动态载荷传感器样机研制，通过实验室和田间验证试验，对传感器及数据处理算法进行了优化，试制了滑转率、空间动态载荷传感器的第二轮样机，实现了轮式动力牵引车辆（如拖拉机、工程车、越野车等）瞬时滑转率的检测。研制了 30kN 空间动态载荷传感装置 1 套，单向误差≤1% FS；3 kN·m 转矩转速传感器 1 套，误差≤±0.5% FS，传感器采用 IP65 防护等级，能够有效防尘、防水溅，技术指标基本满足要求。完成了农用动力机械模拟加载试验装置总体方案设计，开展了加载装置试制及测试，加载试验装置具备悬挂提升检测、动力输出轴功率检测、牵引性能检测、力位调节功能评价等功能。完成了车载测试系统的集成研制，以及动力检测仪器开发、软件开发等，拖拉机作业参数无线监测软、硬件系统在江苏及北京进行了田间作业工况试验验证。

3）施肥播种机械作业状态参数测试方法研究。完成了基于 CAN 总线的螺旋式种肥流量传感器及堵漏监测系统样机研制，搭建了种肥流量检测试验台架，开展了传感器的流量检测性能试验，针对种肥漏播监测系统样机，开展了田间试验；研制了基于红外光电阵列式穴播机播量检测传感器和气流输送式漏播监测传感器样机，并开展了试验验证；针对马铃薯漏播监测要求，完成了电容式马铃薯漏播传感器样机开发，研制了基于 PVDF（Polyvinylidene Fluoride）压电薄膜的钵体取苗夹持力检测传感器和基于 PSD 的钵体姿态检测传感器，开发了钵苗运动位姿检测试验台和夹持力标定试验台，对传感器进行了试验测试。

4）植保机械作业状态参数测试方法研究。开发了基于 CAN 总线的喷雾检测控制系统及喷杆姿态检测、喷雾均匀性检测、自动喷洒控制系统，喷头堵塞传感器，喷药物联网检测系统，搭建了六自由度液压振动试验台；研究了施药效果评定及快速检测技术，构建了基于碲化镉量子点/碳纳米角的链霉素光电化学传感器和基于氮杂石墨烯量子点的五氯苯酚电化学发光传感器装置样机,试制了施药过程作业状态参数检测试验台,试制了幅宽 24 m 的悬挂式喷杆喷雾机并进行了改进与初步试验,开发了喷杆姿态实时检测及调控试验装置、喷杆仿形控制器各 1 套,已完成作业参数数据采集层的设计及喷杆振动特性规律的分析、建模与试验测试。

5)收获机械作业状态参数测试方法研究。开发了可安装于联合收获机粮箱出口并作为卸粮装置的机载式谷物水分近红外光谱实时检测系统,完成了样本水分含量的在线近红外光谱实时验证实验。研制了基于 PVDF 压电薄膜的双层十字交叉型谷物损失传感器,开展了基于多传感器融合理论的传感器碰撞信号与识别方法研究,搭建了谷物损失试验台,并在损失试验台上开展了性能测试试验;开展了基于机器视觉的收获过程籽粒破碎率检测系统研究,研制了便携式玉米籽粒完整性检测装置,建立了籽粒完整性检测模型;完成了收获机械作业状态参数监测系统研究,开发了基于 IEEE1451.3 标准设计的 CAN 总线化收获机械智能传感器,并确定了数据传输标准及组态规范。研制了基于滚筒转矩转速信息融合的收获机械堵塞故障诊断系统,确定并提取了故障特征参量,初步完成了基于深度学习的脱粒滚筒故障诊断方法的研究与验证,并开展了田间试验测试工作。

2. 信息感知与动物精细养殖管控机理研究

(1)研究内容 针对动物生理生态信息获取、营养精细调控、健康诊断等提升养殖产能的需求,研究畜禽动物生理生态监测、数字化表征和分类辨析、生长调控等基本原理与方法,揭示畜禽动物不同生长阶段和生理状态下生长与健康、营养、环境的影响规律,构建动物生长的数字化模型,开发以蛋(肉)鸡、生猪、奶(肉)牛为主的生长环境、生理生态等新型传感器件及环境控制系统。搭建高效精细养殖智能化机械理论与技术基础。

(2)取得的进展及成果 开展了不同 THI 条件下奶牛生理、生长、生态指标研究,探究不同泌乳水平奶牛的行为差异以及奶牛行为对其生产性能的影响,通过对奶牛行为学的研究,优化饲养管理方案与模式,给以奶牛行为学为基础的精细化饲养管理提供指导。

构建种猪(妊娠母猪、哺乳母猪)的感知指标体系与生长调控模型,对猪的感知指标及相关生长调控进行评测,归纳总结了不同生态指标(环境温湿度、温湿指数、氨气浓度、二氧化碳浓度等)对母猪生理生长指标(发情周期、哺乳周期、采食量、日增重等)的影响。

开展肉牛生理、生长及生态表征指标体系与生长规律模型研究，对生态指标甲烷、影响动物生理状态的关键辅酶结合蛋白开展了相关机制和模型研究，构建了营养、环境、肉牛氨气排放数据库。

开展牛瘤胃酸液浓度胶囊传感器、畜禽舍多组分气体检测传感器、生猪群体活动量采集系统、生猪健康养殖可视化系统、生猪活动量及异常行为统计及识别算法、家禽健康评估系统的研究和研制工作。

开发鸡群均重与均匀度自动称重系统，获得了±2%的鸡群均重估计误差和±1.5%的群体均匀度估计误差，检测精度优于人工抽样检测。开发蛋鸡穿戴式无线感知体温系统，确定最佳安装部位为鸡胸部位，鸡的体温随环境温度变化的响应时间一般为5~15min，蛋鸡产蛋前后体温升降形成一个产蛋的体温特征峰。研发了笼养蛋鸡饮水采食行为实时监测系统，实现了笼养蛋鸡图像同步采集、离线检测、实时检测、参数设置和数据输出等功能，图像的分割正确率达94.6%，对鸡身和鸡头运动参数及饮水采食时长的实时检测速度可达25f/s。

开展猪只信息（行为、体重）自动感知及智能监测技术的研究，部署了2套Kinect深度传感系统及课题组研发的图像采集系统，进行种猪体重非接触智能检定技术研究；研究猪只体态行为数据的获取方法，基于机器视觉实现对空怀母猪多种行为的自动识别研究，并获得较高的识别精度和处理效率；进行母猪发情自动预测方法研究。通过机器视觉算法自动跟踪及分析母猪的发情行为，为母猪发情信息预测模型提供数据支撑。

开展猪舍环境监测和预测预警方法的研究，根据试验猪舍所采集得到的环境数据，对猪舍的环境预测方法进行研究。对基于BP神经网络，支持向量机、极限学习机等用于猪舍环境预测的方法进行了分析与实验。建立了生猪养殖环境参数的预测模型。

开展猪只行为感知技术和装备的研究，在可见光图像对目标生猪实现准确跟踪的基础上，提出一种对生猪的活动区域进行划分的方法来实现对生猪日常饮食、饮水、排泄三种行为的分析。利用红外视觉技术检测生猪的体温、分析生猪的行为，在养殖场搭建生猪健康养殖监测系统，实现生猪体表温度检测和生猪红外图像的目标跟踪和异常姿态检测。利用被动式红外探测器技术，研究大圈养殖环境下生猪活动量的监测方法。基于Kinect相机，开发了生猪体态自动识别算法。

开展母猪生理、生产感知数据获取方法研究，以及不同营养水平对妊娠母猪血糖及激素影响的动物试验，形成母猪专用血糖快速检测方案一套和相关检测仪器。

开展奶牛、肉牛信息感知及环境智能控制系统的研究，研制了可供养殖场实际使用的牛舍环境在线多源感知设备；研发了具备试验测试能力的奶牛反刍行为自动检测原型设备；开发了奶液电导率检测与奶量自动计量设备试验样机；设计了牛只健康生产决策平台架构，研发完成了"互联网+牛舍养殖环境"智能管控系统。

开展哺乳母猪精准下料控制系统的研究，通过控制电动杆的推杆速率、输入电压及电源功率的协同工作，来获得稳定的下料量；采用预设的个性化采食量模型与变容积的精确控制技术，实现对预设饲喂量的准确投喂。

3. 信息感知与作物精细生产管控机理研究

（1）研究内容　针对农机作业过程对土壤和作物对象互作规律不清，作业机理、原理与基础研究缺乏，以及作物生产过程信息表征不明等问题，开展农机作业对土壤质构及作物生长影响机理研究，揭示土壤-植物-机器系统优化自适应与系统减阻降耗、节本增效优化匹配规律，研究耕整、播种、收获等作业新原理、新机构；开展农机作业信息实时获取与精细生产管控的理论与方法研究，揭示土壤环境、作物本体信息与种、肥、水、药精细调控机理与模式；开发农机作业环境与本体信息快速获取传感器以及精播精施与精准控制智能决策系统，构建高效作业智能化农业机械理论与技术基础。

（2）取得的进展及成果　针对不同农机耕种作业对土壤质构及不同作物生长影响机理、土壤-机器-作物系统节本增效优化匹配规律，土壤质构、综合肥力、作物营养状况和农机作业关键参数在线获取方法和精播精施智能控制与决策系统的需要，围绕土壤-机器-作物互作系统，研究农机作业对土壤和作物生长的影响机理，研发耕种收新机构；研究作物生产过程信息感知与在线检测传感器，创新种肥水药精准投入调控方法；在农机农艺信息融合的基础上，开发精播精施智能控制与决策系统，构建高效作业智能化农业机械理论与技术基础。

1）农机作业对土壤质构及作物生长影响机理研究。在三个主要稻区（东北一季稻区、长江中下游稻区和南方双季稻区）的四个试验点（黑龙江哈尔滨、湖南益阳、江西都昌、广州增城），设置犁耕+机直播、犁耕+机插秧、旋耕+机直播、旋耕+机插秧四种不同的耕种模式，对耕作前、耕作后和收获后的土壤物理、化学和生物参数进行测定，并对试验数据进行了初步分析。项目还开展了大型机械耕整播种作业对东北黑土地土壤质构和玉米生长的影响研究，分析了大型机械耕整播种作业对东北黑土地土壤结构及理化性状改良效应，以及对玉米生长发育及产量品质的形成作用，进行了大型机械耕整播种作业阻力参数监测仪研究和作业主要参数监测。另外，项目还开展了不同的耕作模式（免耕、固定道、条带旋耕和旋耕）对土壤质构及作物生长影响的研究，为研究固定机耕道技术的减压效应提供了理论基础，完成了农机行走土壤压实机理研究。

2）农机耕种收新原理新机构研究。在耕作方面，进一步对仿生耕作部件机理进行研究，模仿蝗虫口器进食时异向等速咬合运动方式，以及多段阶梯锯齿状的口器结构，研制动态仿生破茬防堵装置，并进行了试验研究；基于鼹鼠前肢设计仿生清秸轮，结合智能控制系统设计了仿生自适应苗带拨茬装置，并进行了田间初步试验；综合应用动态仿生破茬机构、仿生自适应拨茬装置研发行间自适应条带耕整样机；搭建了犁刀在垄间作业的力学特性动态测试系统，对不同类型的圆盘犁刀进行了垄间切割阻力测试试验。在种植方面，采用深度神经网络技术对幼苗识别进行了研究，并搭建了幼苗识别与补栽试验平台；对新型穴盘育苗移栽机自动精准取苗、供苗技术与装置进行改进并进行试验研究；在对播种单体关键部件机构进行力学与运动学分析、研究机构机理与优化关键参数的基础上，搭建了液压控制与电动缸控制两个试验平台，液压控制装置完成了样机试制并进行了土槽试验且完成了多因素对比田间试验，电动缸装置进行了初步控制试验。收获方面，在前期研究的基础上，确定了深根作物超深挖掘收获技术与装置加工方案，正在进行样机加工；在组合式玉米低损脱粒技术研究方面，基于圆头钉齿和区段组合式凹板进行研究，为进一步降低籽粒破损率，设计、试制了区段组合螺杆式脱粒滚筒，试验优化了作业参数，并与钉齿式滚筒进行了脱粒性能的对比试验。

3）农机作业与精细生产管控理论和方法研究。在华北地区、东北地区开展了农田土壤养分以及微量元素空间特征多尺度监测实验，综合利用物联网技术、无人机技术和人工田间观测技术等手段采集了土壤电导率、SPAD、土壤水分等实测参数信息和多光谱影像等数据，布设了土壤水分、温度和土壤水势传感器，对土壤环境进行动态持续监测；开展了农田内部土壤养分在不同尺度下的空间分布特征及其相互作用机制研究，农田土壤养分和水分等物理性状在不同尺度下的空间分布特征及其相互作用机制研究；对农田环境空间变异及管理分区系统进行了需求分析和系统设计，并初步构建了农田环境空间变异及管理分区系统；实现了基于空间运行轨迹点的农机作业状态自动识别算法，定量分析了农机作业班次内田间作业时间、空行转移时间、停歇时间的量化构成，实现了农机作业边界自动提取模型，并在山东德州临邑开展了农机实验，对模型精度进行了实地验证；以山东省深松作业的农机为研究对象，综合分析农机信息（马力、驱动、幅宽等）与作业信息（作业类型、地块形状和大小等）的匹配关系，构建了农机作业地块尺度与农机动力匹配模型。

4）农机作业环境与本体信息快速获取传感器研究。围绕土壤信息获取、作物信息获取及机器喂入量和流量信息获取三个方面开展了一系列研究。其中，在土壤信息获取方面，研究了基于图像技术的土壤粗糙度测量方法，研发了土壤耕作阻力在线测量系统、车载式土壤光–电特性参数采集系统。在作物信息获取方面，开展了车载式信息感知传感器的扰动试验，研发了车载式作物养分在线感知平台，研究了基于 LIBS 技术对桑叶中重金属含量的检测方法以及基于高光谱成像和卷积神经网络的水稻种子分类技术。在机器喂入量和流量信息获取方面，自主研发了冲量式联合收割机谷物产量测量系统，建立了不同采集区域的谷物产量预测模型，设计开发了喂入量监测系统以及基于割台传动轴功率的喂入量监测方案。

5）精播精施与精准控制智能决策系统研究。研制了小麦电容式排种量检测传感器，基于排种量在线反馈，采用 PID + 模糊控制方法，实现了小麦播种量的闭环控制；利用称重法结合电容肥料流量检测作为施肥控制系统的施肥量反馈，基于作业处方和流量反馈完成了施肥决策，实现了变量施肥；针对水稻施肥的农艺要求，突破了精准侧位深施肥沟成型、定点投肥和肥料防堵输送技术，构建了颗粒肥在风场中的运动模型，研制了风送式水稻精量侧深施肥机。

4. 丘陵山地拖拉机关键技术研究与整机开发

（1）研究内容　针对制约丘陵山地农业机械化发展的农用动力瓶颈，研究丘陵山地拖拉机行走机构、动力传递与高效驱动、姿态自动调整、机具悬挂装置坡地自适应、多点动力输出等核心技术及关键零部件，研究智能化控制和自主作业前沿技术，研制高通过性、高稳定性、高地形适应性的高效轻便山地拖拉机；集成智能化制造技术，并进行试验考核。

（2）取得的进展及成果

1）关键共性技术研究。根据丘陵山地拖拉机农业作业需求，通过试验研究建立了拖拉机动态作业负荷功率需求模型；基于台架试验数据建立了 3M78 型柴油机在不同负荷率工况下的输出特性和排放特性的数学模型；研究建立了整体式静液压无级变速器（HST）数学模型，以及动力传递与驱动一体化系统模型；初步进行了丘陵山地拖拉机动力传动系统工作参数匹配。对机具悬挂系统机械机构进行了运动学与动力学仿真分析，并进行了试验验证；建立了拖拉机的运动学模型，通过对拖拉机悬挂机构进行运动分析，建立了提升液压缸的活塞运动与农具运动和耕作深度调节变化之间的关系模型；结合拖拉机电液悬挂作业机组的动力学分析，建立了丘陵山地拖拉机电液悬挂作业机组的整机模型；开展了基于最优目标的滑转率控制、耕深约束的滑转率控制、耕深-滑转率联合控制三种电液悬挂滑转率控制策略与仿真试验；开展了智能化控制系统开发与自主作业前沿技术研究，研制主控器1套、单元控制器2套、总线化信息监测装置2套，并进行了实验室自测及第三方检测，满足姿态调整及转矩智能控制要求；开展了丘陵山地拖拉机作业环境智能感知与避障、遥控作业，自主驾驶等自主作业技术研究；完成了丘陵山地拖拉机分布式控制的ISO-BUS系统结构定义及丘陵山地拖拉机多控制器数据规范初步定义。

2）关键零部件研究。完成了车身姿态自调整系统研发与试制。设计了丘陵山地拖拉机前驱动桥和后驱动桥，针对自调整机构的调平系统及转向系统进行了运动学、动力学与有限元仿真分析，对调平系统的液压系统进行了仿真分析；开发了路面谱采集系统，采集了五种路面信息并建立了路面谱信息数据库，将所开发的路面谱信息处理算法成功应用于车身姿态调整仿真和试验，进行了路面谱回放试验；研制了车身姿态自调整试验台，开发了基于C420控制器的姿态自动调整软件；对丘陵山地拖拉机自调平控制系统及其控制算法进行了可靠性与调整精度试验；试制了姿态自调整转向驱动桥用于样机装配；对丘陵山地拖拉机样机进行了调试试验，使用C470控制器实现了样机车身手动电控调平与自动调平功能。

研发了基于电液比例阀控制技术的丘陵山地拖拉机液压调整系统。通过液压阀组的逻辑控制和电液比例控制技术，初步实现了车轮调平液压缸和后悬挂提升液压缸的逻辑与精准控制；研发了电动补偿系统，解决了丘陵山地拖拉机坡地自适应时挂接农机具纵向偏移和作业姿态稳定性问题。

完成了3M78型柴油机方案论证、布置设计、详细设计及优化设计，开发了丘陵山地拖拉机用高转矩储备柴油机；开发了双作用离合器/梭行档/四轮驱动和单作用离合器/HST/四轮驱动两种多点动力输出变速器；开发了车身姿态自调整转向驱动桥、坡地自适应电控液压悬挂系统等关键部件，集成无人驾驶及自主作业的整机控制器、手机APP及后台服务器等，开展了整机智能控制研究与试验验证；集成创制25hp液压机械传动轮履复合式、35hp机械传动轮式丘陵山地拖拉机，实现在15°以上坡地的等高作业。

完成了悬挂作业系统关键技术研究与系统开发。开发了适用于丘陵山地拖拉机不同作业环境的高效节能、性能优良的电液悬挂控制系统；针对坡度自适应功能，设计了闭心式恒流源液压系统，该液压系统具有压力补偿、负载传感、比例调节等功能，可实现拖拉机多功能复合作业；针对拖拉机液压动力输出系统单一的问题，开发了一套适用于拖拉机不同作业环境的高效节能、性能优良的液压动力输出系统，使其满足负载传感、压力补偿和流量调节等功能的需求；针对丘陵山地拖拉机作业环境复杂，拖拉机悬挂机构对地形适应性要求高的突出问题，研制了一种满足丘陵山地拖拉机作业功能、横向姿态可调的液压悬挂机构。完成了电液比例控制阀（包括定差减压阀、比例提升阀、比例下降阀等）数学建模、仿真分析、流道建模与流场分析、液动力补偿结构优化、流固耦合分析、开油液回流区域流道优化、流道局部结构改进优化等技术研究。创新研制了适用于丘陵山地拖拉机复合作业的电液悬挂系统，采用流量分配、负载传感和压力补偿技术，使得各执行机构可并行工作、互不干扰，速度可调，提升杆独立控制，悬挂系统可随地形调节。

3）整机开发。研制了25hp、35hp机型。完成了25hp自然吸气机型、35hp涡轮增压机型的试制，功率范围覆盖18.4~25.8kW。

研制了扭腰轮式拖拉机。完成了扭腰轮式拖拉机整机总体布置、动力系统匹配、扭腰摆动姿态调整装置、智能转矩分配系统等的结构设计；建立了整机数字模型；完成了扭腰摆动姿态调整装置工艺设计及关键零部件制作。设计了前后分段扭腰式连接传动系统，一轴穿过摇摆轴套，将动力传递给后变速器。在一轴下方布置前驱动轴，驱动轴通过万向节与后变速器二轴连接，将行走的动力传递给前变速器，该系统档位多（16F/16R）、速比范围大、速度范围广（0.5~29km/h），动力输出可实现独立或同步切换，独立转速为540r/min、750r/min，能适应丘陵山地的作业环境，满足各种作业需求。研究了传动系统结构布置，在分段扭腰式传动系统的结构设计上，采用梭形档结构，倒档布置在前桥传动箱内，主、副变速部分布置在后变速器中，结构紧凑；齿数少，齿轮利用率高，主变速器同步器换档，提高了操纵性，副变速啮合套换档，降低了成本，动力输出采用湿式离合器控制。研究了机构运动学和姿态调整技术及装置，实现车身姿态扭摆，最大摆幅角度为17°。研究了高效驱动技术及装置，根据车轮滑转率判断打滑轮胎，实现驱动力的主动分配，提高发动机功率利用率及整机通过性，实现高效驱动。

研制了全姿态调整轮式拖拉机。完成了全姿态调整轮式拖拉机总体布置、动力系统匹配、姿态调整的前后驱动桥等结构设计，建立了整机数字模型，主动姿态调整后驱动桥关键零部件的制作；完成了履带式拖拉机总体布置、动力系统与静液压驱动装置匹配、传动系统参数确定、全向调平机构结构设计等，建立了整机数字模型；完成了横向调平装置试验台运行试验；完成了第一轮样机试验。研究了摆臂下置式前驱动桥技术及装置，可实现前驱动轮始终与水平面保持垂直，以保持车身水平。主动姿态调节后驱动系统包括姿态可调节的驱动桥和控制系统；控制器读取拖拉机车身姿态的状态信息，控制后桥姿态调节装置同步摆动，实现对不同倾角地面的姿态调节。

研制了全向调平履带式拖拉机。搭建了姿态调整测试系统，包括动态信号采集系统、应变测试分析系统和姿态信息采集系统，使用位移、压力、应变、姿态角度等传感器测量姿态调整过程中调整液压缸活塞杆位移、调整液压缸无杆腔油液压力、主从摇杆应变和车架姿态角度等物理量的变化情况，为结构优化及样机制作提供了数据支撑。完成了变速器关键零部件的设计、三维模型的建立以及部件的虚拟装配。完成了发动机的选型购买及静液压驱动装置（HST）的匹配选型，以及变速器关键零部件的设计、图样的绘制和定做加工，搭建了拖拉机传动系统台架，验证了整个系统匹配的合理性。开发了集成拖拉机转向、制动、横向姿态调整、纵向姿态调整、农机具悬挂及调整等动作的液压系统。研制了全向调平履带式拖拉机，并进行了样机试验。采用以 AT89S51 单片机为核心的控制系统，实现对履带式拖拉机的横向姿态调整，纵向姿态调整，前进、停止、左右转向以及农具的提升，经过测试，横向姿态调整最大角度为 15.4°，纵向姿态调整最大角度约为 8.8°。

5. 水田拖拉机行走驱动技术研究与整机开发

（1）研究内容　针对南方水田泥脚深、水旱轮作、抢时性作业等特点，以解决水田作业适应性、保护耕底层和提高作业效率为重点，开展机具和水田界面泥水膜的形成与破坏机理、水田动力装备的行走动力学特性研究，构建水田作业泥水膜滑行阻力模型；基于水田拖拉机数字化、模块化设计及制造技术，开发水田拖拉机核心部件轻量化、水田行走底盘及动力系统匹配等核心技术和关键零部件；集成研制智能化水田专用拖拉机，实现产品系列化开发，并进行试验考核。

（2）取得的进展及成果

1）建立了船型拖拉机船体与土壤－水－空气耦合力学的耦合模型，通过仿真试验研究了船型参数对滑行阻力的影响。采用 ALE（Arbitrary Lagrange-Euler）多物质耦合算法建立了土壤－水－空气三物质耦合有限元模型，运用流固耦合算法分析船型拖拉机船体模型与土壤－水－空气模型的相互作用过程。以前进速度、接地角和船首曲率半径为影响因子，以滑行阻力和下陷深度为响应值，按照二次正交旋转中心组合法进行仿真试验，并利用试制的水田土槽试验台进行验证。仿真试验获得了各因素对滑行阻力的影响程度关系，以及船型拖拉机船体的最优参数，仿真结果优化值与实测值基本相符。所建立的船体物理模型与水田土壤有限元模型的耦合模型可为船型拖拉机的优化设计提供新方法。

2）研制了水田土壤滑行阻力检测试验平台。它由试验土槽、电控牵引平台、表水与泥深水平控制装置、牵引悬挂装置、驱动安全控制系统等组成，能够模拟不同水分条件下的水田土壤作业条件，同时测定船型水田作业机具的前进阻力、土壤对机具的黏附力、表层水对机具泥水膜形成及减阻效果的影响规律等，是水田机具与土壤相互作用力、水田土壤条件与机具工况最小阻力试验优化等方面的基础试验平台，试验研究了船型拖拉机船型参数对滑行阻力的影响规律，为船型拖拉机参数优化设计奠定了重要基础。研究了履带式水田拖拉机在水田土壤工况下的运动学和动力学特性，建立了不同类型土壤不同含水率时的力学模型，并与履带式拖拉机的物理模型进行耦合，通过仿真试验研究了在不同土壤含水率和泥脚深度时水田拖拉机驱动力、打滑率与前进速度的相关性，为水田拖拉机的设计工作提供了基础理论依据。

3）以轮式拖拉机前端搭载相机为试验平台，进行了作物垄向中心线视觉检测试验。构建了基于北斗/视觉信息相融合的宏微水田拖拉机导航控制系统硬件结构，分析了导航控制信息传输结构，并在此基础上研究了基于北斗/视觉信息相融合的宏微水田拖拉机导航控制策略。构建了双泵双马达的液压驱动履带底盘系统，左右变量液压泵分别连接左右液压马达，左右液压马达分别驱动左右履带行走。构建了基于高低速 CAN-BUS ISO11783 通信协议的水田拖拉机整机控制系统结构。采用基于模糊逻辑的水田拖拉机控制方法：用 BP 神经网络的泛化能力来预测最优滑转率，通过将最优滑转率、悬挂阻力、实际滑转率和牵引力阈值作为输入，用模糊逻辑控制方法对拖拉机进行控制。构建了基于 GPRS 无线通信的水田拖拉机作业工况信息监控系统，并研究了基于卫星基站服务的差分北斗定位信息获取方法。

4）完成了水田拖拉机轻量化车身 CAE 及零部件设计，开发出复合材料在线模压专用树脂配方，研究解决了在线模压零部件的成形方法。完成了支重轮密封系统结构改进及装配图设计，支重轮动、静密封副的密封性能仿真分析及新型密封副的结构改进并试制三组样件，以及支重轮密封副在水田环境的试验台搭建并开展了密封试验。完成了轻型履带水田拖拉机多模式变速传动系统的研发设计。

5）完成 51.5kW 轻型橡胶履带式水田拖拉机整机布置及行走传动系统设计，并完成首轮样机试制；完成基于 HMT+AMT 传动系统的 58.8kW 轻型橡胶履带式智能拖拉机整机开发方案及智能化系统架构设计；完成 22kW 四轮驱动轮式拖拉机整机布置及行走传动系统、液压系统设计；完成 22kW 船型滑撬式水田拖拉机整机布置方案，确定了性能参数及整机配置，完成了变速器设计及作样，以及轮履切换装置设计和工艺准备。

6. 新型节能环保农用发动机开发

（1）研究内容　针对我国量大面广的农用发动机燃油消耗量大、燃烧不充分、噪声大、亟待技术升级换代的现实，重点开展了减振降噪、电控高压喷射、废气再循环、尾气后处理，以及发动机智能控制、智能测试及远程检测等关键技术研究，开展了集动力输出智能化控制、整机工作状态监控及故障诊断为一体的智能管理系统研究，以及新型节能环保农用发动机关键零部件及整机精益制造技术研究。

（2）取得的进展及成果

1）关键共性技术开发。

①农用柴油机燃烧基础理论研究。开展农用柴油机全工况热效率与排放优化的高效清洁燃烧理论研究，提出作业模式下（大负荷）采用高密度低温燃烧、行走模式下（轻负荷）采用低温燃烧，以实现全工况热效率与排放优化。与国外产品技术相比，外特性最高热效率提高了 7%，尿素消耗量降低了 12%~42%，SCR 冷启动起燃时间减少了 25%；降低燃油系统压力技术可摆脱国外燃油系统的产品封锁。完成发动机燃烧系统设计，建立燃烧系统三维仿真模型。设计满足动力性和排放标准的先进空气系统方案，为空气系统联动控制研究和主要零部件的优化选型提供了必要基础。

②减振降噪技术研究。开展基于 EMD、相干功率谱及层次分析法的噪声源识别与控制技术研究，克服了传统噪声源识别方法中主观性强、模态混叠等不足，可以获得不同零部件对不同转速、不同测点及不同频段噪声的贡献度，确定柴油机主要辐射噪声源。其计算结果和声学成像测试结果一致，目前该技术在国内处于领先水平。研发的农用发动机噪声优于新国标Ⅱ级水平；完成非道路农用柴油机后处理 SCR 控制策略及 DOC/DPF 模型开发；完成典型农机系统动力总成和作业机械的建模及热管理系统建模。

③农用柴油机后处理关键技术研究。重点研究突破了抗热振动性好的后处理催化剂及其封装技术、具有高低温转化效率的 SCR 系统、具有高耐硫性的非贵金属催化剂涂覆、适应农机较小布置空间的紧耦合封装技术，并应用于非道路农业机械，解决了农机成本较敏感、油品质量差等问题。研究开发出与国外产品喷射精度相当的非气辅式尿素喷射系统，打破了国外垄断，有效降低了尿素结晶风险。开发了具有独立自主知识产权的发动机后处理控制系统、后处理在线故障诊断系统，实现了对后处理系统全面、有效的监控，保证了系统的可靠运行。

④智能控制平台及大数据构建研究。完成 T4 阶段智能控制单元硬件的开发和测试；完成 T4 阶段智能控制单元软件（底层软件和控制算法）的开发；完成手机 APP 诊断服务工具及数据通信模块的开发；完成远程诊断服务平台的方案设计。搭建具有发动机自适应负载预测控制功能的农用柴油机智能控制平台，采用主动抗扰控制算法，实现了发动机自适应负载预测控制，预测偏差在 5% 以内；建立大数据健康状态预测模型，可对 40 余种故障状态进行远程诊断及预警，达到了国际先进水平。

⑤农用柴油机与农业机械一体化设计平台及评价体系构建。以集成模块化设计、三维参数化设计、仿真计算、先进的测试装备为手段，以 PDM、TDM、SDM 等系统及各类数据库为基础，创新性地构建了设计、试验、仿真优化与数据库四位一体的虚拟样机设计平台与评价体系，实现了协同、快速、高效研发，在农机领域达到国内领先水平。基于体系架构进行了柴油机方案和整机三维模型设计，依据对柴油机的结构和性能仿真计算评估，缸体、缸盖可承受 20MPa 的最大爆发压力，升功率达到 28.3kW/L，最低燃油消耗率 $\leq$ 198g（kW·h），相关指标达到非道路柴油机国内领先水平。同时，项目建立了一套适用于农用柴油机的高强化缸体缸盖设计评价规范。

2）关键零部件研究。完成了 1800bar（$1bar = 10^5 Pa$）燃油系统的试制、开发；完成了开发阶段的性能、排放试验，喷油器可靠性试验完成 90%；完成了 4 套系统供装机试验；完成了 2000bar 系统喷油器概念设计报告；已完成后处理 SCR 低温催化剂和 DOC 催化剂设计，并出具了设计报告；后处理 SCR 和 DOC 催化剂已完成样件试制，并已开展样件测试工作，正在整理数据，即将完成小样测试报告；已完成后处理 SCR 喷射零部件测试工作，完成了精度、振动、耐久、诊断等多种测试，并出具了报告；已完成后处理系统模拟仿真、优化设计工作，并形成了仿真分析及优化设计报告。

3）整机开发。

①农用小功率柴油机开发。完成了国Ⅳ、国Ⅴ发动机技术路线研究；完成了国Ⅳ、国Ⅴ发动机正向设计方案；完成了国Ⅳ、国Ⅴ发动机燃烧系统、燃油系统、进排气系统、后处理系统概念设计及选型；完成了国Ⅳ、国Ⅴ发动机2D、3D布置设计。

②农用大功率柴油机开发。完成了国Ⅳ发动机技术概念报告；完成了发动机燃烧系统、燃油系统、进排气系统、后处理系统选型；完成了国Ⅳ六缸发动机排放开发，并进行了性能及排放试验；完成了国Ⅳ四缸发动机的增压器选型工作。

7. 园艺拖拉机智能化关键技术研究与整机开发

（1）研究内容　针对园艺生产劳动强度大，作业标准化程度高，对作业机具多功能化、操作方便高效、节能环保的特殊要求，重点针对现代标准果园、茶园等生产条件，开展了模块化多功能动力输出、快捷悬挂系统、多自由度大偏转角、高承载前驱动桥、故障检测、总线等智能化控制与人机工程等核心技术与关键部件研究，以及系列专用拖拉机关键部件和原型样机的研制。

（2）取得的进展及成果

1）开展了模块化多功能动力输出系统研究。针对果园、茶园等不同作业环境下实现拖拉机灵活机动控制的需求，在动力传动系统设计上采用多轴动力输出方式，实现拖拉机前后多动力输出，通过模块化设计方法，实现灵活的安装与拆卸功能；在多轴动力输出的基础上，研发基于电磁多片离合器动力分配技术和电液控制方法的后轴转速实时控制系统，实现多种机具的作业需求。开发了静液压传动系统，可实现2~3区间段无级变速，并应用在20~40hp拖拉机上。

2）研发前驱动传动系统。开发了基于液压转向的大转向角前驱动桥（转向角可达57°）和超级转向前桥（转向角可达70°），符合果园、茶园的园艺作业要求。

3）开展了快捷悬挂系统关键技术研究。开发了快速挂接机构、基于电控液压控制的前后悬挂系统、带有快换机构及伸缩功能的下拉杆，方便了园艺机具的挂接及配套不同园艺机具。采用负载传感液压系统，研发了前、后电液提升器。

4）研究了园艺拖拉机的智能控制技术。研发了基于CAN总线的拖拉机虚拟仪表系统，实现了发动机系统、底盘系统、快捷悬挂系统、作业系统、电控液压传动系统、电气系统、视觉导航系统、故障检测系统等拖拉机各种状态信息的实时显示功能。研究构建环境地图并规划合理行驶轨迹，建立表征纵/横/垂耦合行为特征的动力学模型和轮胎-土壤耦合力学模型,基于鲁棒控制原理,开发了自动驾驶控制技术,实现了正常作业情况下的自动驾驶和特殊工况下的辅助驾驶。基于 SAE J1939 标准定义适用于拖拉机的 CAN 总线应用层协议,搭建状态监测系统框架,实现信息的提取和传输,对园艺拖拉机进行故障检测。

5)开展整机拖拉机的开发与整机试验验证,开展了 20~80hp 3 个功率段果园/茶园智能化园艺拖拉机的整机结构布置、发动机选型、多用轮胎及履带式行走系统设计,配套非道路国Ⅳ排放发动机,完成了 254Y、554Y/804Y 两种园艺拖拉机底盘开发,正在进行样机试制。

8. 智能电动拖拉机开发

(1)研究内容 针对零排放、无污染、低噪声等特殊农业生产环节对绿色动力农机具的需求不断增加的趋势,开展电动拖拉机中央集成控制及整机控制策略、动力模式与经济模式下的能量管理、无级调速、作业机组在不同工况下的动力匹配及整机集成等关键技术研究;开展电动拖拉机能量智能管理系统、功率分汇流变速器研究;集成研制电动拖拉机关键部件和系统及试验台。

(2)取得的进展及成果

1)研究了双电动机耦合驱动技术。基于电动拖拉机的作业动力需求和动力耦合机构的特性,设计了双电动机输入、多输出功率分汇流传动系统。基于行星齿轮机构,实现双电动机功率的汇流与分流,通过功率分流实现 PTO 定速输出,将双电动机功率汇流后经高低档变速系统,满足拖拉机不同作业速度的需求。

2)研究整机能量管理和协同控制策略。基于多模型预测控制算法和并行调节方法的能量管理系统,制定了动力模式与经济模式下高效利用能量的电动拖拉机整机能量管理系统和协调控制策略,中央集成控制器可实现拖拉机动力及传动元件之间的协同控制、PTO 电动机和牵引电动机转速以及行驶速度和动力输出轴转速的协调控制。基于总线的智能传感技术和整机运行与作业数据的智能终端显示仪表和操控面板,实现电动拖拉机的智能化操控。

3)研制了 25hp 双电动机独立驱动电动拖拉机。完成了双电动机独立驱动电动拖拉机的总体方案、整体造型等设计;采用计算流体力学仿真分析方法,以电池组的最高温度和最小温差为目标,以动力电池温度场特性为基础,基于液冷设计理念,完成了电动拖拉机冷却系统方案设计;基于底盘稳定性及双电动机独立驱动纯电动拖拉机载荷分布,初步完成了 25hp 拖拉机底盘架构及驱动桥的轻量化设计;初步搭建动力电池冷却系统硬件,包括主控芯片、数据检测单元、通信单元、数据存储单元、驱动单元等；初步研究了电动拖拉机的电磁干扰特性，完成了电动拖拉机充电机的试制。

4）研制了35hp双电动机耦合驱动电动拖拉机。突破整机模块化开发技术，集成功率分汇流变速系统、动力电池组、整车控制器及电动助力转向、悬挂及显示终端等，创制了35hp双电动机耦合驱动电动拖拉机，实现了智能化控制和作业管理。

9. 重型拖拉机智能化关键技术研究与整机开发

（1）研究内容　针对我国大马力拖拉机缺乏动力换档、无级变速、负载传感液压提升等核心技术，开展了动力换档和无级变速器、悬浮式转向驱动桥、智能操控、负载传感电液提升器等核心技术与关键零部件研究以及智能重型拖拉机整机集成开发；开展了重型拖拉机智能制造的生产线改造、制造执行系统开发研究，建立了相应的测试及评估方法、预测模型，为建立重型拖拉机智能制造方法与技术体系奠定了基础。

（2）取得的进展及成果

1）智能重型拖拉机动力换档关键技术研发。开展了动力换档传动箱的研发，优化选配传动箱的档位与速比；完成了齿轮、轴、离合器等零部件的总体结构设计，零部件结构的三维设计等；运用仿生技术设计开发具有仿生属性的动力换档控制湿式离合器。研究了离合器摩擦片、离合器毂体等关键零部件的加工制造技术。开展了部分动力换档传动箱的研发，设计了档位数为32（16+16）的变速器；完成了变速器UG的虚拟样机设计，利用Romax软件对传动系统进行建模，开展传动系统的仿真分析和评价；开展了电液控制器等关键零部件的结构开发和系统集成，形成了变速器测控技术。

2）智能重型拖拉机无级变速关键技术研发。开发了具有负载自适应控制、节能增效功能的多区段全自动液压机械无级变速器，已完成了第二轮样机的设计方案、二维图、三维图、零件图等。开发了弹性均载的三行星排汇流机构，利用同心轴齿轮之间的空间，使用多个行星轮来分担载荷，形成功率分流，提高了传动效率。开发了抗振的多肋板多孔隙分段式HMCVT箱体、径向嵌套式换段离合器。以整机油耗最小、传动效率最大为目标，采用改进的PSO算法，开发了HMCVT智能化自适应控制策略，提出了一种基于改进粒子群算法的无级变速MAP图中标定点择优选取的新方法。开发了HMCVT液压控制系统，采用螺旋插装式电液比例阀控制油路压力和流量，液压油路具有先导控制、负载传感和压力补偿等功能。

3）电液提升器与悬浮式转向驱动桥关键技术研发。完成了提升器三大阀组的设计工作以及电液提升系统的数学建模、仿真分析和性能试验；完成了悬浮转向桥限滑差速器的研究设计；基于对流道的优化结构分析，配置相应工装，完成第一轮样件制作，并对阀体流道结构进行了一次测试；完成了悬浮前桥主要结构件桥壳、悬浮摇臂、转向节及传动件的试制。

4）智能重型拖拉机整机集成开发。完成了带安全驾驶室的两台样机的装配，关键零部件预留接口，可直接装配至整机；初步完成了 VCU 与仪表、VCU 与远程监控节点通信协议的确定；根据不同作业模式及其作业负荷对整机控制性能的要求，确定了各种作业模式及其作业负荷下的整机管理与控制策略，并进行了整机性能优化；制定了一体化精准作业集成控制系统方案，开展了导航系统的研发并进行了测试。

5）重型拖拉机智能制造技术研究。完成了 100~260hp 拖拉机的生产装配线设计，包含变速器分装线、底盘分装线、驾驶室分装线及整机装配线，共 61 个装配工位，其中自动化工位 29 个，工位自动化率达 47.54%，自动化在线检测工位数 15 个，自动化工位在线质量检测覆盖率为 51.72%。基于 Tecnomatix 进行装配线仿真，构建拖拉机虚拟装配仿真环境，并对主动弧分装工位、差速器分装工位、中央传动装调分装工位等关键工位进行工艺仿真。

10. 甘蔗和甜菜多功能收获技术与装备研发

（1）研究内容　针对甘蔗和甜菜对机械化收获区域适用性的需求，以形成适用于不同种植模式的甘蔗、甜菜收获成套装备为主线，重点开发电液智能控制技术与系统；优化甘蔗根切、切段、剥叶、蔗叶分离等核心技术与关键装置；集成研制切断式甘蔗联合收割机、履带式丘陵山地甘蔗收割机；优化甜菜自动对行仿形切顶、减阻挖掘、振动分离、捡拾分离等核心技术与关键装置，集成研制自走式甜菜联合收获机、甜菜挖掘铺放收获机和捡拾收获机，并进行试验考核。

（2）取得的进展及成果

1）甘蔗和甜菜收获装备高效收获及智能控制关键技术研究。开展了甘蔗收获机切割特性、切段机理、低宿根破头切割、风力含杂分离、入土扶蔗与分禾、全液压控制履带底盘、三角履带底盘系统、重型橡胶履带、防脱轨柔性履带底盘系统、电液比例转向控制系统等技术研究，试制了甘蔗含杂分离部件、根刀定高控制的组合分体刃结构的甘蔗根切装置、无级可调的蔗叶清选分离与多种模式集料卸料系统，解决了等行距和宽窄行种植模式下的机械收获问题，突破了弯曲甘蔗扶蔗分禾、切段收获流程中的堵塞难题。

2）甘蔗收割机研制。开展甘蔗扶蔗、根切、切段、排杂、集蔗和行走底盘6项关键技术研究，集成设计与试制了集料式和提升臂装运式履带丘陵山地甘蔗收割机、双风机履带式甘蔗收获机；开展了甘蔗切段联合收获工艺流程研究、甘蔗切段收获机机电液一体化集成系统及可靠性技术研究，集成研制出适合规模性种植、等行距和宽窄行种植农艺收获的切段式甘蔗收获机，解决了丘陵山地、连片规模地和榨季多雨潮湿、宽窄行种植的甘蔗收获难点，宿根破头率由20%提升到15%，收获质量和损失控制效果得到提升。

3）甜菜联合收获机研制。开展了自动对行打樱切顶、自动对行液压驱动振动式挖掘、自动对行转动圆盘滚动式挖掘、茎土分离等关键技术与装置的试验研究；完成了自走式甜菜收获机的整体设计方案，并对甜菜挖掘装置进行了试制和室内试验，研制出甜菜挖掘铺放收获机和甜菜捡拾收获机，解决了甜菜联合与分段高效能机械收获问题，甜菜收获切顶、含杂和损失等质量得到提升。

11. 秸秆饲料收获技术与智能装备研发

（1）研究内容　针对秸秆机械化收获需求，以收获粉碎、捡拾成捆为主线，研究作业流程智能控制、金属探测、籽粒破碎、破节揉丝及切割刀具自刃磨等关键技术，集成研制了大型智能青饲料联合收割装备及具有智能控制功能的秸秆捡拾揉搓打捆装备、压缩成型装备、缠膜青贮装备，并以小麦、玉米、棉花秸秆为对象，进行了部分性能试验考核。

（2）取得的进展及成果　研究了玉米籽粒破碎、金属探测、切割刀具自刃磨技术；研制了大型折叠式收获割台及玉米籽粒破碎装置、切碎滚筒及夹持喂入关键装置；通过研究三维大尺寸宽割幅往复式收获割台降低振动作用机理，研制与大型青贮饲料收获机配套的大型往复式收获割台，开发了作业流程智能控制系统，研制了大型自走式智能青贮饲料收获机，实现了玉米籽粒破碎、秸秆长度无级可调，对部分工作参数实现监测和控制，满足了既能收获麦类等矮秆作物，也能收获青贮玉米的需求。

围绕"收割+打方捆"的工艺路线，突破选择性收获、秸秆清洁化收获技术，研制出自走式棉花秸秆选择性收获打捆装备，并针对不同秸秆收获需求，研制出不同型式的割刀，可实现对其他农作物秸秆的收获打捆，作业过程中秸秆不落地、不经过轮胎碾压，清洁率高。研制秸秆破节揉丝技术及装备，集成于主机上，实现秸秆收割、破节揉丝及装箱。围绕"收割+打圆捆+喷菌剂"工艺路线，开发了棉花秸秆破碎揉搓及碎料打捆技术，研制出棉花秸秆收获打圆捆装备。开展了收获打捆装备智能控制系统研究，提出智能控制系统的总体架构及方案，研制出试验台架，并搭载于机具的试验。

研制了通用化自走式底盘，研制出自走式稻麦切割打圆捆装置及自走式稻麦捡拾打方捆装备，实现了南方水田秸秆的清洁化高效高质收获。突破玉米秸秆破碎揉搓关键技术，研制了玉米秸秆捡拾揉搓打方捆装备。突破玉米秸秆破节揉搓、除尘清洁、压缩打捆技术，研制出自走式玉米秸秆切碎、打捆、装袋一体机装备样机，正在进行试验。

开展了高密度压缩成型技术，研发了压缩成型装置试验台架，研制牵引式青贮缠网裹膜一体化装备、自走式裹膜装备及秸秆饲料高密度压缩成型装备、牵引式青贮饲料缠网打捆装备，并开展了田间试验以及智能控制系统加载机具试验。

12. 棉麻智能高效收获技术与装备研发

（1）研究内容 针对棉花收获机械长期依赖进口、麻类作物收获依靠人工，影响产业健康发展的问题，开发了自动对行、在线测产、智能控制等核心技术与系统；优化重载静液压驱动底盘、高效采棉滚筒、气力输棉、棉模成型、智能操控等关键系统及制造技术；集成研制棉箱式、打包式高效智能采棉机。研究苎麻、大麻收获工艺与技术，开发收割装置，集成研制联合收获装备，并进行试验考核。

（2）取得的进展及成果

1) 棉麻收获智能控制技术研究。研究了棉花圆模密度与直径测控，麻类割台地面仿形、麻类植株高度测量、苎麻打捆等关键参数信息实时采集以及自动对行、在线测产融合的多元信息处理技术，完成了基于CAN总线的棉花方模成型、棉花圆模成型、苎麻拨麻与大麻籽叶割台高度、苎麻打捆等智能控制系统设计开发。完成了棉箱式、方模式6行高效智能采棉机智能控制系统研制与田间搭载试验；完成了智能苎麻割捆联合收割机与大麻茎籽兼收联合收割机智能控制系统样件研制与田间搭载试验。

2) 棉花高效收获关键技术与装置研制。开展了棉模成型工艺研究，研制了棉花方模成型装置、伸缩式棉箱各1套，配套6行采棉机，进行了田间搭载试验；开展了圆模成型工艺研究，完成圆模成型装置图样设计；开展了水平摘锭采棉机理研究，以及摘锭、滚筒、脱棉盘等转速与机器作业速度的匹配关系研究，完成了 8 个高效采棉头样件的试制，搭载在 3 行采棉机上进行了田间试验，作业效率可提高 20% 左右，国家农机具质量监督检验中心进行了性能检测，采净率为 95.3%；开展了籽棉动力学特性、高压大风量风机风动特性研究，完成了图样设计；进行了摘锭、脱棉盘、水刷等采棉头核心部件的田间搭载试验，使用寿命基本可以满足用户需求。

3）6 行高效智能采棉机研制。完成了方模式、棉箱式 6 行采棉机静液压底盘研制，融合自动对行系统、棉花在线测产系统，集成方模成型装置、伸缩式棉箱，配置较为成熟的 Pro12 采棉头，完成了方模式、棉箱式 6 行采棉机的研制与田间试验。完成了圆模式 6 行采棉机总体方案设计及行走底盘设计。

4）苎麻联合收割机研制。完成了割台地面仿形、拨麻高度自动调控、自动打捆等关键部件与系统，以及底盘、切割、输送等部件的设计与试制；开展了试验台架试制工作，进行了苎麻输送与打捆配合的模拟实验，并根据试验结果进行了改进设计；完成了大麻籽叶割台、大麻籽粒脱粒与茎秆铺放技术与装置研究。集成割台地面仿形、拨麻高度自动调控、自动打捆等关键技术与装置，完成了国内第一台智能化苎麻联合收割机样机的研制，并进行了田间试验。

5）大麻联合收割机研制。研究了割刀的材质、加工工艺、热处理工艺，提高了割刀的强度；通过进行上下双割台工作机理研究，研制了籽粒与茎秆兼收式上下双层割台；集成割台地面仿形系统、籽粒收割高度自动调控系统，完成了大麻茎籽兼收联合收割机样机试制，并进行了田间试验。

13. 农特产品收获技术与装备研发

（1）研究内容　瞄准茶叶、枸杞、红枣、天然橡胶等农特产品，以机械化收获为突破口，重点开展茶叶、枸杞、红枣、天然橡胶等机械的力学特性研究，探索收获新原理与新结构；开发枸杞等浆果类采收技术与装置；开发标准化种植红枣收获技术与装备；开发茶叶采摘技术与装备；研究了天然橡胶全天候自动化割胶、收胶及信息采集关键技术与装置，研制了天然橡胶采胶收获成套装备，并进行了试验考核。

（2）取得的进展及成果

1）农特产品智能化收获机理研究与新结构研发。完成了天然橡胶、枸杞、茶叶和红枣的生物、物理特性及形态参数测试，为研究天然橡胶、枸杞、茶叶和红枣采收装置提供了依据。搭建了枸杞振动气吸力学检测试验装置，设计研发了五自由度混联割胶新装置、悬挂式割胶新装置、三轴直线模组割胶新装置、周铣式便携割胶机四种天然橡胶采收新装置,手持振动式、手持振摇式、多指梳刷式三种枸杞采收新装置,开发了电动采摘指和气动采摘指。并结合现场实验,开展了装置原理验证、性能测试、参数优化等工作。

2)茶叶收获技术与装备研发。开展了茶叶新梢力学特性研究,已获取茶叶新梢单芽、一芽一叶、一芽两叶的剪切力,并且建立了新梢的三维模型。对10个品种茶叶新梢的芽头长度、一芽一叶长度、一芽两叶长度、一芽三叶长度以及第一叶、第二叶、第三叶生长处新梢直径进行了测试,建立了茶叶新梢统计模型。并以数理统计为依据,提出"最优采摘高度"理论,以叶新梢最佳采摘点最多的平面作为最佳采摘平面,以获得最佳的采茶质量。根据所研制机械化采摘作业平台的特点,开展了茶蓬树冠培育技术研究,对于不同树冠形状对机械化采摘效果的影响和不同肥力供应水平下机采茶树树冠指标的变化等进行了研究,初步试验结果表明:水平形树冠面更适宜于名优茶的机械化采摘,名优茶机械化采摘茶园每公顷至少需要投入纯氮335kg。在优化试验方面,建成了茶叶采摘室内试验台,对往复式切割器工作参数进行了优化,得出最佳刀具参数(行程、齿高)与作业参数(机速、刀速)分别为机速0.4m/s、刀机速比1.2、行程23mm、齿高25mm,此时芽叶完整率计算值为82.6%。研发了自走式智能采茶机一台,主体为履带式底盘承载双行采摘机架,行间行走双行作业,具备茶蓬高度识别、切割器高度自适应调整功能。

3)枸杞收获技术与装备研发。开展了枸杞物理特性、植株流变力学及脱离力学特性与采摘机理研究;建立了辊刷硬度与辊刷转速、枸杞采净率、损伤率、温度等参数的柔性力学模型,确定了辊刷选型与采摘技术参数。完成了高频振动、激振、正压紊流、负压、剪切五种枸杞采收方法的试验装置的研制,并完成了相应的枸杞采收效果试验研究;研制了枸杞扶枝夹持装置和辊刷对辊采收装置,并开展了最佳辊刷采收参数试验;完成了跨行自走式机械直联传动动力平台研制。完成了首轮自走式枸杞气振复合采收装备研制,试验表明,气振复合采收效果显著,但是采收含杂率和误采率较高。开展枸杞扶枝夹持输送与辊刷联合采收装备以及枸杞扶枝夹持输送与高频振动联合采收装备研究,研制出两套样机,并开展了示范应用与试验。

4)红枣收获技术与装备研发。设计了两种不同结构的激振装置,试制了两台红枣收获机样机,并进行了田间试验;建立矮化密植红枣机械化收获示范基地,占地面积280亩左右。

5)天然橡胶收获技术与装备研发。先后设计了17款电动胶刀,优化定型了

4GXJ-I 型锂电无刷电动胶刀，割胶效率可达 8～10s/株，比新手使用传统胶刀的割胶效率提升了 10%～20%，每年每株树的平均使用成本约为 0.30 元。

14. 薯类高效收获技术与装备研发

（1）研究内容　针对高效低损机械化收储需求，项目开展了仿生减阻、低破损减阻挖掘、薯土藤蔓强制分离、防损输送、低损储藏等关键技术与装置研究；开展了挖掘部件耐磨材料、防损伤材料制造技术以及自动对行、挖深调控、节能运储智能控制系统研究。

（2）取得的进展及成果

1）仿生减阻挖掘技术研究。完成了仿生减阻耐磨挖掘铲的设计及田间试验。针对不同土壤类型对收获机具挖掘装置造成挖掘阻力大、能耗高，以及挖掘部件磨损快而影响其使用寿命两大技术难题，仿生某些土壤洞穴动物的高效挖掘性能和水生软体动物（贝壳）的耐磨特性进行设计，将生物挖掘器官（如獾、鼹鼠的挖掘爪趾）作为仿生原型，设计并制造出针对不同土壤地区的仿生减阻挖掘铲，通过控制结构参数来实现减小土壤挖掘阻力和稳定挖掘质量的效果。

2）开展薯类减损研究，研发出马铃薯捡拾机和牵引式收获机，实现了智能控深、自平衡等技术，并完成了田间试验与性能检测。

完成了机械参数测定，研究了不规则三维实体建模方法，建立了跌落碰撞冲击力测量系统并开展了跌落碰撞试验。对马铃薯捡拾收获模式进行调研，确定了捡拾收获机的工作方式和整机设计参数及设计方案，并进行了样机试制与田间试验。针对马铃薯收获薯土分离不彻底、损伤大、智能化程度低等难题，开发出自动对行、柔性清泥、高度自控等技术，采用新型橡胶涂覆材料解决振动分离过程对薯块的机械损伤，集成设计并试制出适于大面积作业的具有挖掘、升运、薯土蔓分离和人工辅助分拣等功能的大型牵引式马铃薯联合收获机，于 2018 年 9 月进行了田间性能试验，并由第三方检测机构进行了性能测试。

3）确定了马铃薯异物检测研究方案。构建了由光照箱、线激光发射器、计算机、工业相机、背景板、反射带等构成的马铃薯识别试验台，开展了马铃薯和异物的透射与反射光谱图像研究，并建立了适用于在线检测的机器视觉系统；初步提出了马铃薯储前异物智能检测在线剔除装备方案。开展了马铃薯储前高通量预分装备研究方面的工作。完成了马铃薯驱动分选机构、分选辊及异形链模具的设计与试制。完成了柔性防碰撞输出机构、多段可调式轨道分级传输机构以及无级调距分离机构的设计与试制；完成了第一轮马铃薯预分设备样机的试制与初步调试试验。

4）创制了自走式甘薯联合收获机。研究制定自走式甘薯联合收获机技术方案，重点开展轻型限深切边挖掘、自动去秧去蔓、两级输送分离、无级变速自走底盘等关键技术研究，可一次完成挖掘、输送、清土、去残蔓、选别、集果作业，并能实现一机多用，可兼收马铃薯，提高了机具利用效率。完成了甘薯秧蔓收获机和甘薯宽幅挖掘收获机两种机型总机及关键部件图样设计工作，目前正在开展的样机试制工作已经搭建完成高速图像采集系统，在实际环境下，在收获机运动过程中，对薯土分离情况进行实时采集，并通过图像处理进行过程分析。搭建了离散单元分析平台，已经基本可以实现薯土分离的受力、分解过程分析。研究对比国内外起垄、薯蔓处理技术，筛选两款与甘薯联合收获机配套的作业设备，一款为起垄机，另一款为碎蔓机，并开展田间试验，提出改进方案。

5）制定了六种适宜机械化收获的新型木薯种植模式。针对平种和垄作两种不同的木薯种植模式，研制了卧式托板仿形木薯秆粉碎还田机和多辊仿垄形木薯秆粉碎还田机。卧式托板仿形木薯秆粉碎还田机是针对平种且地块不够平整的平种式木薯地进行设计的，将托板作为仿形机构，解决了传统后置地轮仿形对不平整土地仿形的滞后问题，可以更精准地控制粉碎机粉碎刀片与土壤的距离保持在木薯茎秆的直径尺寸范围内，减少木薯秆漏碎，从而显著提高粉碎率。同时仿形托板设计成可调整式，可根据不同品种木薯秆的粗细来调节粉碎机粉碎刀片与土壤的距离，以获得较好的粉碎效果。多辊仿垄形木薯秆粉碎还田机是针对起垄式木薯地进行设计的，可解决垄沟残留木薯秆、粉碎不彻底的问题，满足起垄种植木薯农艺的秸秆粉碎还田要求。这种机具要求木薯标准化种植（机械种植，垄形、宽窄行距要求规范），可获得较好的粉碎效果。此外，针对木薯秆（含嫩茎叶）综合利用的要求（嫩茎叶做饲料、硬秆做栽培基质、颗粒燃料或纤维板等），研制履带自走式木薯秆联合粉碎收获机，实现木薯秆高效率粉碎和经济收集，为开展综合利用创造条件。

15. 饲草料作物收获技术与装备研发

（1）研究内容　瞄准草食畜牧业发展需要，针对天然草场、人工草场和优质饲草作物，重点研究优化负荷反馈控制、割刀自磨刃、切割调质等核心技术与关键装备；研制自走式饲用甜高粱联合收获打捆机；研制高秆禾草联合收割机；研制自走式苜蓿切割调质收获机；研制草原牧草高效收获技术与装备。

（2）取得的进展及成果

1）饲草料作物收获机械关键装置的可靠性研究。开展了收获期苜蓿多层压缩试验、自磨刃割刀制备、饲草料作物切割与切碎调制、打结器可靠性设计与精密制造、优化负荷反馈控制等技术研究；提出并优化设计了一种超重力燃烧合成材料组份及其利用超重力熔铸技术制造割刀自磨刃梯度材料的工艺方法，以及一种多层金属材料复合轧制制备自磨锐刃具的方法与工艺；制备了一套旋转式切割器自磨刃刀片；提出了双齿盘驱动打结器非正交轴锥齿轮精确建模与低成本精密制造技术，以及打结器支架五轴数控加工方法，试制了15套双齿盘驱动打结器样机。

2）天然草场高效收获工艺技术及关键装备研发。完成了对切割、搂翻、卷捆等天然牧草机械化收获工艺，宽幅割草、搂草、智能化自动卷捆系统等关键技术研究，研制了草原牧草高效收割机、草原牧草高效宽幅搂草机和草原牧草低损圆捆卷捆机3台样机，并在天然草场进行了试验。草原牧草高效收割机采用三组切割器联合割草技术、液压控制切割器起落技术等，割幅达到6m，高于国内往复式割草机的幅宽，作业效率更高，节能降耗，实现了高效宽幅切割牧草。草原牧草高效宽幅搂草机采用运输作业状态转换折叠技术、柔性接地仿形技术、指盘对地面的压力控制技术、集草草条宽度可调技术、搂草翻晒配套作业技术等，实现了草原牧草高效宽幅搂草作业，满足了后续收获作业需要。草原牧草低损圆捆卷捆机采用低损捡拾技术、强制喂入切碎技术、低损高密度成捆技术、智能控制自动卷捆系统等，降低了牧草收获损失，整个卷捆过程实现全程自动化，有效提高了卷捆效率，降低了劳动强度和成本。

3）分布驱动智能控制苜蓿高效收获技术与关键装备研究。基于对苜蓿机械物理特性、物料与工作部件间的互作关系以及苜蓿高效低损收获工艺的研究，突破了分布式动力驱动技术、切割调制技术及智能化控制技术等关键技术瓶颈，完成了智能化自走式苜蓿切割调制收获机、牵引式宽幅捡拾输送集草机的试制。

4）饲用甜高粱收获技术与智能装备研究。通过对甜高粱物理特性快速检测技术、快速清堵技术、物料成捆过程的动力匹配技术等关键技术的研究，建立了秸秆切割试验台，研制成功了饲用甜高粱联合收获打捆机快速清堵装置，同时完成了自走式饲用甜高粱联合收获机的试制。

5）高秆禾草收获技术与智能装备研究。通过对簇生高秆类作物基本特性、收获作业的工艺调查和研究，基于不同刀具对高秆禾草茎秆作用关系与作用效果研究、滚筒切碎装置理论分析与试验研究、非道路作业底盘主动平衡技术研究，研制了智能化高秆禾草联合收获机，解决了王草等高秆禾草作物收获难的问题，填补了国内空白。

16. 特色杂粮收获技术与装备研发

(1) 研究内容 针对具有传统优势和区域特色的杂粮生产的需要,以提高杂粮作物生产机械化水平、降低人工劳动成本、提升特色杂粮生产经济效益为目标,重点开展了谷子、荞麦、燕麦、青稞等特色杂粮作物籽粒与茎穗机械力学特性研究,切割、脱粒、清选工艺机理研究,以及脱粒、清选技术及新机构、新部件研究;集成研制了谷子、荞麦、燕麦、青稞等作物收获装备。

(2) 取得的进展及成果 首次对谷子、荞麦、燕麦、青稞四种杂粮作物机械的力学特性进行了研究,为切割、脱粒、清选等关键工作部件的工作机理研究与开发提供了理论支撑。获取了杂粮作物茎秆形态参数、化学组分、常规力学性质参数等特性参数;获取了杂粮籽粒硬度、抗压强度、抗剪强度及其黏弹性等特性参数;获取了不同工作状态下的籽粒运动轨迹、接触变形量和最优脱粒分离工作参数;解析了杂粮作物茎秆、籽粒在机械收获作业中微观变化和损伤裂纹的形成机理,建立了籽粒与茎穗在切割、挤压、冲击等复杂受力状态下的材料力学模型。

对割台降损方法、缠绕消减机构、低损伤脱粒装置、风机-圆筒筛筛式清选装置等进行了研究和开发,开发了杂粮收获机械主要工作参数检测监控装置。

开发了适用于平原大地块的喂入量为4.0kg/s的轮式大中型谷子联合收获机,适用于丘陵山区的喂入量为2.0kg/s的中小型履带式谷子联合收获机,适用于小地块、高原沟壑区的喂入量为1.5kg/s的小型轮式谷子联合收获机。开发了喂入量为2.0kg/s的履带式荞麦联合收获机、喂入量为1.5kg/s的两段式荞麦联合收获机。开发了适用于平原大地块的喂入量为4.0kg/s的大中型轮式燕麦联合收获机,适用于丘陵山区的喂入量为1.5kg/s的中小型履带式燕麦联合收获机,喂入量为2.0kg/s的履带式青稞联合收获机。

17. 玉米联合收获技术与智能装备研发

(1) 研究内容 针对玉米不同种植农艺制约机械化收获难题,开展玉米收获机械智能化控制技术研究;开展高含水率籽粒低损脱粒技术,研制玉米籽粒收获机;开展玉米植株切割输送、减损摘穗、秸秆切碎收集等关键技术,研制玉米穗茎联合收获机;研究鲜食玉米柔性摘穗、无损伤输送技术,研制鲜食玉米联合收获机;开展玉米种穗高效柔性摘穗、无损伤输送技术,研制玉米种穗收获机。

(2) 取得的进展及成果

1) 智能控制与高含水率玉米低损脱粒技术研究。基于玉米收获流程和作业质量分析，以玉米收获质量为控制目标，以图像处理技术为检测手段，建立了面向高含水率玉米收获的摘穗损失、剥皮损失、籽粒破碎、籽粒回收损失等指标的自适应智能调控策略，通过集成在线传感单元和模块化调控装置，开发了基于CAN总线的玉米收获智能控制系统，完成了系统调试与样机搭载试验，并获得了影响玉米机收获质量的关键因素及影响关系，提高了高含水率玉米的收获质量。研制开发了基于CAN总线的玉米收获智能控制试验台，验证控制系统的可行性和鲁棒性。针对高含水率玉米脱粒时产生的破碎与损伤问题，通过研发新型脱粒元件和采用智能化控制技术，建立了籽粒破碎与滚筒转速、凹板间隙、喂入量等参数的相互关系模型，初步开发了智能控制的高含水率玉米单纵、双纵轴流脱粒装置，降低高含水率玉米的破碎率，为高含水率玉米籽粒直收提供技术和装备保障。针对收获过程中的断穗及籽粒破损问题，突破了基于图像的损失检测技术，开发了玉米籽粒破损在线检测装置和果穗断穗检测装置，用于玉米籽粒收获机和玉米穗茎联合收获机，通过试验验证其满足使用要求。

2）高含水率玉米单纵轴流籽粒收获机的研制。针对高含水率玉米单纵轴流籽粒收获技术不成熟、主要收获质量参数在线检测缺乏、智能化程度低的现状，研究了过桥低损喂入和整机技术，集成玉米收获智能控制系统、单纵轴流脱粒装置、低损玉米收获台、静液压驱动底盘等，研制出高效智能高含水率单纵轴流玉米籽粒收获机，并进行了田间试验。

3）高含水率玉米双纵轴流籽粒收获机的研制。针对高含水率玉米双纵轴流籽粒收获技术不成熟的问题，开展了双纵轴流低损喂入、收获台过载保护和返吐、宽幅玉米收获台折叠技术研究，研制出高含水率玉米双纵轴流籽粒收获机样机2台，已通过第三方鉴定机构鉴定，并开展了田间试验。

4）玉米穗茎联合收获机的研制。针对我国玉米穗茎一体化收获技术不成熟的问题，通过研究适应倒伏玉米夹持切割输送、减损摘穗、平顺喂入切碎收集、茎秆综合处理、籽粒回收、机载式茎秆打包等技术，集成应用玉米果穗苞叶剥净率在线传感系统、玉米果穗断穗率在线传感系统、玉米穗茎联合收获智能控制系统，研制出具有茎秆综合处理功能的穗茎一体化收获台和玉米穗茎联合收获机，并进行了田间试验。

5）鲜食玉米、玉米种穗联合收获机的研制。开展了鲜食玉米柔性夹持仿生摘穗、无损伤输送、鲜食玉米茎秆夹持回收、种穗摘穗减损、负压气流清选排杂和快速清种等技术研究；研发了鲜食玉米柔性低损摘穗装置、气吸式果穗除杂装置；研制了多参数可变鲜食玉米柔性低损摘穗试验台；优化了集成液压、电气控制系统、静液压驱动底盘等；集成研制了鲜食玉米穗茎联合收获机和玉米种穗收获机，进行了田间试验，整机运转稳定，流程通畅，通过了第三方检测。

18. 智能化稻麦联合收获技术与装备研发

（1）研究内容　针对联合收获高效率、高质量的发展趋势，以智能化控制技术为重点，开展了基于作物水分、喂入量、收获损失、工况参数等多参数融合的智能调控策略研究；开展了模块化参数控制系统与调控装置、总线技术等研究；开展了高效减损收割、高通量脱粒分离与清选等核心技术与关键零部件的优化研究，研发了智能高效稻麦联合收割机、深泥脚田水稻联合收割机整机。

（2）取得的进展及成果

1）智能化稻麦联合收获技术与装备的研发。开展了智能化稻麦联合收获机多参数融合调控策略研究，研发了切割输送、脱粒分离、清选试验台及测控系统，并搭建了田间试验平台，为揭示切割、脱分和清选的作用机理和规律奠定了研究基础。基于田间测试数据，分析了作物生物属性与切割输送、脱分和清选等作业质量之间的影响规律，以作业质量和效率为目标的多参数融合构建了相应的控制规则；分析了作物脱分物料分布和清选筛气流场的影响规律，建立了清选调控过程逻辑关系，构建了清选系统控制策略，其中包括清选模块独立控制，与脱分参数的关联控制；分析了切割器、拨禾轮、喂入搅龙对作物有序喂入的作用关系，构建了基于拨禾位置、割茬高度、喂入搅龙转速的切割输送系统控制策略，包括作业速度与切割频率的自适应匹配，并与脱分、清选参数进行关联控制。

2）稻麦联合收获机核心作业参数监测技术及控制系统研究。基于压电效应原理，研制了籽粒夹带损失、清选损失传感器，传感器的检测误差≤5%。基于视觉技术，采用形态学-颜色空间耦合算法，研制了含杂率、破碎率监测装置，含杂率、破碎率识别误差≤7.5%。基于微波测湿原理，通过分析微波衰减与不同物料介电常数之间的关系，建立了籽粒含水率监测模型，研制了谷物水分在线监测装置，检测精度≥85%。基于视觉深度测量原理，并采用激光辅助测量，获得输送器刮板上的物料3D形态，结合测得的籽粒含水率、物料标定容重，计算出谷物流量。并通过CAN总线上传到车载信息系统。基于卫星-惯性组合导航理论，构建了收获机非线性动力学模型，提出了双闭环控制、跟踪控制及模糊自调节控制算法，开发了组合导航辅助控制系统，提高了收获机在坡地、打滑、重心变化等复杂工况下的控制精度，并具有路径规划、跟踪等功能，经田间测试，自动导航路径跟踪误差≤3.3cm。基于超声波与视觉测量，通过作物边界特征识别、测量、坐标变换、定位等，建立了割台示宽数学模型，开发了割台示宽信息处理系统，示宽测量误差≤5cm。采用超声波阵列信号和机械仿形信号的融合算法，研制了阵列超声波和机械仿形传感装置，实现了作物测高和割茬高度自适应调节的仿形作业控制，割茬高度测量误差≤2cm，作物高度测量误差≤6cm。开发了稻麦联合收获机车载信息系统，可实现动力系统状态参数、作业参数和执行部件状态的显示，并具有末端执行器目标参数设置功能。

3）适宜深泥脚作业的行走传动系统和浮动底盘。研制了行星式机械差逆转向传动系统和装置，实现了单边转向、单边制动转向、原地差逆转向三种转向控制模式，并通过液压无级变速器（HST）实现了行走无级变速，该传动系统更加适合水田深泥脚工况的行走控制要求。开发了双HST液压驱动变速器，直行传动系统和转向传动系统采用两个独立HST驱动，建立了直线行走和转向控制系统并行的逻辑控制模型，通过左右两侧行星机构的传动汇流，实现了行走差动转向和原地转向，提高了整机转向的柔和性，减少了转向过程中对土壤的搅动破坏。开发了双四连杆式浮动仿形底盘，配置了手动和自动两种控制模式，可依据田间工况实现整机前、后、左、右姿态及地隙高度的自适应调整，提高了深泥脚水田的通过性和坡地作业的适应性，提升了作业质量和效率。采用轮孔式履带驱动方式，开发了浮动半履带底盘，解决了传统半履带底盘过障时仰起和下落的冲击缺陷，实现了田间作业过障时的机身平衡控制，提高了深泥脚水田作业的通过性能，减少了对土壤的压实。

4）智能化稻麦联合收获机研制。研制了10kg/s单纵轴流和12kg/s切流双纵轴流试验样车各一台，搭载收获机多参数调控、作业参数监测及控制、导航及作业路径规划等系统，并完成了小麦和水稻田间测试，各项指标均达到设计要求，为后续整机智能化系统集成奠定了基础。采用切纵流低损伤脱粒、多风道高效清选及浮动底盘等技术，研制了5kg/s机械差逆履带式水稻机和6kg/s双HST履带式水稻机各一台，并搭载收获机作业参数监测及控制系统，完成了小麦和水稻田间测试。

19. 智能化油料作物收获技术与装备研发

（1）研究内容 针对我国特色油料作物机械化收获需求，重点瞄准油菜、花生、油茶籽、油葵作物，开展油菜智能化、低损高效收获等核心技术与关键装置优化研究，研制自走式油菜联合收获机和油菜割晒、捡拾收获机；开展花生减阻挖掘、果土分离、高效脱果、无阻滞清选等核心技术与关键装置优化研究，研制高效自走式花生联合收获机和挖掘铺放、捡拾脱果收获机；开展油茶籽标准化种植模式与机械采收原理，研制油茶籽收获装置；开展脱粒、清选等核心技术与关键装置优化研究，研制油葵联合收获机。

（2）取得的进展及成果

1）油菜高效低损收获技术与装备研发。围绕油菜高效、低损收获两大核心目标，建立了喂入量预测和清选损失评估模型、主要工作参数与机具前进速度的匹配关系，研发了开放式通用型多通道工作参数实时监控平台。开发了低损割台、切纵流有序脱粒分离、清选损失检测、脱出物自适应清选等技术以及气力落粒回收、防缠绕拨禾轮、空气阻尼弹簧仿形等核心装置。通过技术创新和系统集成，研发了油菜轮式和履带式联合收割机、高地隙中央铺放油菜割晒机和油菜高效捡拾脱粒机，并进行了大面积田间试验和示范，油菜联合收获和分段收获累计试验示范面积超过500亩，田间试验实测结果：油菜履带式联合收割机总损失率为4.28%，含杂率为1.64%，破碎率为0.32%，性能全面优于任务书指标要求，远远高于国家标准；大喂入量轮式油菜联合收割机割幅2.9m，总损失率为6.12%，含杂率为1.8%，破碎率为0.32%，性能指标优于油菜联合收获国家标准；高地隙中央铺放油菜割晒机割幅3.5m，离地间隙90cm，损失率≤2.5%，最高作业速度可达2.5m/s，割晒损失率低、铺放效果好、作业效率高；油菜捡拾脱粒机捡拾脱粒总损失率≤3.84%，含杂率≤1.26%。

油菜高效低损收获技术与装备成果可实现目前我国油菜机械化收获总损失率由通常的8%~12%降低到6.5%以下，可产生显著的社会和经济效益，技术推广应用前景广阔。

2）花生高效收获技术与装备研发。针对花生收获过程中存在的效率不高、损失大、用工多、集成度不高等突出问题，在花生有序铺放收获技术方面，突破了挖掘限深、导向有序铺放关键技术；在花生捡拾联合收获技术方面，突破了高效捡拾技术、大喂入量摘果技术，基于智能算法的专用设备状态监测及故障诊断技术等关键技术，攻克了地面仿形自动控制技术；在花生联合收获方面，突破了自动限深同步起秧智能控制、多链有序夹持合并输送、大落差广适性防缠绕摘果、双风压无阻滞双振频弹指筛清选等核心技术。研发了花生条铺收获机、花生捡拾联合收获机和花生联合收获机，其中花生条铺收获总损失率小于4%；花生捡拾联合收获机总损失率小于4%，破碎率小于5%，摘果率大于97%；花生联合收获机损失率为1.95%，破碎率为0.31%，含杂率为2.75%，生产率为0.4hm^2/h。研发生产过程全程检测、大数据挖掘处理技术，构建信息系统平台，初步实现了两种类型花生两段收获装备的信息化、智能化。建立了花生有序挖掘铺放试验示范点一个，试验示范面积 1200 亩；建立了花生捡拾收获试验示范点一个，试验示范面积 1500 亩。通过田间试验示范，花生高效收获技术装备各项指标均优于国内外同类产品，能满足我国花生多种收获方式的需要，具有良好的推广应用前景。

3）油葵智能化高效联合收获关键技术与装备研究。针对油葵葵盘硕大，受碰撞或挤压时籽粒易提前脱落，造成飞溅损失，设计了拨禾轮式、拨禾链式及输送带-拨禾轮式三种油葵割台，并进行了台架试验，确定出油葵割台最优结构参数和运行参数。试验表明，拨禾轮式油葵割台损失率为 4.05%，试制了油葵联合收获机，并进行了田间试验，分离率达 96.35%，破碎率为 4.74%，含杂率为 6.7%。

4）油茶籽机械化收获关键技术与装备研究。完成了油茶果物性参数与力学特性研究，不同品种油茶果柄拉力试验表明，枝和柄之间断开的拉力小于果和柄之间断开的拉力，且二者之间的拉力均小于 50N，为油茶果激振装置振分离力大小的设计提供了理论依据。研制了分时四轮铰接驱动底盘，设计了振动拍打式油茶果采摘装置、振动拍打式油茶果采摘装置（外围式）、双机械臂的固根摇枝式油茶果采摘装置，设计了油茶果收集装置，并进行了试验。研制开发了油茶籽处理成套自动化生产线，实现了油茶鲜果剥壳、清选、干燥、包装等系列采后加工整套机械化。经现场测试：处理量 ≥ 2000kg/h 时，剥壳率 ≥ 99%，油茶籽净度 ≥ 98%，破损率 ≤ 3%，油茶籽含水率 ≤ 12%。

20. 农机装备智能化设计技术研究

（1）研究内容　针对我国地域差异、农作物种类和种植模式多样等农业生产条件对农机装备多功能智能化作业和定制化、多样化的用户需求，重点突破基于知识工程的拖拉机、联合收割机等典型高端复杂农机装备基础标件、核心零件、关键部件及整机数字化建模、虚拟样机动态仿真、虚拟实验验证以及关键零部件标准化、系列化、通用化设计等基础共性技术，开发基于通用设计与仿真分析软件的关键零部件全参数化驱动模型库、设计知识库与专家系统、虚拟仿真与实验系统，构建基于 PDM/PLM 的农机装备智能化设计多功能通用基础平台，建立农机装备智能化设计技术规范和标准体系，并进行实际应用，加快提升我国农机装备研究设计水平，缩短研发周期，为农机智能制造奠定基础。

（2）取得的进展及成果

1）初步建立了农机装备专用知识库及模型库，并搭建了农机装备智能化设计专用平台框架。针对大功率拖拉机、联合收割机结构复杂、现有设计平台难以满足定制化、多样化的产品设计需求等问题，以标准化、系列化和通用化为核心，以实现智能化设计为目标，研究了基于知识工程的拖拉机、联合收割机智能化设计理论与方法，实现了模型驱动的配置化通用平台和农机装备智能化设计平台的配置化自动生成技术，重点开展了专用材料特性库、设计标准与规范库、仿真规范库、零部件模块库、设计实例库等关键技术研究，初步建立了专用的大功率轮式拖拉机、履带式拖拉机、联合收割机工程设计知识库和模型库，开展了部分农业装备的模块化设计方法研究，制定了智能化设计规范及设计流程，实现了部分核心部件的智能化设计。

2）开展了农机装备智能化设计知识服务关键技术研究与系统开发。以大功率拖拉机、联合收割机整机及关键零部件为研究对象，根据其作业环境、农作物种类和种植模式的特点，研究文本、图像、三维模型、视频等不同类型数据的特征提取，实现异构农机装备设计知识的统一表达，进而支持关联知识推送；然后通过知识图谱直观辨识农机装备前沿的演进路径和内部联系，借助实例、规则和模型相结合的推理机技术，优化知识检索、推荐和管理等知识服务；最后构建基于设计知识表达、推理、评价、服务和重用联合驱动的农机装备智能化设计知识服务体系，为实现农机装备知识资源的多粒度、精细化和智能化设计提供先进的设计方法和技术支撑。

3）初步开展了基础平台架构设计与系统集成方案的制定与关键技术攻关。按照研发基于模型驱动的、与具体业务无关的基础管理平台的阶段目标，结合企业调研情况抽取并提炼了信息管理基础对象和业务过程，采用面向对象的方法实现各基础对象并支持其扩展，提供多种基础接口和核心服务，向下实现与底层运行环境和通用工具（如 OA、微信、邮件等）的集成，向上提供面向特定业务领域的专业化管理系统（如 PLM 等）的数据访问、版本控制、流程管控、权限管理等服务接口，完成了基础平台架构设计与系统集成方案制定，并组织了课题内部论证和评审。

4）开展了以 BOM 为核心的多源数据管控技术与共享机制研究。针对信息化管理平台推广实施过程中普遍存在的定制开发工作量大、服务响应能力不足、升级维护困难等问题，完成了基于模型驱动的配置化管理平台的开发。以配置化 PLM 的研发为基础，研究以 BOM 为核心的多源数据管控技术，基于配置化 PLM 平台提供系统集成接口，实现面向农机装备的通用化 PLM 平台，并在典型农机装备企业得到应用验证的研究思路，采用自底向上分层实现的研究方案，以模型驱动的软件开发技术为基础，研究模型驱动环境下通用信息化管理平台的基础对象、对象关系、对象及关系表现形式和操作方法的配置化实现；基于配置化实现的基础对象，配置化实现 PLM 领域业务对象的定义，如文档、零部件、产品结构与 BOM 多视图、工艺路线、业务流程等，生成配置化 PLM 平台；以配置化 PLM 平台为基础，支持多源数据管理、模型相似性比较与搜索、三维协同设计、基于公共总线的系统集成接口等，目前拟在典型企业开展实施验证。

5）开展了典型农机装备关键部件智能设计及虚拟仿真服务系统的分阶段研究。针对 CAD 与虚拟现实软件数据接口技术开展技术攻关，实现了一种机械三维模型对虚拟现实软件的数据接口与格式转换。开发了机构传动路线仿真方案设计。研究了机器作业行为的决策和虚拟环境机器作业环境的真实感。基于企业需求，提出在原来的任务平台里增加基于视觉的构件图像重构辅助设计服务模块，展开了视觉重构机构或生物体的点云理论研究，为模仿国外产品设计提供辅助设计模型，同时为全生命周期的产品管理和用户提供维修服务。研究了复杂大数据模型和图像数据丢失理论，完成了第二种机械三维模型对虚拟现实软件的数据接口与格式转换。

6）开展了大功率拖拉机整机及关键零部件专用知识库及模型库的扩展及其应用研究。按照大功率轮式、履带式拖拉机两种整机和转向驱动桥、履带行走装置、变速器、电液悬挂装置、驾驶室 5 个核心零部件，进行了模型数据、设计知识、试验知识、虚拟仿真知识的收集，目前该项工作已基本完成。深入开展了大功率拖拉机关键零部件标准化、系列化、通用化设计方法研究，编制了《拖拉机典型零部件通用技术要求》，其中包含整机、传动、液压、外观造型 4 大类 75 小类的技术要求。开发了大功率拖拉机及其配套耕播类机具匹配设计软件，开展了拖拉机悬挂农具的仿真。将轮荷冲击系数和车身加速度作为评价拖拉机通过路面的平顺性和行驶安全性的指标。利用模糊 PID 控制液压装置进行拖拉机减振，提高了拖拉机田间行驶的平顺性和行驶安全性，同时也延长了拖拉机和农具的使用寿命。使用仿真软件建立了履带行走系三维仿真模型，对整机挂接机具进行仿真分析。设置不同路况进行仿真。针对在黏土条件下仿真得出履带张力曲线图，可以根据自身需要从后处理模块中得到想要的数据和图表，用于履带行走系构件分析和优化。

7）开展了联合收割机关键零部件标准化、系列化、通用化技术应用及专用知识库、模型库的构建。通过对系列产品共同要素、整机布局、模块整合规则、标准和接口等的研究，将联合收割机产品进行模块划分，基于自顶向下的设计方法，利用知识服务、参数化、模块化等技术，以联合收割机的割台、剥皮装置、脱粒装置、清选装置、切碎抛送装置五大核心零部件为研究对象，完成联合收割机关键零部件标准化、系列化、通用化设计方法应用研究。制订《标装零部件设计选用手册》和《特装零部件设计指导手册》，制订模块应用管控流程，建立面向模块化管理的智能化设计平台，以联合收获机智能化设计实际应用需求为牵引，应用标准化、系列化、通用化技术构建联合收割机智能化设计专用知识库、模型库。应用参数优化匹配设计方法，实现联合收割机脱粒、清选装置结构参数和工作参数的合理匹配，并实现模型参数化等辅助设计功能。

21. 农机装备制造过程质量检测技术研究

（1）研究内容　针对我国农机装备在制造、整机装配过程中，缺乏电气系统等方面可靠性检测方法和手段而影响质量的突出问题，研究拖拉机动力换档传动系统、联合收割机关键零部件可靠性、液压系统、电气系统检测技术与方法，集成构建拖拉机和联合收割机制造过程质量检测系统，搭建拖拉机与联合收割机产品制造质量数据库，建立农机产品质量检测方法和系统平台，为农机产品制造质量的提升提供科技支撑。

（2）取得的进展及成果

1）拖拉机关键部件可靠性检测技术研究与系统开发。研制了具有能量回馈、强化加载、多离合器协同换档功能，可模拟液压供油、循环、过滤、散热系统的动力换档传动系统在线检测试验台，并投产加工。对离合器总成动态特性进行电惯量模拟控制算法研究及相关实验，研发了动力换档离合器总成制造质量检测系统。提出了电控单元热性能分析方法，建立了具备动力换档传动系统变工况仿真、核心零部件故障模拟与注入、矩阵式故障注入、电控单元可靠性在线检测模型，研发了动力换档电控单元故障注入和可靠性在线检测系统。

2）拖拉机整机检测技术研究与系统开发。以实现拖拉机最小转向半径在线检测为目标，研制了拖拉机最小转向半径检测系统。利用激光传感器扫描测试轮胎断面位置信息，采用最小方差估计算法精确识别轮胎对称区域，获得转向轮极限转角，根据整车结构模型，求取最小转向半径。针对激光传感器测试精度受信号强度影响的固有属性，开发了自适应滤波算法，依据信号强度动态调节信号采集的滤波系数。试验表明，系统重复精度≤0.5°，测量误差≤2%。系统同时满足测试精度与生产节拍的要求。

3）联合收割机关键部件可靠性检测技术研究与系统开发。构建了由多滚筒并联共面组成的多转子动平衡试验台架，在检测单体动平衡基础上对多转子不平衡量进行合成计算，提高组合回转体的制造装配水平；构建了风机气流检测装配质量试验台架，对不同装配条件下的风机三维流场进行了仿真分析和流场实测，提高了清选系统的制造装配水平；设计了联合收割机底盘机架多维动态加载平台及道路模拟系统，研究获得了试验台载荷谱；搭建了联合收割机大功率行走变速器疲劳试验台，正在构建优化疲劳检测系统。

4）联合收割机整机检测技术研究与系统开发。针对联合收获机电液性能、装配质量、整机装配等制造质量检测难题，开展了整机检测方法和智能终检系统的研究，形成了多工位流水线式和单工位多功能式整机制造质量检测方案，重点突破了整机电气在线检测、装配质量振动检测等关键技术，研制了总线型电气系统在线检测等系统，初步形成了收获机械整机制造质量检测标准和评价体系，为联合收割机整机制造智能化水平的提升提供了技术支撑。

5）典型农机装备制造过程质量检测信息平台的建立与分析应用。研究了拖拉机、联合收割机制造过程关键零部件质量数据获取分析技术，并针对典型农机产品制造质量数据库的设计，构建适合不同企业应用的开放性数据架构。数据库构建内容包括"农机的整体零部件组织架构（层级关系）""农机零部件质量数据项"和"农机零部件质量数据（具体的质量数据）"三部分。设计了开放数据库的基础架构，允许企业根据自身的生产制造过程管理个性化的信息，同时系统提供初始化的标准数据项供企业参考和利用。

22．农机装备试验验证方法与技术研究

（1）研究内容　针对我国农机装备田间试验数据不足、试验验证手段缺乏等突出问题，研究了拖拉机机组和联合收割机田间作业过程关键零部件及整机的作业载荷、工况环境、失效特征、作业质量等参数检测技术与数据分析方法，开发了智能化试验验证系统，与智能化设计平台、产品质量数据库集成，构建公共数据平台。

（2）取得的进展及成果

1）整机及关键零部件田间作业载荷特性分析与试验方法研究。

获取了拖拉机田间作业载荷数据，为接下来的数据分析和载荷谱编制奠定了基础；开展了联合收割机田间作业试验数据的时频分析和降噪处理方法研究，形成了一套针对农田开放复杂作业环境下载荷数据的分析方法；初步搭建出联合收割机田间作业载荷数据库管理软件系统，可用于存储联合收割机整机及关键零部件田间作业工况下的载荷试验检测数据，以及载荷谱编制过程中产生的各阶段载

荷数据；形成了农业机械作业载荷检测与试验验证技术规范，为田间试验提供了参考标准。

完成了拖拉机田间作业载荷检测试验。基于无线传感技术，搭建田间测试系统；开展了拖拉机的田间作业载荷试验检测与数据采集；获取了拖拉机田间作业载荷数据，为接下来的数据分析和载荷谱编制奠定了基础。

完成了联合收割机田间作业载荷检测试验。基于 HBM-SoMateDAQ 数据采集系统，开展了玉米联合收割机车架的田间作业载荷试验检测与数据采集。开展了联合收割机田间作业试验数据的时频分析和降噪处理方法研究，形成了一套针对农田开放复杂作业环境下载荷数据的分析方法。所形成的方法为后续载荷谱的外推与多工况载荷谱的生成奠定了技术基础。基于混合高斯函数，建立了极值载荷分布模型。基于雨流计数法，开展了载荷谱外推方法及编谱技术的研究。载荷谱的编制为后续编制加载试验所需要的加载载荷谱，开展联合收割机关键零部件的疲劳寿命预估、可靠性分析的研究奠定了技术基础。初步搭建出联合收割机田间作业载荷数据库管理软件系统，可用于存储联合收割机整机及关键零部件田间作业工况下的载荷试验检测数据，以及载荷谱编制过程中产生的各阶段载荷数据。

2）田间作业关键零部件失效特征参数检测与特性分析方法。

研制了收获割台试验台，为玉米收割机主要工作部件在室内的试验提供了有效的技术手段，并能较好地模拟田间作业的实际状况，将在玉米收割技术研究、收割机的改进定型以及为客户提供稳定可靠的收割性能方面发挥积极作用。

设计了切碎试验台，可实时测量转速和功率，为整机的功率消耗和功率分配提供依据，使功率分配更有效。此外，试验台还安装了监控系统、防堵预警系统以及物联网系统。

3）农机装备与工况环境适应性试验验证技术研究。

研发了工况环境信息采集装置。车载式电控液压农田土壤采集装置采用了移动平台搭载电控液压取土机构的设计思路，主要包括电控液压式分段原状取土装置和电动移动搭载平台，实现了农田原位原状取土、土样收集运送的全程省力化作业目标。搭建了面向农田作物信息采集应用的四驱式农业机器人移动平台，采用四轮驱动的对称式布局，每个车轮都由轮毂电动机为平台提供动力；应用扩展阿克曼转向准则，实现协调运动，大大减少了由于车辆速度失配造成的打滑现象。

研究了工况环境信息采集算法。基于全景激光雷达，开展了玉米高通量表型信息获取算法研究，实现了快速、大量获取田块基本玉米群体的株高、株距等表型特征信息。采用点云的平面高度信息直方图方法识别单株玉米,并利用立体包围盒方法进行株高提取。采用单线激光雷达传感器获取点云数据,并通过点云数据处理算法得到小麦、玉米、青贮饲料作物的株高。开展了基于全景激光雷达的小麦叶面积指数提取试验,通过在地面三脚架上放置16线全景激光雷达,扫描小麦地植株覆盖占比,进而推算小麦叶面积指数。开展了基于视觉的作物生长期分析,以小麦作物为例,通过制作小麦作物图像数据集,分析小麦实际的成熟天数。开展了作物叶片特征提取研究,通过超绿因子图像灰度化、Canny 边缘检测、色彩直方图建立等方法,提取叶片的性状特征及色彩特征。开展了小麦乳熟期、完熟期的茎秆拉伸试验、弯曲试验、扭转试验及剪切试验。开展了农田土壤数据、水稻数据的采集工作,编制了《水稻成熟期信息获取测量方法》,并开发了工况环境信息数据库试运行版本——作物信息采集平台。

4)拖拉机机组田间作业质量与整机性能试验验证技术研究。

设计了一种便携式水田泥脚深度测量装置。利用入泥滑杆重力模拟人工测量压力,磁致伸缩位移传感器及相应结构检测入泥深度,同时记录入泥速度变化数据,监测入泥滑杆入泥姿态,利用判别算法,在入泥深度稳定后,确定泥脚深度。设计了一种水田耕深测量装置,搭建了基于倾角传感器的耕深检测系统,确定了基于激光雷达和双目视觉的水田平整度测量方案,集成北斗/GPS 导航模块和 GPRS 无线通信模块,开发了随车耕深检测仪,田间试验结果显示,该测量系统的误差小于 0.5cm。

分析了拖拉机机组在不同田间作业如犁耕、深松、旋耕、整地工况时牵引力的特性、动力输出;研究了拖拉机机组在农田作业时悬挂杆件受力与杆件位置角度的关系;确定了拖拉机牵引力与动力输出的测量方法;开发了车载、便携式具有多参数信号采集、处理、存储和无线收发功能的拖拉机机组作业质量参数测量系统;确定了以 NI cRIO 采集模块为核心的多传感融合测量系统方案;测量了拖拉机机组在不同工况下,牵引特性、动力输出特性、油耗特性、液压系统的提升能力、液压输出能力等数据的性能参数,测量数据可通过 4G 网络上传至数据库系统(或服务器)。

提出了田间拖拉机机组作业性能测试方法,并对测试系统及测试方法进行了实际田间试验,验证测试系统和测试方法的合理性。田间作业质量检测的主要指标包括耕深、平整度、碎土率、植被覆盖率、土壤扰动系数和土壤蓬松度。

5)联合收割机田间作业质量与整机性能试验验证技术研究。

构建了田间作业质量与整机性能数据库,主要功能包括稻麦联合收割机田间作业质量参数（破碎率、含杂率、损失率、主要部件功率）的在线监测，数据显示和数据存储，并进行了初步测试。青饲收获机试验验证数据库和系统初步实现了田间作业质量参数、工况环境、主要工作部件功率的在线监测，以及数据存储、数据显示、数据访问的功能。玉米收获机数据库系统采用 Spring JDBC Template 技术与数据库进行交互，提供了试验数据实时查看、历史数据报表查询、数据记录 Excel 文档导出等功能。

研究了稻麦、玉米、青饲联合收割机关键作业质量参数快速检测方法。稻麦联合收割机田间作业质量快速检测主要包括破碎率、含杂率、损失率等的检测；建立了基于机器视觉的稻麦含杂破碎率检测方法，经试验验证，其对杂质的识别率达到了 80%，对破碎籽粒的识别率达到了 75%；采用压电陶瓷元件作为传感单元，设计损失率检测方法，并搭建了试验装置进行试验测试。

基于喂入浮动辊位移的喂入量检测和出料口质量流量研究了两种青饲联合收割机喂入量检测方法：测量浮动喂入辊位移方式、基于变介电常数微电容原理方式。基于变介电常数微电容的原理，根据事先标定好的电容－质量流量关系模型，开发了青饲质量流量在线检测系统软件，实现喂入量检测。通过安装拉线式位移传感器来获取液压提升缸的伸长量，利用 Matlab 建立割茬高度、割台高度和拉线位移量的关系模型，实现青饲联合收割机割茬高度检测。

玉米联合收获机谷物损失率检测方法研究。采用谷物损失阵列测量传感器，构建了玉米联合收获机谷物损失率检测系统，主要由 PVDF 阵列传感器、信号调理部分、通信接口及显示仪表等组成。试验表明，该传感器具有很高的测量精度和很短的响应时间，能获取损失玉米籽粒的空间分布信息。

研究了整机与核心工作装置功率监测方法。研发了稻麦联合收获机功率显示、存储与远程数据系统，对风机、清选、碎草及振动筛的功率进行实时监测，建立稻麦联合收获机功率模型，实现稻麦联合收获机功率的合理分配。建立了青饲联合收割机整机功率检测系统，实现了从发动机输出到割台部件、喂入辊、切碎轮刀、抛送风机等核心工作装置的功率监测。建立玉米联合收获机整机功率监测系统，包括发动机输出功率检测装置、脱粒滚筒脱粒功率检测装置和基于 CAN 通信的功率数据采集软件。

23. 基于北斗的农机定位与导航技术装置研究

（1）研究内容　针对土地规模化经营发展对农机提高作业质量和效率的要求，以拖拉机及联合整地、播种、插秧、灌溉、施药和收获装备为对象，研究自主作业智能化技术和 TD-LTE 在农机智能作业中的应用技术，研发适用于农业复杂环境的基于北斗的多系统高精度定位、自组网络数据传输链路、机器视觉与多传感器组合导航系统，开发导航、控制、互联网等与农机一体化融合执行装置，并进行试验考核，提升我国农机智能化作业水平，为智慧农业奠定技术基础。

（2）取得的进展及成果

1）开展了 GNSS/INS 组合导航定位算法及姿态测量算法研究、野外环境视觉识别算法研究，完成了多频多系统 GNSS 高精度定位板卡软件设计、高精度定位板卡测试验证，基带芯片 SX6 采用 55nm 工艺，支持星基增强服务，水平定位精度达到 10mm + 1ppm。

2）开展了适用于规模化农场的基于地块边界的地头转弯方式、基于北斗的农机行进方向与车头指向智能判别方法、多位姿多传感器融合等技术研究，研发了农机自动导航、自动避障与安全行驶控制技术与装置。

提出了障碍物检测与避障方法。构建了包含激光扫描仪、北斗卫星定位仪和惯性测量单元的环境信息感知系统；搭建了控制测试载体的自动转向系统；构造了前轮偏角检测系统，为自动转向控制中的反馈调节提供了可靠的依据。针对农田环境，提出了一种农业机器人实时检测动态障碍物的方法，搭建了障碍物检测与识别系统，实现了传感器信息获取、坐标转换、信息融合和串口通信等功能，经测试，静态试验中障碍物纵向偏移时，系统检测得到的间距和尺寸平均偏差分别为 1.02cm 和 1.08cm；障碍物横向偏移时，检测得到的横向偏差和尺寸平均偏差分别为 1.13cm 和 1.34cm。实时性试验测得整个系统的障碍物位姿参数更新频率为 5.04Hz。根据障碍物类型、状态信息和安全级别，提出了一种基于北斗定位的农机导航系统避障策略。提出了基于障碍物与农机距离的障碍层次划分方法，在不同的区域对不同状态障碍物实现不同的避障措施，在监测范围内遇到动态障碍物进行停车处理，对静态障碍物则实现避障绕行。提出了基于改进后的人工势场法，实现农机对静态障碍物避障作业。

基于地块的作业消耗模型与导航作业路径规划方法，设计开发了农田作业机械路径规划软件。采用 Microsoft Visual Studio 开发平台，应用 GIS 组件，设计并开发了路径规划服务功能模块。该功能模块可以根据用户输入的地块多边形和作业机具基本参数，按照不同路径优化目标计算田间最优作业方向，并自动生成最优路径空间矢量图；支持各种 GIS 标准化数据格式的作业路径输出。

3）开展了基于无线自组网的信息传输系统构建、多机协同作业的自主跟随、平台搭建与电子地图生成、基于无线传感器网络的多种农机定位系统构建等方面的研究。

无线自组网智能集成网关功能模块包括电源管理、数据处理、数据存储、无线通信及各种通信接口模块。通信接口主要涉及的硬件端口有以太网接口、RS232 接口、RS485 接口及 CAN 接口。智能集成网关的主处理器选择 ST 公司的高性能 CORTEX-M4 ARM 处理器 STM32F4XX 系列,并外扩 16MB 的 SDRAM 和 128MB 的 FLASH。

多协议监控网络互联智能集成网关包含互联通信功能与智能管理功能,具有标准数据通信接口和物理接口,可兼容现有测控系统,实现异构网络的物理连接和互操作。其底层通信支持 433MHz、470MHz、2.4GHz 等多个射频频段,外部接口支持以太网、RS232、RS485 等标准接口。网关共分为 9 个功能模块,分别是射频功能模块、Profibus 功能模块、Modbus RTU 功能模块、Modbus TCP 功能模块、OPC_UA 功能模块、Ethernet/IP 功能模块、WIFI 功能模块、3G 功能模块,以及测试和管理配置功能模块(包括串口和网口两种接口方式)。

设计开发了多机协同跟随型农机自动导航系统。该系统由主机自动导航系统和从机自动导航系统组成,主机可选择自动导航或人工驾驶方式作业,从机自动跟随主机进行自动导航作业。农机自动导航系统又包括定位单元、控制单元、车间无线通信单元和车载监控终端。开发了主、从导航车载终端软件,包括农机定位、数据通信和导航跟踪控制三大核心功能,可实现数据通信、数据处理、数据存储和界面显示。开展了系统性能验证,从机在 0.8m/s 车速下自主跟随主机作业的均方根误差为 6.76cm,基本可以满足多机协同田间作业需求。

4)开展了农机水田侧滑在线估计算法研究、水田农机路径跟踪控制算法研究、插秧机手自一体操纵控制技术研究,研制了低成本小型化定位测姿装置,并在高地隙喷雾机、插秧机等水田农机平台上开展了应用测试。自主研发了实现北斗定位 OEM 板卡 UM442 的导航定位系统,其定位精度为 1cm,航向测量精度为 0.2°/m。

低成本姿态测量系统采用以低成本高性能 MEMS 惯性传感器 ADIS16445 模块(内含三轴陀螺仪、三轴加速度计)为核心的传感器,研究了基于四元素法、欧拉角法、方向余弦法的姿态解算方法,并基于互补滤波与卡尔曼滤波实现多传感器信息融合,以低成本高性能 ADIS16445 模块设计最小硬件系统进行田间作业车辆算法验证,研究动态作业条件下农机外部加速度辨识与姿态估计方法。根据陀螺仪与加速度的传感器特性建立了自适应卡尔曼滤波融合模型,实现了农机装备动态姿态的精准测量,并进行了田间测试验证,姿态测量模块动态测量平均误差小于 0.25°，最大误差小于 0.7°。测量精度典型值不大于 0.55°，可满足农机具精准作业要求。

开发了高地隙喷雾机自动导航作业系统。该系统由高地隙喷雾机主体、机-电-液装备及机构、导航控制器和无线监控显示屏终端组成。转向系统执行主件采用 EATON-KDG4V 型电液比例换向阀，通过加装液压管路与喷雾机转向油路并联，构成电-液转向控制机构。转向轮偏角检测传感器采用 BEI 公司的 9902120CWHT 型霍尔角度传感器，与转向节臂同轴转动。油门控制机构选用力姆泰克 LIM3-S2-100 型电控推杆电动机，通过将伸缩轴轴端与油门踏板机构末端相连接，构成油门调控机构。为实现导航作业控制器对喷雾机的离合、喷雾系统启停及分段控制，对喷雾机电气系统进行了部分改造。其中，位姿传感器组件选用惯性传感器和双天线 RTK-GNSS 导航定位板卡，可同时实现对位置信息、航向信息的直接测量，其中定位精度为 1cm，航向测量精度为 0.3°，数据延迟小于 20ms。MTi-30 提供车身的姿态、加速度及角速度等信息，姿态测量精度为 0.3°。导航控制器包括导航信息采集与处理模块、自动导航控制器和控制执行机构。测试结果表明：在水泥路面上，标准差平均值为 1cm；在旱田环境下，标准差平均值为 3.3cm；在水田环境中，标准差平均值为 4.4cm。

构建了基于北斗/视觉的联合收获机导航系统。针对联合收获机试验条件恶劣、信号线易接触不良及携带安装繁琐等问题，设计了集成 STM32 控制器的联合收获机导航控制箱，集成了 STM32 控制器、电液比例阀驱动器、仿真器、LCD 液晶显示器、信号放大电路、降压电路、电源等，且将控制器和驱动部分进行了隔离，外部传感器和控制输出接口统一采用航空插头以提高系统稳定性。

完成了"互联网+"农机导航应用平台的开发设计，可查看车辆的定位信息、工作信息、故障信息，可及时发现车辆的潜在故障隐患，同时可实现农机智能合理化调度，并探索远程可操控的农机自动化作业模式，指导农机合理调度和监控，该平台的基本功能已经验证完毕。

24. 农机变量作业技术与装置研究

（1）研究内容　针对现代农业精准、高效、生态的要求，研究土壤肥力和作物养分自动实时决策分析，作业对象精准定位以及光机电液多源信息采集、融合控制等技术，开发了系列化多模态信息采集、数据表示及分析决策模块，面向播种、施肥、灌溉、施药等作业环节，开发标准化智能变量施用执行机构与系统装置，并进行试验考核。构建了农田信息指导、作物精准定位、机器智能作业的变量作业技术体系,促进了农业生产方式的转变。

(2) 取得的进展及成果

1) 土壤作物多源信息实时分析技术与决策系统研究。研发了土壤肥力实时决策模块、作物养分实时决策模块、土壤墒情实时决策模块、喷药实时决策模块;形成了四项决策分析技术要求。

2) 精准定位播种作业技术与系统装置研发。初步建立了播种决策模型,研发了精准播种在线决策系统;研究了精准播种穴距在线监测与调控技术;研制了精量播种机的多源工况监测与变量控制软、硬件系统。

3) 智能变量施肥作业技术与系统装置研发。开发了基于STM32的基肥变量施用控制系统,研制了以外槽轮排种器为核心的玉米播种施肥装置;开发了液态追肥变量控制系统;研制了液态肥变量喷施试验平台;研究了排肥口开度、排肥轴转速和排肥量之间的关系模型,研制了双变量试验平台。

4) 自适应变量灌溉作业技术与系统装置研发。编制了多塔车协同试验验证系统硬件、同步行走及路径导航程序;研发了处方变量喷灌控制试验验证系统;开发了基于物联网技术的大田作物需水信息远程监测平台。

5) 实时变量施药作业技术与系统装置研发。研发了在线混药控制系统,搭建了智能在线混药试验台;研究了喷杆高度与平衡自适应调节控制技术,并开展了田间测试。

25. 农机作业与运维智能管理技术系统研究

(1) 研究内容　面向农业生产、装备制造企业、农机专业化服务组织对农机装备高效管理的要求,开展农机智能管理技术研究,重点研发机群协同作业与远程智能调度技术及系统;开展农机远程运维管理技术研究,重点研发故障自动预警与自动诊断、智慧服务技术及系统;开展农机作业管理技术研究,重点研发作业智能决策、作业工况监控与质量控制、作业数据分析技术及系统;集成并进行试验考核,构建农机作业决策与智能管理系统,提高农机群组作业与运维管理水平,达到高效能。

(2) 取得的进展及成果

1) 农机机群远程智能调度与协同作业技术及系统研究。搭建了运粮车粮箱谷物装载状态在线识别实验台,由升运机构、支撑机构、传动机构、粮箱、轨道等部分构成。其中,升运机构将谷物运送至粮箱中,用于模拟联合收获机的卸粮过程。粮箱可在轨道上受控前后运动,用于模拟运粮车和联合收获机卸粮臂之间的相对位移变化。实验台对谷物联合收获机向运粮车的粮箱卸粮的过程进行仿真。可用于粮箱装载状态的在线识别方法测试和卸粮过程的均布控制实验等。研究了基于边缘特征的运粮车粮箱识别方法、基于颜色特征的运粮车谷物识别方法、运粮车粮箱谷物状态识别方法,提出了基于机器视觉的粮箱和谷物识别方法。

研究了收割机作业信息采集方法与装置,构建了收割机－运粮车主从协同模型。通过 GPS 采集收割机实时位置信息,通过角度传感器采集割台提升器角度与车身角度,形成完整的作业轨迹,通过 GPRS 实时传输采集的信息。提出基于收割机作业轨迹的作业进度计算方法。研究了基于作业轨迹的收割机作业进度算法。

研究了收割机调度模型与算法。以水稻机收环节的收割机调度作为研究对象,对谷物机收作业各部分成本组成进行了分析,建立了收割机调度路径规划模型,并提出了基于模拟退火算法的收割机调度算法,能够有效地给出作业总成本最低的农机调配方案。以收割机转移成本、收割机等待成本、水稻适时性损失成本最低为目标,构建了调度模型。

构建了农机作业智能决策与智慧云服务平台。主要包含系统管理、基本信息、任务管理、作业管理、报表五个模块。采用以任务为导向的全程作业管理模式,内嵌农机机群协同作业子系统和区域农机智能调度子系统,面向农机管理部门、合作社、农机机组等多层次目标客户群的需要,实现作业需求收集与发布、农机供需自动配对、供需双方信息交互、远程调度及协同运筹、机组人员管理等主要功能,提高农机机群综合管理水平及作业效率,降低服务成本。

2) 拖拉机作业信息采集故障预警及远程诊断技术研究。研究了作业环境、机器工况对拖拉机故障的影响机理。从日常保养、使用方法、机械老化、拖拉机装配与修理、拖拉机制造设计等方面,分析了拖拉机仪表异常、声音异常、工况异常、柴油机故障、漏油漏水、温度异常、能耗异常、外观故障等常见故障产生的原因。研究了发动机转速对故障的影响规律,通过对转矩与曲轴转速间关系的分析可以判断发动机的工作状态,从而检测故障。研究了机油压力对故障的影响规律,过低的机油压力会使发动机内的曲轴、连杆、轴承等运动副间无法形成有效的润滑油膜,造成各部件之间产生摩擦,进而造成发动机输出动力下降、运转不稳定以及局部过热等问题。研究了大气压力对故障的影响规律,大气压力、功率、负荷、碳烟排放等具有相关性,影响动力机械性能。基于 PCA 特征提取和粒子群算法,以及转速、水温、机油压力、大气压力等工况和作业环境参数等数据，构建拖拉机故障分析方法。

设计了拖拉机工况监控新装置，具备定位、工况数据采集等功能，可满足试验装车要求。开展了电液提升系统研究，研究了拖拉机电液提升系统力位综合电液提升控制算法，建立了电液提升系统数学模型，提出基于自适应 PID、模糊自适应、预测控制等多种控制策略，并搭建基于硬件在环（Hardware -in -Loop）的 MATLAB/Simulink-xPC 半实物仿真平台，对控制算法进行验证。结合阀控液压缸的内、外泄漏故障多发、隐蔽等特点，提出了一种基于子空间辨识的液压缸泄漏诊断方法。针对柴油机失火故障诊断特征提取分辨率较低和分类评估容易出现过拟合的问题，提出了一种同步压缩小波变换和极限梯度提升树融合的诊断方法，并通过发动机测控系统模拟验证发动机各类失火工况。

开发拖拉机远程运维管理系统，搭建了拖拉机智能运维管理网络平台。基于移动互联网，采用 B/S 和 C/S 的混合架构，通过 Web Service 方式实现数据通信，以 PDCA 循环法保证质量管理过程，实现故障诊断预测、故障统计分析、定位服务与轨迹查询、拖拉机车辆信息管理等功能。

3）联合收割机作业信息采集故障预警及远程诊断技术研究。研制开发了联合收割机作业参数检测装置，实现联合收割机割台高度、喂入搅龙转速/转矩、过桥转速/转矩、脱粒滚筒转速/转矩、凹板间隙、风机转速、清选筛凸轮转速、杂余搅龙转速/转矩等联合收割机作业参数的实时检测，为联合收割机作业质量分析及远程故障预警系统提拱了数据支持。经检测，精度模拟信号误差在 $\pm 0.5\%$ FS 以内，频率信号误差在 $\pm 0.1\%$ FS 以内。

设计了联合收割机故障预警模拟仿真试验台。总结梳理了稻麦/玉米两大类联合收割机的典型易发故障，围绕喂入搅龙、过桥、脱粒滚筒、杂余搅龙、电气系统、清选筛等零部件的故障特点，设计制作了基于 CAN 总线的故障参数检测节点，实现了故障预警模拟仿真试验台检测参数的采集、处理与存储显示。针对滚动轴承故障信号的复杂非线性动态特性，采用复合多尺度权重排列熵（Composite Multi-scale Weighted Permutation Entropy，CMWPE）对滚动轴承故障进行特征提取，提出了一种滚动轴承故障诊断方法，实现了滚动轴承不同故障类型的准确诊断。

搭建了联合收割机故障预警远程云平台，实现了对农机位置分布及作业状态的远程监控。通过智能终端，可实时监控农机的运行情况，提供作业量、作业时长、行驶里程等实时参数状态以及实时计亩等服务。还可以主动推送维修保养、周边农活、跨区指数、周边服务站等信息。搭建了农业大数据平台，通过整合机器数据、互联网数据等多渠道数据资源，实现了实时和离线数据分析处理。

开展了收割机总线 CAN 通信协议研究，包含发动机状态、收割状态、操作状态等收割机信息，实现了试验运维平台与车载终端的信息传递。搭载 8kg/s 联合收割机样机测试，液压行走驱动，清选风机、割刀、喂入搅龙液压控制，可实现割台仿形、作物测高、拨禾轮前后上下自动控制、损失率检测、谷物流量在线检测等智能化功能。

4）典型农机具田间作业质量监控与智能管理技术。开展了耕整地作业信息监测及作业质量在线评价研究，提出了基于深松机组姿态估测的耕深检测方法、翻转犁作业耕深在线检测方法，以及激光平地机平整度在线检测方法。

开发了基于深松机组姿态估测的耕深检测方法及系统。通过检测安装在拖拉机后悬挂杆和悬挂式深松机上的姿态传感器输出角度，实时计算深松机耕深。研制了基于嵌入式 ARM 内核的耕深检测传感器，研发了深松作业检测系统，集卫星定位（GPS）、移动网络传输（GPRS）、数据存储（SD 卡）等于一体，能实时采集深松机作业耕深、作业位置、作业速度及航向信息，数据存储在检测系统的终端设备中，并通过移动网络传送至远程数据中心做进一步融合处理，以对深松作业质量进行综合评价。经试验，耕深检测最大误差为 1.18cm，多组试验数据的平均误差小于 0.45cm，均方根误差小于 0.64cm。

开发了翻转犁作业耕深在线检测方法。通过对机组运动姿态进行分析，采用双姿态组合动态纠偏算法，实现翻转犁作业耕深的检测。经田间测试，深翻作业耕深检测与人工检测相比，最大误差为 3.35cm，最小误差为 0.05cm，平均误差为 1.52cm，左右翻转犁作业实验误差均基本维持在 3cm 以内。

开发了激光平地机平整度在线检测方法。根据激光平地机的运动轨迹，基于多传感器数据融合估计算法，建立了激光平地机平整度检测模型，开发了平整度检测装置，实现了对地表平整度的检测。

开展了播种施肥作业信息监测及作业质量在线评价研究，研发了毛刷式排种器和指夹式排种器，基于光电法设计了播种监测传感器，试验表明，在 6km/h 的作业速度下，其对大豆、玉米和小麦的排种监测准确度均在 90% 以上；基于电容法设计了排肥量监测传感器，试验表明，在 6km/h 的作业速度下，其排肥监测准确度可达 90% 以上。

开展了植保作业信息监测及作业质量在线评价，采用霍尔流量传感器，对喷洒作业流量实现了在线实时监测；喷杆压力检测采用压力变送器，实现了对喷药管中压力的实时在线监测；设计喷杆高度自动调节装置，采用超声波传感器检测喷杆高度，通过电液方式调节喷杆高度。试验表明，正常作业条件下的水流量检测误差≤2.41%，水压不足情况下的水流量检测误差为3.55%，且误差随着水压的降低而增大。

开展了典型农机具田间综合作业管理技术及系统研究。基于农机历史作业质量数据，结合农机作业参数检测和作业质量在线评价，集成开发农机作业综合管理服务系统，实现了农机具作业信息监控、作业质量分析功能。

5）农机作业与运维智能管理技术系统研究。分析了不同作物的时空分布特性，确定了农业生产与农机智能匹配决策分析方案，整合了气象数据及作物生长数据，依据降雨数据，建立农作物收获期农机可工作时间的预测模型。结合拖拉机、谷物联合收割机、水稻收割机、玉米联合收割机、甘蔗收获机等大型农机产品的运维服务需求，组织编制了农业机械远程运维系统网络服务平台技术规范，明确了农业机械远程运维系统网络服务平台的一般要求、功能要求、性能要求。

26. 精量播种技术装备研发

（1）研究内容　针对主要作物机械化精细高速播种需求，突破了高速作业条件下的精量排种、播深精确调控、种肥同步施用等技术制约瓶颈；开展了水稻、小麦、玉米、大豆、马铃薯、谷子、油菜、苜蓿种子特性与高速作业排种技术和排种器结构研究；突破了高速作业时的防损伤排种、种肥气流集中输送、播深一致性调控、漏播堵塞故障诊断、高速仿生减阻开沟等关键技术与系统；集成研制了水稻精量直播、大豆与玉米单粒精播、小麦精量条播等智能升级的高速精量播种作业装备，以及马铃薯气力精播及油菜、谷子、苜蓿种子等农业种植结构调整急需的精量播种设备，并进行了试验考核，为主要作物主产区高效播种、节本增产提供了装备技术支撑。

（2）取得的进展及成果

1）高速精量播种关键共性技术研究。开展了高速仿生减阻开沟与播深一致性调控技术、高速作业精确投种与种肥同步施用技术、种子漏播与肥料漏施堵塞故障诊断技术研究。针对高速作业及不同土壤作物类型条件，基于仿生学原理，进行高速仿生减阻开沟部件设计研究，研制了滑动和滚动开沟部件高速仿生减阻结构和装置，研发了播深快速精准监测方法和播深实时自适应调控技术及装置。针对高速播种作业粒距（穴距）均匀性差、种肥同步施用易堵塞的问题，以种子运移规律为基础，分析了种子机械物理特性、投种机构工作结构关键参数和粒距均匀性三者之间的互作关系，研究了种子主动捕获、平稳运移、零速投送等种子精确投送技术，研发了适用于单粒或一穴多粒种子的高速精确投送装置。针对高速精播作业检测精度低、可靠性差的问题，研究了漏播堵塞实时检测技术，开发了漏播堵塞信息精确获取和快速传输系统，研制了种子精播和条播两种播种方式的漏播与堵塞检测装置，实现了种子漏播堵塞的精确感知。研究了施肥管堵塞实时检测技术，研制了肥料漏施与堵塞检测装置。

2）小麦、油菜、谷子、苜蓿精量播种技术与装备研发。针对现有小麦宽幅播种机的传统排种器配置适应性差、生产效率低等问题，开展了种肥气流集中输送排种排肥技术、输送管道气压损失及宽幅行间的气压补偿技术研究，研发了种肥气流集中输送系统，研制了小麦气流输送式高速精量播种机，实现了小麦的高速高效精量播种。针对油菜、苜蓿、谷子等作物种子粒径小、表皮易破损、播种量难以控制且稳定性差、漏播严重等问题，开展了小粒径种子低损精量排种、小播量稳定性控制等技术研究，研发了适用于小粒径种子的低损精量排种系统，研制了苜蓿精量播种机、油菜精量播种机和谷子精量播种机。

3）玉米与大豆精量播种技术与装备研发。针对玉米、大豆机械化高速精量播种需求，开展了高速作业条件下的精量排种与防损伤、排种器高速稳定驱动、排种器转速自适应控制等技术研究，实现了高速防损伤单粒精量排种。研发了播种机智能控制系统，实现了作业速度、播种精度等作业参数的实时检测、显示、记录和作业过程的实时精准调控，研发了气流均匀分配和稳压输送、行距快速调节等技术，集成研制了适用于一熟区的大型、宽幅玉米与大豆高速单粒精量播种机，实现了一熟区玉米与大豆的高速、高效、低损伤、单粒精量播种。研发了高速作业条件下的麦秸根茬高效处理技术，研制了适用于两熟区的高效防堵型玉米与大豆单粒精量播种机，实现了两熟区玉米与大豆的高速、低损伤、单粒精量播种。

4）水稻精量播种技术与装备研发。针对水稻种子流动性差、不同种植区域以及不同品种之间播量要求差异较大的问题，研究了水稻种植高速精量排种技术及装置，满足了常规稻、杂交稻和超级稻等不同品种的播种要求，实现了精量播种；研发了种肥气流输送、精量排种、智能化作业质量监测报警和穴距控制等技术，实现了水稻高速播种作业环境下作业速度与排种器转速的精确匹配、播种质量等作业参数的实时精准检测和调控，研制了水稻精量水直播机和水稻高速精量旱直播机。

5）马铃薯精量播种技术与装备研发。针对马铃薯种薯质量大、形状不规则、流动性差、种薯吸取难度大等问题，研究了大粒径不规则马铃薯种薯气力高速播种、株距均匀控制等技术，开发了气力吸种、精确投种、智能供种和株距自适应控制系统，研制了多臂分布式、低摩擦、高密封种薯排种器，研制了马铃薯气力式高速精播机，并针对不同土壤类型、种植模式进行了试验。

27. 高速栽植技术装备研发

（1）研究内容　针对作物精耕细作增产对高速栽植机械的迫切需求，研究了高速作业条件下的健壮苗识别、自动定量输苗、精准栽植、覆膜栽植、整机振动平衡、秧苗防损伤、智能监控等核心技术；开发了穴盘精播、自动取苗与栽植装置等智能控制系统；集成研制超级杂交稻钵体苗与毯状苗高速插秧、甘蔗种苗及栽种、油菜与蔬菜等高速移栽作业装备，并进行了试验考核，完善了适应不同栽培种植模式和农艺要求的高效机械化栽种装备技术体系，提高了生产效率，降低了综合成本。

（2）取得的进展及成果

1）高速栽植共性关键技术研究。对现有高光谱图像采集系统进行了改进，开发了种子快速和稳定放置多孔板，构建了种子高光谱特性试验台；开发了补苗路径规划算法，设计了全自动补苗系统，目前处于试制加工阶段；建立了超级杂交稻钵体苗供苗装置横向送苗运动方程，优化设计了间歇输苗装置，研制了高速自动定量输苗试验装置，实现了在高速作业要求下自动定量输苗；设计了杆组和轮系复合的非圆齿轮行星轮系移栽机构，研制了三臂回转式蔬菜钵苗取苗机构并进行了试验，取苗速度为 120 株/min，取苗成功率高达 95%；进行了通用水稻钵苗移栽试验台的设计及试制；以插秧机动力传输系统中的关键部件支撑臂为研究对象，求解模态固有频率和振型，采用序列二次规划法对支撑臂结构参数进行优化，使支撑臂固有频率避开了外部激振频率。

2）超级杂交稻穴盘精播与高速栽插技术装备研发。研究了嵌入式托盘关键技术，研制了适用于软、硬秧盘的自动供盘装置；通过软件设计分析、数字化仿真模拟，设计并试制了取秧、输送和栽植三个动作一体化的钵体苗移栽机构，取秧成功率可达 99.8%；研制了侧深施肥装置，对单次送肥量和排刷硬度进行了优化，采用发动机干燥热空气吹送肥料，降低了肥料堵塞和潮湿的可能性；研制了三频段缺肥报警装置，以及与施肥机配套的耙地轮，提高了施肥深度的一致性；开发了基于霍尔传感器及陀螺仪传感器的插秧机工作状态检测系统；研制了超级杂交稻穴盘育秧精播机、超级杂交稻钵体苗移栽机、侧深施肥机，并开展了试验及示范工作。

3) 蔬菜高速自动移栽技术装备研发。拟定了适用于自动移栽的穴盘苗育苗基本要求；研制了叶菜类成排基质块预顶针扎式自动取苗试验台，并进行了叶菜钵苗取苗试验，单元取苗频率可达 240 株/min；完成了栽植液压传动系统及主动仿形系统的设计，试制了两行吊杯式仿形移栽机并进行了田间试验，实现了株距无级调节及栽深仿形；设计了叉子型和铲子型两种鸭嘴式栽植器，进行了栽植器入土受力仿真分析；完成了膜上栽前覆土量自动调节装置的三维建模；完成了蔬菜膜上栽植试验台的方案设计及机械加工；确定了缺苗苗筒快速通过投苗位置的方案，以降低漏栽率；设计了茄果类间隔成排茎秆夹持式自动取苗装置，研制了茄果类自动移栽机，开展了辣椒移栽田间试验。

4) 油菜高速自动移栽技术装备研发。在油菜钵苗移栽方面，完成了厢面开设植苗沟槽装置、油菜钵体苗双平行多杆式移栽装置、油菜钵体苗落苗准确性试验装置的设计与性能试验，并开展了关键部件的优化改进工作，完成了样机的三维建模；在油菜毯状苗移栽方面，完成了油菜移栽联合作业机的整机优化与改进、微环境整地装置的设计与性能试验、独立单元式三行对称栽植单元的设计、油菜毯状苗高速连续切块插栽系统的优化设计、整机传动系统与液压驱动装置的设计调试、机具前进速度与栽插速度匹配系统的设计调试、油菜毯状苗形态特征试验，以及基于立苗质量的油菜毯状苗移栽动力学模型建立等设计与实验工作，完成了第二轮样机的加工、安装与调试；开展了基于图像处理的秧苗栽植质量在线检测技术研究，设计了软件系统，实现了油菜秧苗田间坐标信息的提取。

5) 甘蔗高效栽植技术装备研发。确定了单芽蔗种及蔗苗种植农艺指标；进行了预切式单芽段蔗种及蔗苗的物理及力学特性研究；基于边缘茎节识别及 HOG 特征的机器学习算法，实现甘蔗茎节部位识别，完成了切种整机的三维建模及加工制造；基于单芽蔗种较多芽段蔗种较易实现机械化、自动化排种的特点，先后设计了电磁振动式、双链同步推送式、圆盘式、槽轮式四种排种装置，并试制完成了圆盘式、槽轮式甘蔗单芽种植机；确定了蔗苗钵体质量大，靠自重下落栽植的方案，以及蔗苗导苗管加凸轮连杆的栽植器方案，并完成了结构设计，确定了蔗苗深栽开行器的结构型式。

28. 多功能田间管理作业技术装备研发

(1) 研究内容　针对农业生产对田间管理机械的要求，瞄准主粮作物及棉花、甘蔗等经济作物规模化生产田间管理，开发了作业质量监控、苗带识别等核心技术与关键部件；优化了多功能高地隙底盘技术，形成了系列化产品；研制了基于多功能高地隙底盘的精量施药、中耕培土、除草及精量配混施肥联合作业机具和自走式水田植保等装备,并进行了试验考核,形成了中耕、施肥、除草、施药等成套装备,为农业生产实现节本增效提供了装备支撑。

(2)取得的进展及成果

1)田间管理作业关键技术研究与系统开发。完成了田间施药雾滴沉积量实时检测的传感器选型、设计和样机,田间施药雾滴沉积量传感检测技术研究与电容式传感器的开发;完成了基于角度传感元件的中耕深度实时测量、多通道肥管排肥连续性检测传感器的研制;基于多路红外对管探测原理,设计了中耕多通道肥管排肥连续性检测传感器;采用集成的、具有WIFI通信功能的数据采集控制器作为核心部件,实时在线监测中耕管理作业中的中耕深度与施肥堵塞情况,开发了基于无线通信技术的车载控制系统;开展了自然光条件作物识别、作物行间距检测方法、田间苗带精确识别技术研究,提出了超绿或超绿-超红特征与g-b特征融合的方法,采用水平条投影法提取作物中心,测得行间距、行宽等结构参数。

2)多功能高地隙底盘技术研究及系列化产品开发。开展了高地隙自走式底盘定比分流方案防打滑设计、静液压驱动技术研究,完成了相同配置、不同液压驱动方案的3套样机的试制;对底盘的支腿结构、转向传动结构进行了优化设计,对轮距调整装置、独立悬挂、提升装置进行了改进,完成了1.35m及1.7m多功能底盘的试制。

3)基于多功能高地隙底盘的精量施药机械的研究开发。研制了基于激光雷达的探测系统,实现了数据的自动化采集、筛选,可根据作物数字化模型初步建立变量喷雾作业处方图,已在玉米田中进行了实际测试;完成了变量喷雾系统PWM信号模块测试,完成了部分电磁阀的压力、流量、雾滴粒径、喷雾分布、喷雾沉积均匀性等的测试,建立了电磁阀的筛选评价方法;搭建了在线精确混药实验平台;开发了具有对称阻尼摆动悬架的宽幅柔性喷杆,集成研制了与多功能高地隙底盘配套的喷杆式精量施药装备。

4)基于多功能高地隙底盘的中耕培土/除草/精量配混施肥联合作业机械的研究开发。

研究设计了新型的挠性弹齿式双侧避苗除草装置,并进行了田间试验,伤苗率≤5%。采用均匀网格盒来检测各行排肥一致性和总排肥稳定性变异系数;使用3台步进电动机分别控制3个肥箱的排肥轴,从而调节3种肥料的排肥流量,设计多叉型文丘里管作为混肥通道,采用风机吹动肥料在文丘里管处混合,各行排肥一致性变异系数≤7.5%，总排肥稳定性变异系数≤5.5%。研制了甘蔗培土装置。

5）水田自走式植保机械的研究开发。开展了水田自走式底盘防滑减阻与稳定行走装置的研究与试验，开发了自走式底盘工况监控系统，完成了水田自走式喷杆喷雾机第一轮样机设计、试制和适应性试验。

29. 农用航空作业关键技术研究与装备研发

（1）研究内容　　发挥航空作业快速高效、适应性广的优势，以无人机飞控为主，开展机载信息探测、多源信息融合、能源载荷匹配、操控系统、自动避障、多机协同作业控制等关键技术研究；开发了自主飞行控制系统，集成研制了系列本体与附属作业部件一体化的高效农用航空器，并进行了低空遥测、航空植保、作物育种辅助授粉等试验考核，提高了我国农用航空作业水平。

（2）取得的进展及成果

1）农用多旋翼无人机自动避障技术与低空遥测装备研发。设计开发了适用于多旋翼无人机搭载平台的光谱成像装置，可实现悬停拍摄和定速拍摄，与只能实现一种拍摄模式的传统光谱相机相比，更适合多旋翼无人机作业使用。制定了评估模型室内标准，建立了低空遥感小麦白粉病评估模型；开发了定载荷多旋翼农用无人机能源载荷匹配计算系统，对农用多旋翼无人机的气动性能和布局优化进行了初步研究，形成了一种纵列式双旋翼气动性能检测装置及检测方法。研制了多旋翼无人机悬停性能参数检测系统。同时展开大载荷多旋翼植保无人机的研制工作，并尝试大载荷长航时多旋翼无人机样机的试制；研制了支持避障信息接入的具有自主知识产权的飞控系统，能够实现手动模式控制飞行与手机APP控制的全自动模式飞行；开发了基于PX4的多旋翼飞行器变量喷施系统，包括系统组成与试验测试，实现了变量施药功能。

2）农用电动单旋翼无人机变量施药与辅助授粉技术及装备研发。

在无人机飞控与仿地飞行方面，完成了无人直升机系统田间超低空作业气体动力学的建模；采用基于辨识的前馈控制与PID控制结合的方法，实现了无人机超低空情况下的高度稳定控制；完成了无人直升机飞行控制系统与导航系统测试平台的设计与搭建；基本完成了飞行控制系统与导航系统的设计与研制，正在开展相关技术指标的测试与验证工作。完成了无人机作物病害遥感平台的搭建，研究了基于热红外成像技术的油菜病害诊断技术，得到了菌核病侵染对叶片温度的影响规律，并验证了热红外成像在植物病害早期诊断中的重要作用。使用改进的

Harris 角点提取算法，实现了基于多源图像的植物冠层分割与测温。使用单片机，实现了初步搭建 PWM 变量喷施系统的变量控制，进行了农用无人机变量喷施系统的设计，绘制了技术路线图，得到了占空比和流量之间的线性关系。开发了水稻父母本自动识别技术，进行了植保无人机系统测试，保证植保喷药任务载荷不小于 15kg、授粉续航时间不少于 15min。初步搭建了无人机风场测试系统，证明了非常适合利用无人机风场进行辅助授粉。

3）农用大载荷单旋翼无人机高效植保作业技术与智能化装备研发。针对植保无人机超低空飞行的特点，设计了气压高度和 GPS 高度的切换策略，通过多传感器数据融合技术实现了高度控制精度的提升，在 GPS 数据丢失的情况下，仍然可以保持较高精度的控制品质。通过增加系统的阻尼和带宽，提升了系统的抗扰动能力和响应速度，进而提升了速度控制精度，降低了最低飞行高度；对油动单旋翼无人机使用的水冷发动机进行了优化设计及试验验证，使发动机寿命从 300h 提高到 500h，新设计了全铝合金镀陶缸体。重新设计了发动机活塞及连杆，使润滑油能够充分润滑连杆上的滚针轴承及发动机缸体，从而提高了发动机的使用寿命。基于大载荷油动单旋翼无人机的近地面风场特点，运用 CFD 仿真技术，研制了无人机平台与施药系统耦合控制技术，实现了喷药量与无人机飞行参数的实时联动控制，确保了单位农作物面积内喷药量的一致性，最终达到精准施药的目的。依托激光雷达和卫星导航、惯性导航等机载传感器，针对激光点云数据采集、数据处理和数据融合技术进行了研究。采用"Nearest"的插值方法，以小块麦田为试验对象，快速、准确地建立了其三维模型；完成了航空变量施药系统关键部件——可控雾滴喷头的设计研制与试验测试，完成了液力式喷头电磁阀的选型与喷雾特性的研究。

4）农用轻型油动单旋翼无人机多源信息融合技术与精准施药装备研发。进一步完善了轻型油动无人直升机平台结构优化设计工作，完成了实验样机的总体结构设计和系留试验测试飞行，验证了无人直升机平台的动力、电气、导航系统基本功能技术指标。开展了基于双目视觉和激光雷达的环境障碍物探测技术研究，设计了基于双目视觉的自主障碍物探测和避障路径规划算法，同时采用激光雷达环境建模的方法，设计安全航向导引修正算法并进行仿真。研究了无人直升机动力学建模技术，采用参数辨识方法，运用神经网络非线性逼近方法，建立无人机控制模型，同时采用串级控制方式，分回路设计无人直升机控制系统，并对航电系统进行技术验证。研究了无人机作业过程中关键作业参数对施药雾滴沉积特性的影响，建立了基于作业高度、飞行速度、喷头布局参数的施药雾滴沉积模型，以此优化喷洒器械结构设计，并建立基于关键状态参数反馈的喷洒控制规律，对喷洒雾滴流量、粒径进行精准控制。

5）农用无人机多机协同技术与航空作业体系研究。开展了无人机群信息协同增强获取技术的研究，完成了多源传感器时间配准和数据融合算法的研究，开发了农用多无人机协同增强装置和无人机侧喷装置及控制系统。开展了集群组网和节点通信技术研究，完成了多机协同控制系统的硬件定制、网络架构和软件开发。开展了一体化操控技术与装备的研究，开发了模块化的机载飞行控制系统，研制了农用无人机一体化手持地面站。开展了农用无人机作业质量评价技术研究，开发了农用无人机"非接触式"作业信息实时获取装备，完成了覆盖率、重喷/漏喷率、作业效率的算法研究。开展了农业航空作业远程管控技术研究，进行了远程管理平台的开发，逐步建立和完善了农用无人机分级监管和预警机制。

30. 农田提质工程技术与装备研发

（1）研究内容　围绕高标准农田建设，中低产田与盐碱地改造，黑土地、污染土地、建设用地耕层土壤剥离再利用需求，研究了土壤快速检测、耕层剥离、土壤残膜治理、节能深松、土壤修复等关键技术，开发了激光平地、残膜清除、节能深松、暗管改碱、标准筑埂等装备，并在典型区域进行了试验考核，形成了农田提质成套装备，以工程化手段支撑土壤质量提升。

（2）取得的进展及成果

1）土壤质量提质检测技术与装备开发。研究了利用涡流检测法获取土壤电导率的检测机理，开展了电导率原型机的搭建及测试分析工作；对刀片切割土壤开展研究，优化现有旋耕刀片的结构尺寸，研究出新的旋耕刀片结构形式，开展了混翻作用部件研究。研究了基于电导率的处方图自动生成方法，通过车载在线测量、探针式单点采样校准的方法，实现了基于土壤质量空间差异信息的机具作业处方图系统。开发了沃土变量机具前置机构。

2）农田残膜治理技术与装备开发。完成残膜与土块逆向分离机构的设计与分析、残膜回收机关键部件的性能分析；研制 SG-2 型梳齿式耕层残膜回收机，并完成了样机试制和田间试验；举办残膜回收现场会，进行样机演示。

3）机艺融合的节能深松技术与装备开发。开展耕深大于 40cm 时铲尖、铲柄耕作阻力与土壤扰动特性，仿鲨鱼肋条结构低功耗深松铲，指数曲线仿生深松铲柄与仿生耐磨深松铲尖研究；研制了主动润滑深松作业装置、仿生减黏降阻破碎式覆土装置、仿生镇压辊与土壤表面微形貌加工滚动部件。

4)大功率多功能暗管改碱技术与装备开发。针对暗管改碱装备控制系统进行设计调试,并和机械系统集成,完成整机结构设计、制造和总装,并研究了基于无线传感网络的暗管改碱排盐监控系统。

5)高标准农田激光平地及筑埂技术与装备开发。开展了高精度激光接收器研发,并进行了 GNSS 精度验证性试验、GNSS 农田平整系统路径规划方法研究、平地系统导航控制器和下位机控制算法研究,提出了基于 GNSS 定位数据的误差处理方法、基于 GNSS 的农田三维地形图绘制方法;开展了平地铲与土壤相互作用离散元分析、悬挂式旱地激光平地机设计与试验、仿形支撑辊的水田激光平地机设计与试验、旋耕切削集土作业机理研究和振动复合压实作业机理研究;突破了高精度导航控制、激光平地等关键技术;研制了 3 种激光平地机核心部件,3 种筑埂机核心执行部件,完成了一种新型筑埂机的样机设计,完成了旱地、水田两种激光平地机的设计。

31. 种子繁育技术装备研发

(1)研究内容 针对当前规模化制种存在的种子质量偏低、制种成本高、生产效率低等问题,开发了小区精量播种、去雄授粉、高净度收获、精细选别、活性和健康检测等核心技术;集成研制了玉米、小麦、水稻、蔬菜等的育种与制种生产成套装备,并在国家重点育种基地进行了试验考核,形成了主要粮食与蔬菜等的制种成套装备,构建了规模化、专业化和标准化的种子产业化工程技术装备体系,支撑现代种业发展。

(2)取得的进展及成果

1)种子繁育智能化精量播种技术装备研发。

①小麦繁育播种机的研发。完成了小粒径种子匀量分种技术与装置的研究,设计了电驱动锥体格盘式排种器,配合电驱动旋转分配头,完成了各播种行的匀量分种。设计了四连杆式随动仿形播种开沟装置,研发了随动仿形播深精确控制技术,使各行播种深度一致。基于北斗导航的预设作业路径辅助驾驶技术的研究及应用,针对育种机械作业控制精度低、对驾驶经验要求高等问题,研究了北斗高精度定位与智能控制终端融合技术,形成数据精准通信和解算,融合高精度定位优化算法,实现了育种机械路径控制、自动转向、精准导航、作业管理等功能,取得了基于云平台和移动网络的卫星定位基准站的构建、北斗高精度定位优化算法的研究与融合、育种机械自主导航智能控制软件的开发、基于北斗导航的预设作业路径辅助驾驶技术的应用等关键性进展。完成了第一轮样机的试制,对

配备北斗辅助导航的智能控制系统进行了调试并安装到样机上完成了田间试验。

②玉米繁育播种机的研发。设计了自净式双腔精密排种器，完成了任务书中要求的气吸式双种腔分离排种与清种技术及装置的研究，并进行了试验台试验，优化了设计参数，使得排种器能够满足实际播种需要。对于任务书要求的自动播种智能精确控制与监测技术和装置的研究，针对育种机械采集源复杂、传感信息多样、控制反馈时效性强的特点，研制定型"山科"核心控制单元，进行软、硬件的重组－移植－配置研发，解析与集成各传感装置的通信协议和接口标准，通过运动控制、状态采集、接口电路、标准通信、显示存储等模块的标准化设计，满足了育种机械的精播控制、多源传感采集和自组网数据传输要求。基于核心控制单元，根据玉米播种机的机械结构、排种装置等的实际需求，构建开发框架，研究播种循环自动更替决策控制、播种参数人机交互、播种数据实时通信、重漏播数据采集处理等功能模块，研发了自动播种智能精确控制监测技术与装置，实现了精量监控。

③大白菜繁育播种机的研发。基于对大白菜播种作业机械特征和现有装备性能的调研分析，对气吸式双种腔分离排种与清种装置、种子自动分量装置、随动仿形播深精确控制装置以及电驱动控制的高速精密排种装置进行了结构优化设计。为了实现蔬菜（大白菜）种子繁育的智能精确播种，研究了排种腔与清种腔分离结构的气吸式排种器，保证排种过程与清种过程互不干扰，小区间播种不混种。

2）去雄授粉智能化技术装备研发。研发了基于电液防滑控制的全液压同步驱动技术。高地隙自走式底盘液压驱动系统采用闭式系统，主要由主液压泵、补油泵、液压控制器、轮边液压马达、主控制阀、转速传感器、转向角传感器、液压管路等组成。前、后轮同步液压驱动技术是底盘液压驱动系统的主要内容，是在基于电液防滑控制的基础上实现的控制器综合各马达转速和底盘转向角的测量结果，实时计算各马达所需的液压油量，并实时控制主控制阀的阀芯移动来调节每个马达的供油量，从而实现前、后轮的实时同步驱动。

研发了高地隙和超高地隙自走式底盘的行走稳定性控制技术。对玉米去雄机上的各工作部件进行了合理的结构设计和位置布置，保证高地隙自走式喷杆玉米去雄机底盘在空载或满载、喷杆折叠或展开条件下，前后轴的重量分配和底盘左右两侧的重量分配尽可能均衡。

开发了玉米去雄作业机构。设计了轮式抽雄部件，对其关键部件——抽取机构和分禾机构开展了研究。对轮胎接触理论进行了深入研究，通过玉米植株与充气轮胎接触后的受力和运动分析，得出了影响去雄效果的主要因素包括抽雄滚轮转速与倾角、轮胎中心距、充气压力、轮胎结构参数等，并设计了抽取机构和三种具有不同表面花纹的充气轮胎。开发了玉米去雄作业自动控制机构，研究了去雄系统的控制逻辑、控制方法，选择控制系统硬件，建立了主升降液压缸控制系统。

研发了自走式水稻授粉机。采用高地隙植保机动力底盘，50hp、离地间隙180cm、轮距240cm；搭配高度可调的桁架，桁架幅宽220cm，桁架高度在150～250cm间可调节，可配置三个授粉器。对比分析了风扇式气流授粉器和管状气流式授粉器的效果，风扇式气流授粉器由两个风扇组成，风扇旋翼直径38cm、导流直径40cm，在电动机满载情况下，出风口最大风速可达14.2m/s，整重6.5kg左右。管状气流式授粉器选用直径为11cm的PVC管，两侧对称分别开有18个M8的螺纹孔（直径为1cm），孔与孔之间的中心距为3cm，一端堵塞，另一端连接离心式风机的风管，离心式风机采用背负式风力灭火机KS865（或弥雾植保机），当离心式风机节气门开度最大时，实测授粉器出风孔风速，距离M8孔1.5m远处的气流速度为10.5m/s（单侧），能够满足杂交水稻制种授粉作业要求。在获得多个品种杂交水稻父本花粉直径、密度等基本参数的基础上，建立了花粉在气流中的气-固两相流模型，通过数值仿真探明了花粉随气流的飘移过程，获得了气流速度与角度对花粉运动轨迹的影响规律，为气力授粉部件的设计、气力授粉参数的选择提供了基础依据。

3）智能玉米种子繁育高净度收获技术装备研发。研发了玉米繁育摘穗收获机。它主要由割台、驾驶台、果穗升运器、果穗储蓄箱、人工分区装袋座椅、转向后桥、发动机、前桥等部分组成。对摘穗关键技术进行了基础理论试验研究，实现了玉米摘穗过程中的低损伤、低损失。为了降低摘穗时的玉米损伤率，分别对柔性输送、弹性摘穗部件和摘穗单元体进行了改进，在割台中央布置了带有条纹的橡胶输送带，用于承载茎秆及脱落的籽粒，使其向后连续输送喂入。为了割台收获时高自净摘穗，在输送叶片与搅龙底部实现了弹性无缝输送，保证了玉米籽粒无残留作业。研发了适用于玉米小区育种的联合收获装备。该装备可一次完成摘穗、果穗输送和分区装袋，是集多种农艺于一体的玉米育种联合收获机械。

研发了玉米繁育籽粒收获机。这种收获机能够完成小区田间试验玉米的收割、脱粒、清选、清种、输送、分量装袋等功能。对脱粒清选装置进行了基础理论分析与试验研究，分析查找了影响脱粒效果的不良因素；结合玉米籽粒与玉米穗生物学特性与物理特性，通过籽粒的剪切、压缩试验和玉米果穗的挤压与撞击试验，研究了种子籽粒的损伤与果穗脱粒特性；再运用 SolidWorks 软件优化脱粒装置中主要工作零部件的运动参数和结构参数，提高玉米脱粒水平。其特点为采用可调式摘穗辊，提高了果穗摘净率；输送链链节涂装橡胶膜，降低了果穗损伤率；输送搅龙边缘加半圆形橡胶材料，降低了玉米籽粒损失率，避免了籽粒在割台死角的残留；带式升运装置有利于清种，防止了玉米籽粒的残留；内置风机排风，将机器内的残留杂质排出，使籽粒顺利地进入输送装置，以确保机内无残留籽粒；采用气力输送装置和螺旋分离器输送籽粒，降低籽粒含杂率；分量装袋装置实现了每个小区方便快速装袋、换袋。

研发了基于北斗导航系统的精准定位控制技术。研究了基于北斗导航系统的小区作业面积精准计算、收获过程中的自动驾驶技术，探索核心技术控制节点和规律，实现了低成本北斗高精度定位与智能控制终端的融合，优化定位算法，创建数字化仿真模型，满足了对高定位（位置、速度）精度、时间频率同步、姿态数据等控制参数的要求。

研发了小区玉米智能测产装置。该装置由种子测产控制器、称重装置、水分测量装置、送料装置、测产料筒、卸料装置、触摸屏控制系统及收获软件系统、专用打印机、条形码扫描枪、供电系统和通信接口连接器等装置组成。采用 STM32 单片机作为主控芯片，设计电容、温度和质量检测电路，应用 UC/OS-II 操作系统和 emWin 图形用户界面工具，在 TFT（Thin Film Transistor）液晶屏上采集并显示检测结果。检测结果可通过蓝牙模块以无线方式或通过 CH340G 模块以有线方式发送到上位机保存。该装置能够完成小区田间试验的快速测产。其特点为双电源动力供电，电动机、控制器独立供电，性能更加稳定；继电器隔离控制，系统抗干扰能力强；自动模式、手动模式灵活切换，适应不同场合要求；存储有小麦、玉米、花生等谷物校准曲线。

4）谷物、蔬菜种子繁育高净度收获技术装备研发。完成了横轴流脱粒装置、切流脱粒装置和内流式圆筒筛清选装置的关键零部件设计及试验台加工，进行了室内台架性能试验并确定了最优工作参数组合。开发了高净度收获系统，攻克了气力自净割台关键技术，形成气力割台技术方案。设计了种子高净度收获装备智能调控系统，利用多传感器信息融合理论对其进行综合分析处理，建立诊断预警模型，实现拨禾轮、喂入搅龙、脱粒滚筒和发动机等的转速，以及联合收获机作业速度等收割机关键作业参数的在线检测和关键作业部位的实时工况调控。设计了小区收获种子信息获取装备，实现了种子繁育收获重量、容重、含水量等参数的检测，并在各小区收获结束后结合地理信息打印标签。在联合收获机上搭建了调控试验系统,并进行了田间初步测试。

5)种子精细选别与活性健康检测技术装备研发。研制了精细分选功能模块。完成了试验装备参数测量系统的搭建及试验台的改造,并开展了相关试验研究,确定了"风选+筛选"的基本组合结构,优化了风选、筛选及风筛选试验装置的工作参数,设计了分量型风筛试验台。

搭建了大白菜、玉米、番茄等种子静态光谱采集系统,并基于该系统进行了种子活力检测研究,结合发芽测定实验,分别针对大白菜、玉米、番茄种子构建了活力定性判别模型和定量分析模型,对大白菜发芽预测的正确率达93.5%,对玉米种子发芽预测的正确率达91.3%,对番茄种子活力判别正确率达92.98%。

设计了种子自动分选系统。该系统由单粒振动上料装置、种子传输装置、检测单元、气动分选装置、系统控制部分组成,初步实现了单粒种子图像信息的动态获取及籽粒分选。

32. 蔬菜智能化精细生产技术与装备研发

(1)研究内容　针对规模化蔬菜生产需要,重点突破叶类、根茎类、茄果类等蔬菜标准化育苗、苗床精整、精量播种、高速定植等机械化生产关键技术;优化蔬菜育苗精量播种、小苗高速定植、水肥精量施用系统;开发甘蓝等叶菜类、胡萝卜等根茎类收获装备,并进行试验考核,形成蔬菜苗床精整复式作业、露地蔬菜精量播种、联合收获等成套装备,提高蔬菜生产的机械化水平和品质。

(2)取得的进展及成果

1)蔬菜标准化育苗技术与装备研究。研制了一种多用途快速切换精量排种器,对甘蓝裸种、丸粒化甘蓝、丸粒化番茄和丸粒化辣椒等外形、尺度、重量特性差异大的球形种子,以及不同规格的育苗穴盘具有较好的适应性;完成气力精量播种机试验平台的搭建,开展初步试验研究;完成定型纸钵基质成型机的购置与运转作业调试和补苗试验台的试制。

2)蔬菜精细耕整与精量播种技术装备研究。搭建耕作部件-土壤互作试验系统台架,按照青菜及胡萝卜种子特性,完成气-型组合式排种器的设计;完成蔬菜翻耕旋耕、耕整作畦、机械式精量播种的设计与试制;搭建精准对行、左右自水平与整体仿形试验台,完成直播机的重播、漏播及故障诊断试验台的搭建,实现耕种作业信息智能监控功能。

3)蔬菜小苗高速定植技术与装备研究。研制蔬菜高速定植系统实验平台,它由机架、供苗机构、顶苗机构、送苗机构、投苗漏斗、秧苗识别系统和坏苗剔除装置等组成。搭建小苗信息视觉检测系统，设计定植机控制系统，突破高速定植缺苗智能补偿技术。突破机械式顶夹结合取苗技术，完成机械式顶夹结合式取苗装置及与其配合作业的送苗机构、栽植机构等。设计完成迎苗扎取式取苗、新型柔性取苗两种取苗形式的自动移栽工作部件和定植机工作底盘。开发高速定植监控系统，包括堵苗、取苗检测报警和过载保护等故障监控、工作参数实时监测、工作状态视频监控等，集成应用于两种形式的茄果类蔬菜高速定植机，解决定植过程中的故障诊断（鸭嘴堵塞、缺苗）、过载等问题，实现移栽的精准作业。

4）水肥精量施用系统研究。通过建立三层 BP 人工神经网络对数据进行分析及建模，初步建立空气温湿度、光照、叶片温度、果实直径、茎秆直径等信息与灌溉之间的关系，初步实现根据作物需水情况进行浇灌，目前预测成功率为 70%~75%。设计并试制多通道的智能化水肥一体化设备，对多通道智能化施肥机管路系统压力、流量、混肥均匀度等参数，以及智能化施肥机软件控制系统的功能、响应时间等参数进行初步测试，基本达到了使用要求。

5）叶类蔬菜有序收获技术与装备研究。突破青梗菜柔性主动喂入技术、有序引导输送技术，采用柔性立式夹持输送装置和仿生导向装置的协同输送技术，实现青梗菜由立姿向卧姿的有序导向输送；研制青梗菜收获割台装置并进行收获试验。突破结球甘蓝柔性引拔技术、高速旋转切根技术，以及平台开放式接口和模块化拆装技术，研制甘蓝收获割台装置并进行了收获试验，一次作业完成对两行甘蓝的拔取、切根、输送和收集装箱全过程。开发人机交互式监控系统等智能收获控制系统，实现作业速度异常、割台堵塞等各类系统故障监控。完成双动力通用动力平台液压系统的总体方案设计，主要由转向液压缸、行走马达、提升输送马达、平台式输送带马达、液压泵及控制阀组等组成，以适应不同种植密度、不同种类叶类蔬菜的收获。

6）根茎类蔬菜收获技术与装备研究。搭建物料特性试验台，测定胡萝卜、大蒜及洋葱三类蔬菜果实及根茎的几何尺寸、动摩擦系数、碰撞系数、剪切模量及泊松比，分析根茎类蔬菜的几何特性、拔起力、果秧分离力、结果特性等特征。突破胡萝卜联合收获的振动松土、仿形扶茎、柔性夹拔、旋转去土及高速切割关键技术，大蒜联合收获的扶禾、夹持、对齐切割、根须去除、自走底盘关键技术，洋葱分段收获的限深挖掘、输送分离关键技术；完成胡萝卜高效联合收获机、自走式大蒜联合收获机和洋葱高效分段收获机的第一轮试制工作和田间试验。提出适用于机械化生产的栽培模式，建立蔬菜机械化生产示范基地。

33. 现代果园智能化精细生产管理技术装备研发

（1）研究内容 针对现代标准化果园的机械化生产需求，研究现代果园机械化标准种植模式，开发集果园根系管理、果园冠层管理、花果管理及品质监测、病虫害监控与防治于一体的智能管控系统，优化对靶变量植保、切根与深位施肥、灌溉技术与装备，研制苗木嫁接、避障割草、果实套袋与采收等装备，并进行苹果、柑橘等果园生产试验考核，形成适用于标准化果园的植保、果树剪枝、疏花疏果、套袋、采收等成套作业装备，提高生产效率、降低劳动强度、减少生产综合成本，支撑现代果业发展。

（2）取得的进展及成果

1）现代标准化果园机械化生产智能管控系统研究。研究了果树根系信息感知、果树冠层信息感知、花果品质动态监测采集、果园典型病虫害参数感知等技术，构建了适用于果园长期稳定运行的采集系统。果园微环境信息感知系统可实时采集土壤、大气环境信息；在冠层信息感知方面，进行了基于 Kinect 传感器的苹果树冠层特征信息提取、树型三维重建、冠层信息采集与处理初步试验；在病虫害信息感知方面，进行了苹果主要病害调查及图像数据的采集，研制了智能化果园鳞翅目信息素诱捕监测系统并进行了安装；在花果品质信息感知方面，进行了青苹果病变图像处理方法、基于深度学习的不同生长周期的苹果检测的研究；搭建了果园信息云平台。研究确定了农艺管理措施对果树及果实生长发育影响的研究方法和技术，并对方法的适用性进行了评价。

2）现代果园冠层与花果管理智能技术与装备研发。研究了不同处理的树体和分枝性状、产量性状、果实性状和抗逆性，进行了营养诊断，开展了主要矮化砧木的抗寒性、适应性研究和砧穗组合嫁接亲和性、矮化性研究，建立试验基地 160 亩，用于筛选适合机械化果园的矮化砧木和优良品种。优化农艺管理措施对果树及果实生长发育影响的研究方法和技术，进一步对方法的适用性进行评价。开展适应苹果现代机械化生产要求的果园生草、起垄覆盖、土壤免耕、水肥一体化等高效土壤管理与肥水管理技术方面的研究。完成自动嫁接机、整形修剪机、疏花疏果机、杆锯的样机图样设计、控制系统设计、样机加工，以及第一轮样机试制，部分样机进行了田间性能试验和改进优化。整形修剪机修剪部件试验表明，当切割刀转速为 2000 r/min 时，剪断率为 100%，切口整齐。

3）现代果园植保智能化技术与装备研发。研发了果园多模式自主导航技术，融合惯性导航、红外线、摄像头等技术开发多模式导航，实现机器的自动驾驶控制。开展基于激光扫描传感器的果园靶标探测研究,开发了激光扫描探测系统,开展了果树体积计算方法初步研究。设计了仿形割草机具,并完成了样机加工,初步构建了避障割草机器人控制系统,以及避障割草探测系统。设计了变量施药系统,通过对比不同的传感信息,定制不同对靶要求的变量施药系统。初步研制了用于丘陵坡地喷雾的果园智能喷雾机,设计了柑橘园仿形喷雾装置。开发了适应丘陵山地施药的双侧送风智能喷雾机,并完成了样机试制。

4）果园智能滴灌水肥一体化技术与设备研发。研发了果园气爆深松施肥机概念机,进行了试验验证,可实现基于卫星导航技术的果园气爆深松施肥机轨迹跟踪深位施肥,显著提高了机具在密植、郁闭、低矮果园中的适应性和智能化水平。完成了基于振动锤的深位高效减阻入土施肥装置、肥料计量装置。研发设计了两种可用于果园滴灌系统的低压毛细管进口压力调节器,对两种型号的调节器进行了试制,研究了结构参数对调压性能的影响。研发了内镶贴条式、大直径单翼迷宫式、大直径内镶贴片式三种低压滴灌带,根据相关测试标准对所研发的三种滴灌带的壁厚、内径、爆破压力、水力性能等指标进行了测试。采用镶贴片式灌水器、圆柱式灌水器以及小管出流等常见果树滴灌形式,安装无线阀门控制模块、小型气象采集器等,初步搭建了自动化滴灌水肥一体化系统。收集整编了全国近700个气象站60余年的气象资料,并使用彭曼-蒙蒂斯公式进行了逐日参考作物蒸腾蒸发量的计算,同时收集整编了全国县域尺度的氮磷钾基础养分数据,为下一步水肥决策模型的构建奠定了基础。基于植保无人机,开展了果园冠层喷雾性能研究,研发了一种农业航空自动分级变量施药系统,可根据最大果树冠层直径的不同,使用单片机技术在各个喷头入口进行自动分级变量喷雾,从而达到节能节药的效果；研发了一种农用航空植保机自动仿形喷洒装置,实现了复杂环境条件下的喷杆角度自动调整,提高了喷雾均匀性、覆盖率及农药的利用率。

5）现代果园果实套袋与采收智能化技术与装备研发。开展了果园履带式底盘设计,采用液压行走马达,既可实现行走的无级调速,也能实现前进/后退功能,并优选设计作业平台升降机构及控制方案。进行了柑橘、苹果的损伤特性研究,明确了柑橘、苹果的受载损伤形式与规律,确定了相关参数,为样机的设计以及减少和控制机械损伤提供了理论依据。研制辅助人工智能采摘器,辅助人工实现柑橘齐果面剪柄的要求。提出了三种果实智能装箱技术方案,实现了对果实的缓冲及均布、满果箱的自动出箱及空果箱的自动进箱,并完成了对整体装箱装置的结构设计,特别是缓冲及均布装置、进箱装置、装箱平台和出箱装置的设计,同时设计了水果果面感应装置和提箱装置,通过试验台对功能原理进行了验证，试验结果基本满足设计要求。开展了套袋设备轻量化设计，完成了果袋存储、分离、输送、张口、闭合部件及智能控制装置的原理设计及验证。

34. 温室智能化精细生产技术与装备研发

（1）研究内容　瞄准温室生产作业装备的紧迫需求，以蔬菜种植、食用菌培植为主要对象，研究高效节能设施、环境精细调控、作业对象目标特性识别、营养耦合供给等关键技术，优化基于蔬菜、食用菌生长特性的专用精准控制设备与智能调控系统，开发路径规划电动作业平台及配套机具、立体栽培系统、自动接菌及自动采摘设备，并进行试验考核，提高精细生产管控水平，保障机械高效作业。

（2）取得的进展及成果

1）高效节能温室和智能化精细调控技术与装备研发。采用智能集成建模技术，将作物生长发育模型库与过程神经网络和深度学习建模技术相融合，初步建立环境－作物生长生理指标信息数据库和关系动态（库）模型；运用深度学习模型 CNN 和智能建模方式构建了温室典型作物生长发育与温室环境因子关系模型，构建了各环境因子的多点多层无线监测硬件系统，以及与其相配套的无线数据传输存储平台，为模型的学习训练提供了大量的数据支撑。

突破温室环境综合控制技术，建立高效节能智能化环控模型及其控制系统，建立温室作物需水模型；开发了基于物联网与云计算的温室智能化精细管理平台及配套的温室信息采集和智能控制系统。系统基于最新的 GIS、物联网、云服务、大数据等技术，结合现代农业的需求，突出了对视频应用、GIS 应用、数据分析和智能决策、ET 数值模型、物联网接口规范等的应用。

研发智能 CO_2 控制系统、智能遮阳保温系统。智能 CO_2 控制系统能接收智能管理平台指令并进行 CO_2 排放装置的控制，连续 2000 次指令控制成功率达到 100%，CO_2 采集精度达到 200ppm（$1ppm = 10^{-6}$）。智能遮阳保温系统能接收智能管理平台指令并进行相关控制，连续 2000 次指令控制成功率达到 100%。

建立温室综合能耗模型与温室作业平台全自动化导引行走过程控制模型。采用 MATLAB 软件并使用龙格－库塔（Runge-Kutta）四阶积分算法、TRNSYS 瞬时系统模拟软件两种方式建立温室综合能耗模型，对温室的能量平衡及能量消耗情况进行研究，并对能耗模型精度进行实验验证。验证结果表明，两种方式建立的温室综合能耗模型误差率都在 5% 以内，符合系统的设计要求。

建立温室自动化作业平台全自动导引行走过程控制模型。该模型将超宽带定位技术应用于平台定位,运用 TDOA(信号到达时间差)和 Chan 混合定位算法进行位置解算,通过有偏卡尔曼滤波算法和扩展卡尔曼滤波算法对温室内的非视距误差进行消除,实现了温室内部平台的高精度定位,满足了平台的高精度自主作业要求。除此之外,研究了温室自动化作业平台航向控制算法,该算法以目标航向角和实际航向角的差值作为控制系统输入变量,对平台移动方向进行调整,实现了平台自主作业导航控制,进而为平台实现自动化作业提供前提条件。

2)温室精细生产作业机器人研发。温室采摘机器人基于双目视觉系统进行目标的拾取与定位,通过机械臂运动使抓手到达指定的目标位置,随后抓手进行番茄的抓取。采摘机器人主要由底盘行走系统、二层控制系统、电动作业平台、机械臂采摘系统、双目视觉识别系统组成。温室植保机器人基于导航线和二维码组合识别导航方法,解决机器人平台在温室环境和高速运动情况下,转弯处导航线信息容易丢失的问题;将作物栽培信息融入二维码中,使植保机器人控制与二维码信息实现交互。农业机器人调度系统用于对温室内环境的检测、植保、运输、收获等进行自动化管理。通过巡检机器人对温室环境进行监测,根据获得的信息(视觉、光照、温湿度、作物长势等)进行判断,根据结果决定对当前温室应执行的任务(运输、加湿、补光、植保、采摘等),然后派发相对应的机器人进行作业,并实时监控作业状况和效果。

开展了温室输运机器人和巡检机器人研究,设计了一种温室机器人底盘,采用视觉/RFID/二维码融合技术,实现了地面自主换向、远程遥控;开发了温室巡检机器人,实现了环境、作物状态监控。开展了温室叶菜收获机器人研究,搭建了切割试验装置,建立了蔬菜的等效材料模型。

3)温室果菜智能化精细生产系统研发。研发了嫁接苗多层快速愈合设备,采用密闭、保温的冷库板作为壳体,以达到环境可控的要求;采用园艺多层车 + LED 补光灯的方式实现多层愈合,大大节省了愈合所需的空间;整个环境利用制冷机、制热机、加湿器、新风系统等,对温度、湿度、风速、光照都可达到精准的控制效果。环境控制参数:温度 $15\sim30℃$,湿度 $80\%\sim95\%$,光照强度 $0\sim100\mu mol/(m^2\cdot s)$,风速 $\leqslant 1m/s$。

研发了种苗智能物流运输设备。采用缩小生长苗床的物流苗床方式达到生长载体和运输载体的结合,通过滚轮的方式实现了物流的运输传送,并利用不同方向上的高低差滚轮来实现物流苗床的横、纵向输送。主要的运行参数为横向输送速度(13m/min)和纵向输送速度(3m/min)。

研发了种苗分级移栽及补苗设备。设计了移栽末端执行器,搭建了机器视觉实验台；研发了多层嫁接流水线，上层输送接穗苗，中层输送砧木苗，下层输送嫁接好的嫁接苗，每层输送装置采用传送带方式传送，设计传输速度为6m/min，实现了嫁接苗持续输送，保证了连续作业。

4）温室水培叶菜智能化生产技术与设备研发。根据叶菜栽培农艺流程，搭建由播种生产线、穴盘输送线、植物工厂叶菜种苗营养液、人工光－日光共用立体栽培系统、穴盘立体栽培架自动输送机、种苗移植机器人、栽培槽输送机等装备构成的叶菜立体栽培育苗、温室培育物流化生产系统，种苗移植效率大于3600株/h。

5）温室食用菌智能化精细生产关键装备研发。建立了三种食用菌（香菇、平菇、黑木耳）温室栽培生长模型，已经完成平菇温室栽培生长的适合环境条件（温度、湿度、CO_2浓度、光照）参数。确定了食用菌培养基料全自动装袋智能PLC装备工作效率、单位能耗、稳定性的综合性能评价指标，初步开发了系统综合智能PLC控制系统。研究了螺旋输料机构扭力对薄膜装袋的影响因素及规律，初步建立了消减扭力因素与精准装袋的参数设计。进行不同材质、不同厚度的薄膜装袋试验，并进行了初步的测试与评价。对自动制袋机、装袋机、窝袋机及其控制设备进行选型匹配，完成了智能PLC控制系统及首轮样机的试制。

根据袋栽（香菇、平菇）食用菌液体菌种接种工艺路线，确定了食用菌液体菌种接种与自动化技术装备总体技术方案；研究了多组位复合式打孔技术，确定了多组菌袋在输送过程中的定位策略，确保多组菌袋在多工位的位置准确；研究了多组位接种参数调控技术，进行了不同接种压力、不同接种时间的工艺验证试验，接种优化参数为接种时间0.25s，接种压力0.20MPa；研究了错位连续性覆膜技术，实现了一次性对多组菌袋的准确贴膜，并确定了符合生产要求的透气性良好、抑制杂菌入侵的膜片材质，进行了膜片与底纸分离试验。

35. 设施畜禽养殖智能化精细生产管理技术装备研发

（1）研究内容　针对设施畜禽养殖对品质安全、营养健康、提能增效的紧迫需求，重点突破规模化养殖设施环境、工程防疫及智能管理等关键技术，研制舍饲环境精确调控、个性化精准饲喂、健康识别和自动挤奶、防疫消毒机器人及病死畜禽全隔离无害化处理等成套装备，并进行试验考核，形成集约化智能养殖成套装备与精细管控系统，保障畜禽产品的供给能力。

（2）取得的进展及成果

1）生猪健康识别、养殖环境控制设备技术研发与规模化示范。

开展动物耳温传感器技术和体表温度热红外探测方法的机理研究和器件制备方法研究，搭建红外测温试验平台，采集生猪体温数据，建立生猪体温数据库。研究各种生猪疾病发生时其体温数据的表征，建立生猪健康预警模型。探讨了动物发情自动化检测的多种手段，确立利用母猪体温、运动量、进食量等数据，结合公猪诱情时的母猪行为，关联母猪生长周期信息进行发情监测与预警，搭建移动式智能体温监测平台，采集母猪发情期的体温数据。设计了移动式母猪发情监测仪，采集母猪发情时的神态与行为数据；建立多源数据传输融合平台，并研究基于多源数据的母猪发情预测模型。研究猪只个体身份机器识别算法；研究猪只各种行为的机器视觉识别算法；利用深度图像实现猪只跟踪。建立一整套物联网传感网络，研发了物联网智能养殖控制器及物联网智能养殖云平台，功能包括环境数据监测、指标自动采集、设备智能控制、现场视频监控、生产过程监管及预警等，通过该平台可以有效监测猪只的日常生长环境。研发了基于TOF相机和深度学习的猪只体尺体重智能监测技术，研究结果表明，体高、体宽的平均相对误差小于5%，胸围和体长的平均相对误差在11%左右，初步实现了猪只体尺参数的无接触智能识别。进行了猪只行为智能识别技术及其与环境适应性的研究。

研制了监测猪只行为和体温的智能耳标，它集成了猪只体温传感器、环境温湿度传感器、耳标芯片和电源等，可实现对猪只耳温、猪舍温湿度、猪只运动量、个体识别和所处位置的实时监测、无线数据传输等功能，工作温度为 $-20\sim 65℃$，防水等级为IP56，温度测量精度为 $\pm 0.1℃$，工作时间 ≥ 5 年。研发了具有自动获取母猪体重功能的智能化分娩栏，统筹猪舍环境、猪只配种、免疫、分娩等管理信息，进行系统化设计，改善分娩母猪饲养的福利化水平，实现分娩母猪的智能化精准饲养。研发了一种基于物联网的畜牧养殖智慧风机，实现了猪舍环境的精准化智能控制。

2）家禽健康识别、养殖环境控制及病死家禽无害化处理设备研发与应用示范。规模化蛋鸡场现场环境测量用的移动式环境在线感知设备、便携式鸡舍环境颗粒物监测仪，构建了畜禽养殖环境远程检测系统、笼养条件下蛋鸡个体的虚拟化数值模型，并开展了蛋鸡舍环境舒适度的综合评价方法研究，综合温度、湿度、风速、CO_2 浓度、NH_3 浓度等指标建立评价模型，为蛋鸡舍环境模拟与优化控制打下了基础。

研发了肉鸡行为自动识别技术，搭建了肉鸡自动饲喂站、与肉鸡自动饲喂站配套使用的数据管理系统，建立了基于音视频技术的采食量自动识别与腿病预测模型等；开展了免应激的蛋鸡呼吸率自动检测技术研究，通过实时传输鸡鼻孔处的气流温度变化数据，实现对鸡只呼吸率的实时监测。建立了蛋鸡发声音色特征模型，并为不同类型的蛋鸡声音建立识别模板，以各类声音模板的特征为基础建立蛋鸡健康声音信息数据库。开发了家禽智能化远程管理信息系统。

依据病死家禽高温生物降解工艺，研发了病死家禽全隔离无害化处理设备及配套设备，并进行了试验。

3）奶牛健康识别、环境控制及病死家畜无害化处理技术设备研发与应用示范。构建了奶牛健康养殖环境智能监控系统，研究了基于深度学习的奶牛体况评分方法，利用机器视觉采集样本图像，构建奶牛图像数据库并对奶牛身体关键部位进行标注，通过深度学习算法最终完成奶牛体况的自动评分。基于头颈部轮廓拟合直线斜率特征的奶牛跛行检测方法，基于视频分析技术，利用 NBSM-LCCCT-DSKNN 模型实现奶牛跛行检测。研究了奶牛反刍行为自动监测方法，以及基于视频分析的奶牛反刍行为智能监测方法、反刍奶牛嘴部区域的自动检测方法，检测平均准确率为 76%，算法运行平均时间为 6.39s。开展了病死牛智能化无害处理系统设计，形成了病家畜智能化无害处理系统设计方案。

4）畜禽个性化精准饲喂设备研发与应用示范。研究了奶牛个体自动饲喂系统，它由识别系统、饲喂控制台、称质量系统、饲喂系统（机械装置）、采食行为数据缓存系统、数据存储管理及分析系统六个模块或系统组成。基于采食行为数据，建立了奶牛个体的干物质采食量预测模型。

研究了不同 THI 条件下奶牛的相关指标。奶牛生理化个性指标方面，主要是基于胎间距、采食次数、采食时长、站立时长、行走时间等的相关性指标研究及瘤胃 pH 值的监控，研究不同泌乳水平奶牛的采食行为差异性、不同泌乳水平奶牛活动差异与乳成分的关系、不同泌乳水平奶牛瘤胃发酵与行为的关系等。奶牛生长个性指标方面，主要是干物质采食量、日产奶量、产奶高峰日、高峰日产奶量、乳固体物率、乳蛋白率、乳脂肪率等相关性指标。奶牛养殖生态指标方面，主要是研究不同温湿度条件下，奶牛反刍行为、反刍时间等的相互关系。

5）自动挤奶、防疫消毒机器人和环境控制技术设备研发与应用示范。研发了防疫消毒机器人，它主要由自动导航单元、消毒液喷洒单元、作业信息监测单元、智能控制单元四个部分构成。研究了奶牛康乐状态 – 乳房炎检测方法，以牛奶的 pH 值、电导率、温度为输入参数，提出了基于奶质特征的奶牛乳房炎 GA-BP 检测模型，检出准确率为 98%。研究了单乳头奶流精准计量方法和装置，并进行了测试试验。设计了牛乳图像采集和乳头视觉定位多视角视觉系统，采用单目摄像 – 激光测距组合和双目多视角仰视的方法动态获取乳头图像。分析了畜禽养殖环境中有害气体的产生过程和主要组成成分，对其中具有刺激性和恶臭性气味的物质进行了进一步的分析，明确了相关气体成分在进行生物降解除臭过程中的主要机理，初步形成了生物除臭设备虚拟模型，采用喷淋加湿和过滤除臭一体化设计，喷淋装置采用低压雾化喷淋，填料采用多层填料结构。

36. 设施水产养殖智能化精细生产管理技术装备研发

（1）研究内容　针对设施水产养殖现状，重点探讨水产动物生理生态行为与水体成分及环境的相互影响规律和自适应机理；开发水产养殖设施高效节能、水体与环境在线监控、高效智能管理等核心技术与系统，集成研制集约化水产养殖设施、水体清洁及智能化精确投饲、水产品机械化收集等装备，进行试验考核，指导水产养殖智能机械精细生产，保障水产品的安全有效供给。

（2）取得的进展及成果　构建了水产动物行为量化分析平台，初步建立了亚硝酸盐监测模型。利用现代生理生态学和动物生理生化实验技术，结合信息化动物行为监测技术和科学计算方法，构建水产动物行为量化分析技术，开展设施养殖环境条件下养殖动物自适应机理的研究，搭建了一套水产动物行为智能采集系统，并完成了鱼类游泳行为监测模型的构建。在此基础上，初步明确了亚硝酸盐对红鳍东方鲀甲状腺代谢、生理应激、免疫反应及抗氧化状态的影响。

集成了水质在线技术，构建了溶解氧矫正与预测模型。针对水产养殖智能感知技术的研究需要，从检测手段、误差校正及技术融合集成方面开展相关研究，并通过构建在线检控系统来实现关键养殖指标的在线监测。构建了溶解氧智能补偿矫正模型，实现了溶解氧信息自动补偿矫正；构建了基于卷积神经网络的工厂化养殖溶解氧预测模型，实现了溶解氧信息智能预测。

构建了基于光催化技术和微生物悬浮生长技术等的水处理模型，取得了一批节能水质调控工程参数，研发了一系列水质循环清洁设备。研究了光催化电解协同水处理技术，提高了光电转化效率，构建了光催化-微电解协同的养殖源水处理模型。对微生物悬浮生长系统反应阶段的切换进行了重点研究，为生物滤器实际应用于工厂化水产养殖系统提供重要的基础设计参数；开展了藻类、生物滤器与藻类并用去除养殖水体中包括硝酸盐在内的各类氮盐的研究，为水处理装备的研制提供了基础数据支撑。在此基础上，设计开发了多套以微滤机、生物滤器及光催化微电解设备为代表的水质循环清洁设备样机。

初步构建了摄食行为判别模型，研发了一批机械化操作设备。开展了基于机器视觉和声学技术的鱼群摄食行为检测方法研究，初步构建了摄食行为声学判别模型；通过开展面向实际生产需要的机械设备关键性能研究及整体结构形式开发，构建了包括轨道式精准投饲装备、单罐吸鱼泵和自动分级系统等装备的三维模型，分别研发了试验样机，并完成了初步测试。

进行了信息集成研究，初步构建了系统整体构架。通过对水产养殖现状的实际调研，初步构建了设施水产智能化养殖体系下的信息采集方法，设计了包含传感节点码、采集时间、采集设备类别、采集设备参数数值、校验码的多传感器数据传输包，在此基础上，考虑在多种因素综合影响下的设施水产生产技术要求，开展标准编制工作。

5.5 智能农业装备科技创新建议

（1）着力推进智能农机装备关键核心技术突破　围绕中国制造2025、乡村振兴战略、创新驱动等国家战略，加强开展动植物生长与环境感知、农业装备传感与控制、农业装备精细作业智能装置及调控、农产品加工品质与环境控制、自走式农机无级变速传动、农业机械可靠性、农产品产地商品化处理及保鲜、农机作业高精度导航与定位、农业装备智能系统、特色作物高效收获、农业机械数字化设计及验证、农业机械关键零部件标准验证、农业装备智能作业与管理等关键核心技术研究，着力取得一批代表领先水平的科技成果，推进大田农业生产、设施农业生产、畜牧水产养殖、农产品加工等智能化应用，支撑农机化和农机装备转型升级高质量发展。

（2）引导构建完善现代农业装备技术创新体系　通过专项组织实施，不断提升行业国家重点实验室、国家工程技术研究中心、产业技术创新战略联盟等创新载体的能力，在农机装备若干重点领域方向培育具有自主创新能力的核心团队，推进打造国家农业装备技术创新中心。面向智能农机装备产业发展新趋势、新需求和国际竞争焦点等，实现动植物及机器作业信息感知与智能识别、基于大数据的群体智能决策、人机物协同等基础理论与关键技术，以及农业传感器与仪器仪表、作业服务机器人、自主作业装备等智能产品及平台等新一代智能农业装备关键技术及装备的协同创新，同时强化技术创新服务，逐步建立形成研发、设计、检测、标准等行业数据平台，为行业提供研发设计、检验检测、信息服务等创新服务，推进重大科技成果的转化应用，不断提升产业整体发展水平。

（3）加强重大标志性成果培育凝练和推广　围绕重大需求、重大问题，体现战略性、引领性、带动性、原创性，加强一体化组织实施，凝练培育重大标志性成果。结合扶贫攻坚、乡村振兴战略实施，通过基地示范、展览展示推介等形式，组织可以推广应用的先进适用科技成果。与相关行业组织、产业技术创新战略联盟等联合，开展面向企业的专项成果推介，加快推进专项成果的应用转化和产业化。

（4）深入推进一体化组织实施，推进成果共享　加强农机装备科技与产业战略研究，深入分析产业科技发展中的问题、需求，提出目标、任务和路线图，服务支撑专项组织实施。同时，针对智能农机装备标准建设相对滞后的问题，围绕总线技术、接口及传输、数据格式、导航、故障诊断等基础框架，着力推进项目共同采用的农机在线监测和控制、农机导航控制等技术规范和标准，打通科技成果在创新链和产业链的全链条应用路径，推进项目间的基础研究、共性关键技术及装备研发、应用示范等一体化协同发展，促进相关成果共享和知识分享。

Addenda

附录 A　农业传感器 SCI 论文检索式

TS = (agriculture or agricultural or agronomy or crop or crops or livestock or farm or farms or vegetable or vegetables or fruit or fruits or "animal husbandry" or aquaculture or horticulture or fishery or fisheries or forestry or veterinary or food) and PY = (2013—2018) and SO = ("Sensors and Actuators B Chemical" or Sensors or "IEEE Sensors Journal" or "Blosensors Bloelectronics" or "Sensors and Actuators A Physical" or "International Journal of Distributed Sensor Networks" or "Sensor Letters" or "Journal of Sensors" or "ACM Transactions on Sensor Networks" or "Sensors and Materials" or "International Journal of Sensor Networks" or "AD HOC Ssnsor Wireless Networks" or "ACS Sensors" or "BIO Farms for Nutraceuticals Functional Food and Safety Control by Blosensors")) or (TS = (sensor or sensors) and PY = (2013—2018) and WC = ("Agriculture Multidisciplinary" or "Agriculture Dairy Animal Science" or Agronomy or "Plant Sciences" or Horticulture or "Veterinary Sciences" or "Agricultural Engineering" or "Soil Science" or Entomology or Fisheries or Forestry)) or (TS = ((agriculture or agricultural or agronomy or crop or crops or livestock or farm or farms or vegetable or vegetables or fruit or fruits or animal husbandry or aquaculture or horticulture or fishery or fisheries or forestry or veterinary or food) and (sensor or sensors)) and PY = (2013—2018)

附录 B　农业机器人 SCI 论文检索式

TS = (Robot or Robots or Robotic or Robotics) and PY = (2013—2018) AND

WC = ("Agriculture Multidisciplinary" or "Agriculture Dairy Animal Sclence" or Agronomy or "Plant Sciences" or Horticulture or "Veterinary Sciences" or "Agricultural Engineering" or "Solt Science" or Entomology or Fisheries or Forestry)

附录 C 农业传感器 EI 论文检索式

((Sensor WN TI or Sensors WN TI or Sensor WN AB or Sensors WN AB) and ({ja} WN DT)) and (({821} or {821.1} or {821.3} or {821.4} or {822} or {822.1}) WN CL)

附录 D 农业机器人 EI 论文检索式

((Robot WN TI or Robots WN TI or Robotic WN TI or Robotics WN TI or Robot WN AB or Robots WN AB or Robotic WN AB or Robotics WN AB) and ({ja} WN DT)) and (({821} or {821.1} or {821.3} or {821.4} or {822} or {822.1}) WN CL)

参 考 文 献

[1] 段运红. 全球农机市场分析: 2017欧洲和北美市场复苏, 中国市场需谨慎对待 [EB/OL]. [2019-02-23] https://www.sohu.com/a/210738908_175192.

[2] 徐雪高, 高丽纯, 龙文军. 近几年全球农机市场发展特点及启示 [J]. 世界农业, 2013 (7): 52-56, 175.

[3] 贾敬敦, 等. 国家农业机械产业创新发展报告 (2017) [R]. 北京: 中国农业出版社, 2018.

[4] 郑文钟. 国内外智能化农业机械装备发展现状 [J]. 现代农机, 2015 (6): 4-8.

[5] 于帅. 正视中国农机与世界发达国家的差距 [J]. 农业机械, 2018 (11): 12.

[6] 吴亦鹏. 从国外农机企业的生产组织看差距 [J]. 农机市场, 2011 (11): 6.

[7] 中国机械工业年鉴编辑委员会, 中国农业机械工业协会. 中国农业机械工业年鉴 (2017) [M]. 北京: 机械工业出版社, 2018.

[8] 张玉杰. 我国农机产品出口市场份额研究 [J]. 农家参谋, 2018 (5): 30.

[9] "全自动化"与"大数据"下的智慧农业 [N]. 中国农机化导报, 2018-01-29 (5).

[10] 王儒敬. 农业传感器与智能检测技术发展任重道远 [J]. 中国农村科技, 2018 (1): 32-36.

[11] 周迎. "京东农场" 究竟有哪些不一样 [EB/OL]. (2018-06-08) [2019-01-30]. http://news.jsw.com.cn/site3/zjrb/html/2018-06/08/content_3243948.html.

[12] 工业和信息化部、农业部、发展改革委. 关于印发《农机装备发展行动方案 (2016-2025)》的通知: 工信部联装〔2016〕413号 [A/OL]. (2016-12-22) [2019-3-1]. http://www.miit.gov.cn/n1146295/n1652858/n1652930/n3757018/c5433686/content.html.

[13] 国务院. 关于印发《中国制造2025》的通知: 国发〔2015〕28号 [A/OL]. (2015-05-19) [2019-2-21]. http://www.gov.cn/zhengce/content/2015-05/19/content_9784.htm.

[14] 工业和信息化部. 关于公布2016年智能制造试点示范项目名单的通告: 工信部装函〔2016〕261号 [A/OL]. (2016-06-28) [2019-2-16]. http://www.miit.gov.cn/n1146295/n1652858/n1652930/n4509627/c5032803/content.html.

[15] 工业和信息化部. 关于公布2017年智能制造试点示范项目推荐的通告: 工信部装函〔2017〕426号 [A/OL]. (2017-09-29) [2019-2-16]. http://www.miit.gov.cn/n1146285/n1146352/n3054355/n3057585/n3057590/c5861997/content.html.

[16] 工业和信息化部. 关于公布2018年智能制造试点示范项目名单的通告: 工信部装函〔2018〕343号 [A/OL]. (2018-09-27) [2019-2-16]. http://www.miit.gov.cn/n1146295/n1652858/n1652930/n4509627/c6401903/content.html.

[17] 质检总局、国家标准委、工业和信息化部：关于印发《装备制造业标准化和质量提升规划》的通知：国质检标联［2016］396号［A/OL］. (2016-08-01)［2019-3-5］. http：www.miit.gov.cn/n1146295/n1652858/n1652930/n3757018/c5180173/content.html.
[18] 洪暹国. 实施智能制造 提升农机行业制造水平［J］. 农机质量与监督，2015（8）：8-9.
[19] 刘铮. 雷沃重工：IT助力智慧农业装备［EB/OL］. (2015-11-05)［2019-1-28］. http：//www.hbrchina.org/2015-11-05/3552.html.
[20] 潘郁. 中国一拖：智能制造助产品升级［EB/OL］. (2018-05-22)［2019-3-2］. http://news.lyd.com.cn/system/2018/05/22/030475497.shtml.
[21] 赵志伟. 全链条信息化大数据显威力，"东方红"智能制造活力迸发［EB/OL］. (2016-03-28)［2019-1-15］. http://news.lyd.com.cn/system/2016/03/28/010597262.shtml.
[22] 夏木. 一拖推进农机智能制造水平［J］. 农机市场，2017（4）：52.
[23] 一财网. 互联网+智能制造"样本：中联重科生产线效率提升4.8倍［EB/OL］. (2016-01-28)［2019-2-15］. https://www.yicai.com/news/4745582.html.
[24] 沈阳凯泰科技有限公司. 智能制造工厂解决方案——中联重科MES项目（ERP：SAP）［EB/OL］. (2016-10-24)［2019-3-5］. http://solution.rfidworld.com.cn/2016_10/c4f4b52a00e254a1.html.
[25] 朱卫江. 创新主导下的农机市场值得期待［J］. 农机科技推广，2016（10）：58-60.
[26] 王艳红. 国外农机制造领先中国的原因解析［J］. 农业工程，2018，8（8）：4-5.
[27] 王超安. 我国农机市场面临新的转型突破［J］. 农机市场，2016（6）：24-25.
[28] 知谷客. 罗锡文院士："3-2-3"战略助推中国农机实现4.0［J］. 农业机械，2018（8）：41-42.
[29] 国务院. 关于加快推进农业机械化和农机装备产业转型升级的指导意见：国发〔2018〕42号［A/OL］. (2018-12-29)［2019-2-21］. http://www.gov.cn/zhengce/content/2018-12/29/content_5353308.htm.